Anthropoposophische Kunsttherapie

Musiktherapie und Gesangstherapie

Anthroposophische Kunsttherapie
in vier Bänden

Herausgegeben von der Arbeitsgruppe der Kunsttherapeuten
in der Medizinischen Sektion am Goetheanum,
Freie Hochschule für Geisteswissenschaft,
Dornach, Schweiz

Band 3

Rosmarie Felber
Susanne Reinhold
Andrea Stückert

Musiktherapie und Gesangstherapie

Urachhaus

Gesamtausgabe (Band 1–4)
ISBN 3-8251-7341-0

Band 3
ISBN 3-8251-7337-2

2., durchgesehene Auflage 2003
Erschienen im Verlag Urachhaus

Titelbild: Rosmarie Felber
Satz und Layout: Georg Iliev und Gabriele Luckhardt-Glas
Druck: Offizin Chr. Scheufele, Stuttgart

Inhalt

Musiktherapie

DRITTER TEIL
THERAPIEBEISPIELE

GESANGSTHERAPIE

DRITTER TEIL
THERAPIEBEISPIELE

Zum Geleit

Die vorliegende Gesamtdokumentation anthroposophischer Kunsttherapie ist das Ergebnis einer 10-jährigen internationalen Zusammenarbeit in der Zeit von 1989 bis 1998. Mehr als 120 Kunsttherapeuten aus Deutschland, Großbritannien, Finnland, den Niederlanden, der Schweiz, Italien, Norwegen, Frankreich und Österreich haben in neun Arbeitsgruppen gemeinsam mit einigen Ärzten ihre therapeutischen Erfahrungen und theoretischen Ansätze aus den verschiedenen kunsttherapeutischen Fachrichtungen zusammengetragen und ausgearbeitet. Der Berufsverband für Anthroposophische Kunsttherapie in Deutschland hatte gemeinsam mit der Medizinischen Sektion und Sektion für Bildende Kunst am Goetheanum die Initiative zu dieser Zusammenarbeit ergriffen, da sich im Laufe der bald 80-jährigen Entwicklungsgeschichte der anthroposophischen Kunsttherapie verschiedene Ausbildungswege und Schulen herausgebildet haben, eine Gesamtdarstellung dieses wichtigen Therapiebereiches jedoch noch fehlt. Und so kamen die Fachleute aus dem Bereich des plastischen Gestaltens, des therapeutischen Zeichnens, Malens, des Gesangs und der Instrumentalmusik sowie der therapeutischen Sprachgestaltung zusammen, um gemeinsam an den medizinisch-menschenkundlichen Grundlagen für die künstlerische Therapie zu arbeiten. Dabei bildeten grundlegende Fragen den Ausgangspunkt: Wie lassen sich Gesundheit und Krankheit als dynamische Prozesse künstlerisch erfassen? Was unterscheidet das Kunstwerk eines Künstlers vom künstlerischen Gestaltungsprozess in der Therapie? Wie und wo wird Kunst in das spezifisch Therapeutische übergeführt? Wie lässt sich die von Rudolf Steiner in seinen grundlegenden Vorträgen *Kunst im Lichte der Mysterienweisheit** dargestellte künstlerische Menschenkunde für ein Verständnis der heilenden Wirkung der Künste fruchtbar machen? Wie können die konkreten Bezüge erforscht werden, die zwischen den Kunstmitteln wie Klang, Form, Farbe und den spezifischen Organtätigkeiten des menschlichen Organismus bestehen?

Angesichts der Vielfalt der methodischen Ansätze und des breiten Spektrums der Indikationen und therapeutischen Erfahrungen der an den Arbeitsgruppen beteiligten Fachleute, war es unser Anliegen, die Hauptwege herauszuarbeiten und aufzuzeigen, wo die anthroposo-

* siehe Anmerkung 7, S. 117

phische Kunsttherapie in Form von Erkenntnisbildung, Krankheitsverständnis und therapeutischen Wirkmöglichkeiten heute steht.

Die Heileurythmie, die im Zusammenhang der kunsttherapeutischen Darstellungen öfters erwähnt wird, versteht sich als eine selbstständige, von Rudolf Steiner entwickelte Bewegungstherapie und wird daher hier nicht behandelt.

Die Autoren hoffen, dass diese Dokumentation nicht nur für fachlich interessierte Ärzte und Therapeuten einen repräsentativen Einblick in die gegenwärtig praktizierten Arbeitsweisen anthroposophischer Kunsttherapie bietet. Vielmehr ist sie auch für Pädagogen, Sozialarbeiter und interessierte Laien gedacht, die die therapeutischen Möglichkeiten der Kunst kennen lernen möchten. Möge die Lektüre dieser Dokumentation dazu beitragen, das Vertrauen zu stärken in den Quellort jeder künstlerischen Tätigkeit: die menschliche Persönlichkeit selbst und ihr schöpferisches Vermögen in gesunden und kranken Tagen.

Unser herzlichster Dank gilt allen, die zum Entstehen dieser Dokumentation beigetragen haben, besonders Marianne Altmaier und Dietrich von Bonin für das gemeinsame Fachlektorat nach Vorliegen der Einzelbände sowie Gabriele Luckhardt-Glas, Matthias Glas und Georg Iliev, die Satz und Layout besorgten.

Ganz besonders danken möchten wir der

Asta-Blumfeldt-Stiftung in Arlesheim
Dr. Hauschka Stiftung in Eckwälden / Bad Boll
Stiftung Helixor in Rosenfeld
W. M. zur Linden Stiftung in Bonn
Mahle-Stiftung in Stuttgart und
Michael-Stiftung in Darmstadt

durch deren Interesse und finanzielle Hilfe Erstellung und Drucklegung der Dokumentation erst möglich wurden.

Für die Berufsverbände für Anthroposophische Kunsttherapie in Deutschland, Holland, der Schweiz und England
Im August 2000

Karl-Hermann Lieberknecht

Für die Medizinische Sektion

Dr. med. Michaela Glöckler

Vorwort

In diesem Band werden zwei Teile zusammengefasst: Musiktherapie und Gesangstherapie. Da manche Musiktherapeuten auch Gesangsübungen sowie die Gesangstherapeuten auch instrumentale Musik einsetzen, scheint es uns richtig, beide Bereiche – wenn auch gesondert behandelt – in einem Buch zu vereinen.

Die Geschichte der anthroposophischen Musiktherapie bedürfte einer eigenen Darstellung, da im Laufe von mehreren Jahrzehnten die vielfältigsten Ansätze auf diesem Gebiet zum Tragen kamen. Hier wird umrisshaft aus der *gegenwärtigen* musiktherapeutischen Praxis berichtet, in welche jene verschiedenen Ansätze hineingeflossen und darin wirksam geworden sind. Von allen Persönlichkeiten, welche die anthroposophische Musiktherapie entwickelt und geprägt haben, sei wenigstens ein herausragender Name hier genannt: Maria Schüppel. Sie war die Lehrerin der meisten im Teil MUSIKTHERAPIE beitragenden Kollegen. Es ist uns bewusst, dass ihr umfangreiches Wirken mit der vorliegenden Schrift auch nicht annähernd gewürdigt oder dokumentiert werden kann. Diese Aufgabe steht noch bevor.

Es sind in diesem Buch Arbeitsergebnisse niedergelegt, die aus mehrjähriger Zusammenarbeit zweier Therapeutenkreise stammen. In diesem Zusammenhang wirkten mit:

MUSIKTHERAPIE: Monica Bissegger, Dr. med. Michael Boock, Marijke Clotscher-Vreeken, Wendy van Driesten, Peter Fausch, Rosmarie Felber, Viola Heckel, Dr. med. Hans-Richard Heiligtag, Marlise Maurer, Susanne Reinhold, Heiner Ruland, Johanna Spalinger, Regula Utzinger

GESANGSTHERAPIE: Thomas Adam, Andrea Hackel, Helga Lausmann, Edith Le Braz, Christian Ritsch, Dr. Gisela Rösch, Dr. med. Andreas Rohen, Margit Schermann, Isolde Schoener, Gerd Zander

Auch wenn die einzelnen Kapitel die Namen von verschiedenen Autoren tragen, so soll die gesamte Darstellung doch nicht als ein Sammelband aufgefasst werden. Denn die beiden Gruppen hatten sich darauf geeinigt, dass Vertreter derselben sich um einen geschlossenen Aufbau des Buches – unter Einbeziehung und Bearbeitung schriftlicher Beiträge der Gruppenmitglieder – bemühen sollten.

Für das gesamte Buch sowie im Besonderen für den Teil MUSIKTHERAPIE besorgten diese Arbeit Susanne Reinhold und Rosmarie Felber gemeinsam, für den Teil GESANGSTHERAPIE konnte Andrea Stückert gewonnen werden.

So sind die Kapitel jetzt mit den Namen derjenigen Autoren versehen, von denen der jeweils größte Teil der Formulierungen stammt. Dadurch soll die Darstellung wie ein *Gespräch* von tätigen Musik- und Gesangstherapeuten sein, das sich auch über das Buch hinaus fortsetzen möge: sowohl unter Fachkollegen wie auch unter anderen Interessierten.

Einige Freunde haben uns nach der Lektüre des Manuskriptes sehr wertvolle Hinweise und Anregungen zu Korrekturen und Veränderungen gegeben, wofür an dieser Stelle gedankt sei. Gedankt sei allen, die inhaltlich, gedanklich, durch schriftliche und mündliche Äußerungen, durch Lese- und Schreibarbeiten an diesem Buch mitgewirkt haben.

Stuttgart, im Februar 2003 *Rosmarie Felber*

MUSIKTHERAPIE

ERSTER TEIL

GRUNDLAGEN

1. Wo finden wir das Musikalische ?

Der Leser sei als Erstes dazu eingeladen, sich mit uns auf einen Entdeckungsspaziergang zu begeben und die Erscheinungen der Welt auf ihre Musikalität hin zu belauschen.

Wo finden wir Musikalisches? Finden wir es in den Naturerscheinungen? In der Mineral-, Pflanzen- oder Tierwelt? Oder ist die Musik rein und ausschließlich eine Angelegenheit der menschlichen Kultur?

Wandern wir so fragend zunächst durch die „stumme" Welt der Gebirge, der Flüsse, Seen und der sich darüber erhebenden Wolken und Sterne: Ein Gefühl von großer Harmonie kann uns erfassen, wenn wir erleben, wie alle diese einzelnen Erscheinungen zueinander stehen oder sich bewegen. Eine stumme Symphonie umgibt uns. Wie die Töne eines Akkordes stehen die leuchtenden Gebilde der Sterne am Himmel, sie bewegen sich nach strengen Gesetzen und bilden immer neue Verhältnisse.

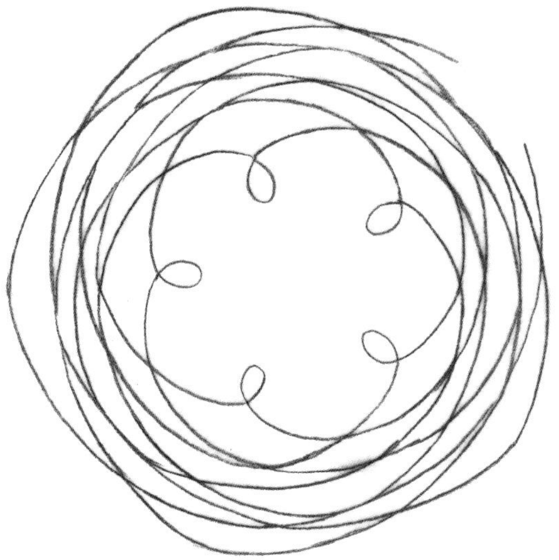

Abb. 1: Schleifen der Umlaufbahn der Venus in acht Jahren, von der Erde aus gesehen (schematisch)

Anders die Wolken: In freier Beweglichkeit ballen sie sich zusammen, lösen sich wieder auf oder überziehen den Himmel in einem gegliederten Rhythmus. So auch bewegen sich die Gewässer: wirbelnd, wellend, schäumend, sich stürzend, sich glättend. Bei heftiger Bewegung bleibt nun diese stumme Welt nicht stumm: Gewitter dröhnen, Bäche tosen, Wassertropfen klingen, und am Grunde der Bäche rollt das mitgeführte Gestein. – Ist das Musik, können wir uns fragen. Wer hat sie komponiert? Wer improvisiert solche Klanggewebe auf Instrumenten der Natur?

Erweitern wir nun unser Beobachtungsfeld über die Pflanzenwelt, dann bemerken wir das völlige Verstummen. Nichts tönt aus dem Inneren der Pflanzen, es sei denn, das Holz werde geklopft oder der Wind pfeife durch den Wald. Die einzelne Pflanze bleibt stumm und reglos. All ihre Schönheit zeigt die Rose dem Auge, nicht dem Ohr. Und doch erinnert uns ihre Bildung an die Komposition einer unhörbaren Melodie: Strenge Zahlengesetze, verwandt den astronomischen, regeln die Verhältnisse, den Stand und die Anzahl der Blätter – doch jede einzelne Pflanze zeigt sich als Variation.

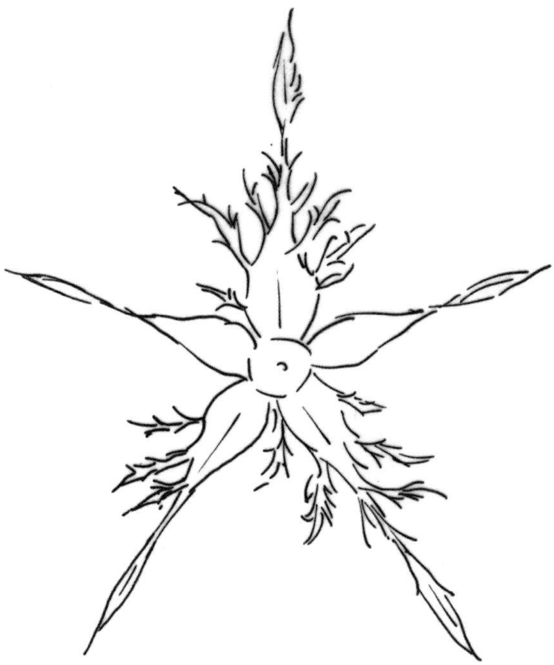

Abb. 2: Anordnung der Kelchblätter einer Rose

Von der Wurzel bis zur Blüte ereignen sich *Verwandlungsschritte wie bei einer Tonskala*: Das sich allmähliche Ausbreiten der grünen Blätter, eine Zusammenziehung im Kelch, dann die farbige, duftende und sich versprühende Blüte und die Frucht als eine Verwandlung des unteren Teiles in den oberen.

Abb. 3: Die Gesamtpflanze

Wenden wir uns dann der Tierwelt zu, so finden wir, abgesehen von äußerlich erzeugten Geräuschen, wie dem rhythmischen Getrappel eines Pferdes, nun Laute und Töne, die aus dem inneren Leben des Tieres stammen. Wir hören das Muhen, Bellen, Gackern, Zirpen und Zwitschern. Wenn wir uns intensiv in diese Tierlaute hineinversetzen, können wir etwas von dem seelischen Erleben des Tieres wahrnehmen. Aber ist der Gesang der Vögel wirklich ein Gesang? Diese Frage werden wir uns besser beantworten können, wenn wir uns, nach einer kurzen menschenkundlichen Betrachtung, dann der menschlichen Musik zuwenden.

Im Menschen fügen sich alle Naturreiche, durch die wir eben geschritten sind, ineinander. Mineralische Substanzen bilden und stützen den physisch-sichtbaren Leib. Dieser gibt mit seinem Gewicht, seiner Größe und Festigkeit einen unübersehbaren Anhaltspunkt für die Anwesenheit und Lage eines Menschen im Raum. Wird dieser mineralisch-physische Leib jedoch nur sich selbst überlassen, dann fällt er zusammen und löst sich in seine Bestandteile auf. Dafür, dass dies während unserer Lebenszeit nicht geschieht, sorgt die der Pflanzenwelt verwandte Lebensorganisation. Sie lässt uns unseren Leib als eine Ganzheit erleben, indem sie die Teile fortwährend geordnet zusammenhält. Somit können wir an dem, was wir normalerweise unseren „Leib" nennen, zweierlei unterscheiden: Den *physischen Leib* und den *Lebensleib*, der in der anthroposophischen Menschenkunde auch *Ätherleib* genannt wird. Durch den Lebensleib wird der physische Leib einem zeitlichen Geschehen eingegliedert, was das Wirksamwerden von aufbauenden Kräften ermöglicht. Diese beiden ineinandergreifenden „Leiber" werden auch als „untere Wesensglieder" bezeichnet, im Gegensatz zu den beiden „oberen", die ihrer Art nach im Wesentlichen un-räumlich und un-zeitlich sind, aber die unteren Wesensglieder durchdringen und mitgestalten. Das eine davon ist das Seelische des Menschen, welches dem belebten Leib die Sensibilität und Empfindungsfähigkeit einprägt und mit seinen Begierden und Leidenschaften eine Verwandtschaft zum Tierischen aufweist. Insofern als die seelischen Kräfte im Menschen individualisiert sind und als Träger von persönlichen Gefühlen, Vorstellungen usw. dienen, können wir dieses dritte Wesensglied den *Seelenleib* oder mit einem anderen Ausdruck *Astralleib* nennen.

So trägt der Mensch einerseits die Naturreiche in sich; aber er ragt gewissermaßen auch über sie hinaus, indem er in der Lage ist, sich des Geistigen, das selbstverständlich auch in der Natur wirksam ist, in sich selbst bewusst zu werden. All die ordnenden, organisierenden und gestaltenden Kräfte in der Natur, die zum Beispiel eine harmonische Landschaft oder eine Rose hervorbringen, wirken auch im Menschen. Einerseits gewahrt man sie an der Leibesbildung selbst, und andererseits wird man sich ihrer bewusst, indem man bemerkt: Auch ich selbst bin in der Lage zu ordnen, zu organisieren, zu gestalten. Ich selbst bin ein geistiges, tätig-schaffendes Wesen in der Welt des Geistigen. So lebt sich im Menschen ein schöpferisches Selbst-Bewusstsein dar. Und wir können nun außer von den bisher genannten „Leibern" noch von einem vierten Glied, dem *Ich des Menschen* sprechen. Diese Erkenntnis ist von besonderer Bedeutung für unsere weitere Betrachtung über das Musikalische, in deren Rahmen wir uns nun der Musik des Menschen zuwenden. Jeder wird die Erfahrung eines Konzertbesuches kennen und an sich selbst und an anderen die Beobachtung gemacht haben, dass man als seelisch-geistiger Mensch geordnet und befreit von alltäglichen Sorgen wieder hinausgeht. Die Gesichter wirken geglätteter und strahlend, der Schritt beschwingt, und man hat das Gefühl, in seinem ganzen Menschsein eine Erhebung zu erfahren. Das Ende eines guten Konzertes kann sein wie das Aufwachen aus einem erholsamen Schlaf, man fühlt sich erfrischt, belebt und möglicherweise impulsiert und beruhigt zugleich. Was ist geschehen? Man hat ja nicht geschlafen, sondern ist mit seinem wachen Bewusstsein eingetaucht in die Strukturen von Klängen und Tönen, die wie veränderliche plastische Gebilde den Strom der Zeit gestalten. Man hat die Gestaltungskraft der Musizierenden und des Dirigenten wahrgenommen, welche mit ihrer eigenen schöpferischen Tätigkeit dasjenige zu vergegenwärtigen suchten, was der Komponist als Individualität, als Geist unter Geistern, erfahren hat. Man kann es musikalische Gedanken nennen oder musikalische Ideen – jedenfalls sind es Schöpfungen, die nirgendwo außen in der Welt zu finden sind, die einem inneren Hören entspringen. Ja, man könnte sagen: *Es ist die Schöpferkraft selber, die da hörbar wird.* Auch der Zuhörer ist Teilhaber an diesem Schöpfungsprozess, indem durch das Mitvollziehen des musikalischen Geschehens das eigene schöpferische Wesen sozusagen mitmusiziert. Jeder ausübende Künstler macht die Erfahrung, dass sein eigenes Spiel auch von der Intensität des Zuhörens mitbeeinflusst wird.

Je besser es dem Zuhörer gelingt, in den musikalischen Strom bewusst einzutauchen, umso mehr wird später das Gehörte erinnerbar sein. Die Erinnerungsfähigkeit mit ihrer ichhaften Bewusstseinsqualität aber ist es, die uns überhaupt musikalische Zusammenhänge zu erfassen ermöglicht. Wir wären sonst nicht in der Lage, Töne und Tongebilde aufeinander zu beziehen, denn die Fähigkeit des Erinnerns bildet die Grundlage dafür, in einem zeitlichen

Geschehen ebenso ein Harmonie-Empfinden auszubilden, wie wir es räumlich z.B. im Erleben von Naturtatsachen haben können. Gerade die Bedeutung der Erinnerungsfähigkeit für das musikalische Erleben weist also darauf hin, wie die Gestaltung der menschlichen Musik nicht ohne die geistigen Kräfte des Ich zu denken ist.

2. Elemente der Musiktherapie und ihre Beziehung zum Menschen

2.1 Die Intervalle

In erster Linie haben wir es in der Musik – und entsprechend bei ihrer therapeutischen Anwendung – mit Klingendem zu tun. Das heißt nicht etwa, dass wir es auch immer mit Hörbarem zu tun hätten; vielmehr könnte man sagen: Wir haben es *mit Hörbarem und mit Unhörbarem* zu tun. Wie ist das zu verstehen?

Nehmen wir beispielsweise die *Intervalle.* Sie sind ein Herzstück in der musikalischen und insbesondere in der musiktherapeutischen Arbeit. Als Ausgangspunkt genommen, lassen sich aus ihnen die weiteren Elemente entwickeln, so wie auch das Zustandekommen der Intervalle selbst mit drei Grundtatsachen der Musik zusammenhängt: mit dem *Melodischen,* dem *Harmonischen,* dem *Rhythmischen.* Dieses wird weiter unten zu behandeln sein. Die Intervalle, als zusammenfassender Begriff genommen, beinhalten – vordergründig gesehen – die verschiedenen größeren oder kleineren Abstände von Ton zu Ton. Sie werden in der Fachsprache bezeichnet mit

Prim	Abstand von einem Ton zum gleichklingenden anderen Ton
Sekunde	Abstand von einem Ton zum nächsthöheren oder nächsttieferen Ton
Terz	Abstand zum übernächsten Ton
Quarte	vom ersten zum vierten Ton
Quinte	vom ersten zum fünften Ton
Sexte	Abstand zum sechsten Ton
Septime	Abstand zum siebenten Ton
Oktave	Abstand vom ersten zum achten Ton, der wiederum dem ersten gleicht, sodass beide Töne denselben Namen tragen

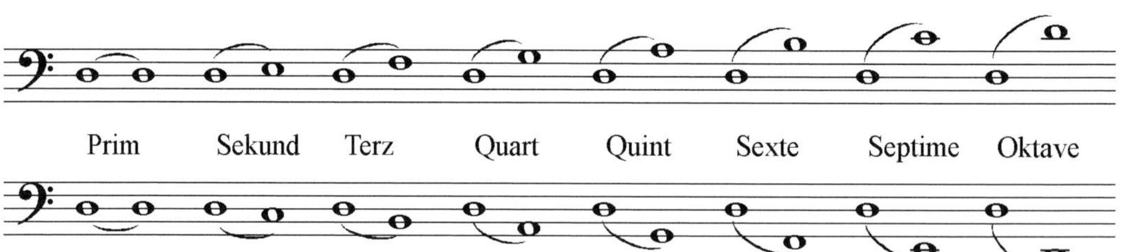

Abb. 4

Darüber hinaus sind noch weitere Intervalle, z.B. None, Dezime, Undezime, Duodezime zu nennen, die auf anderer Stufe die Verhältnisse von Sekunde, Terz, Quarte, Quinte usw. wiederholen.

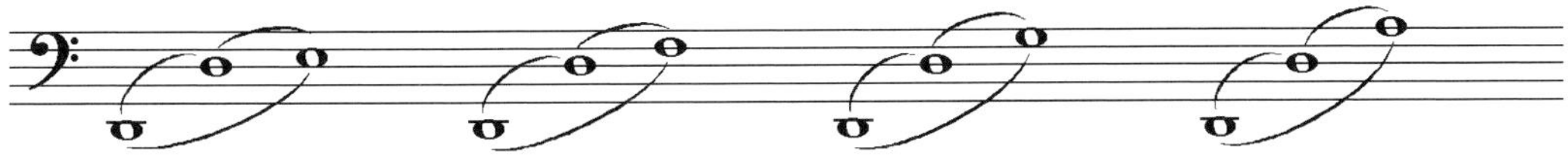

Abb. 5

Es wäre nun für die Musiktherapie nichts gewonnen, würde man bei dieser Feststellung der Tonabstände stehenbleiben. – Was bringt die Menschen seit Jahrtausenden dazu, an diesen Zwischenräumen, diesen Verhältnissen zwischen den Tönen Erlebnisse, und zwar solche von verschiedenartigster Qualität zu haben? Das Intervall selbst ist ja unhörbar; hörbar sind im strengen Sinn bloß zwei verschiedene Töne. Was also bewegt einen Menschen, solche eigentlich unhörbaren Intervalle zu produzieren, dadurch bei sich und anderen Menschen Erlebnisse wachrufend?

Es ist das Intervall ein seelischer Ausdruck für das konkrete *Verhältnis des Menschen zur geistigen Welt;* es zeigt sich das beispielsweise in der Bevorzugung bestimmter musikalischer Intervalle in den verschiedenen geschichtlichen Epochen und Kulturen. Von großen, weiten Intervallen in den älteren Zeiten kam die Menschheit bis hin zu einem musikalischen Empfinden, das sich als ein Terz-Empfinden, vorzugsweise seit der Klassik und Romantik, charakterisieren lässt. Das seelisch-geistige Wesen des Menschen hat jetzt eine engere Verbindung mit dem Leiblichen; und ein persönliches Lust- oder Leidempfinden kann sich musikalisch zum Ausdruck bringen, während früher die Musik ein Ausdruck war des Mitlebens mit den Taten, Leiden und dem Jubeln der göttlichen Wesen.[1] Auch der moderne Mensch kann das Leben und Schaffen der göttlichen Wesen klingend als *Sphärenmusik* erfahren, aber normalerweise geschieht das unbewusst im Schlaf, und nur in seltenen Fällen wird ein Nachklang davon in den Tag hinübergerettet. Denn das Leibesbewusstsein und die Sinneswahrnehmungen übertönen tagsüber normalerweise die feineren geistigen Erlebnisse. Wir wissen aus Äußerungen von großen Komponisten, dass deren Musikschaffen stets mit außergewöhnlichen Bewusstseinszuständen einherging, in welchen das musikalische Erlebnis bis zu einem Erleben der Gottheit gesteigert war. Eine Illustration dazu gibt uns ein Freund Joseph Haydns, welcher über dessen Schaffen Folgendes berichtet: „Das Komponieren war für ihn eine Art Gottesdienst, ein wirkliches Ritual, er zog immer seinen besten Anzug an, bevor er komponierte, wobei er sagte: Ich trete jetzt mit Gott in Verbindung und muss passend gekleidet sein."[2]

Die Musik des zu Ende gegangenen Jahrhunderts kann man durchweg ansehen als Versuche in den verschiedensten Richtungen, einen ersten Schritt wieder über die Terz-Empfindung hinauszukommen. Es sind teils sehr grobe und gewaltsame, teils sehr feine und geistvolle Versuche.

Wie das Leben und Schaffen der göttlichen Kräfte bis in unsere Leibesbildung hinein wirksam war und ist, lässt sich sehr schön an der leibgewordenen Sphärenmusik, an den harmonikalen *Zahlenverhältnissen* innerhalb der Organe und der Gestaltbildung zeigen. So finden wir z.B. im inneren Bau der Lunge, mit zwei linken und drei rechten Lungenlappen, das Quintverhältnis 2 : 3 abgebildet; oder wir entdecken in den verschiedensten Maßverhältnissen der Menschengestalt musikalisch klingende Proportionen.[3] Die „unhörbaren" Intervalle haben eben sozusagen auch ihren „Leib": in bestimmten Zahlenverhältnissen, wie z. B. 1 : 2 (Oktave), 2 : 3 (Quinte), 3 : 4 (Quarte), 4 : 5 (große Terz), 5 : 6 (kleine Terz) usw. Diese Zahlenverhältnisse müssen genau berücksichtigt werden beim Abgreifen einer Streichinstrumenten-Saite, beim Bohren von Flötenlöchern usw. Sie gehören zu der physischen Grundlage beim Musizieren.

Wie jede Form, jedes Organ, jedes Instrument aus schaffender Bewegung hervorgegangen ist, kann das Leib- und Formgewordene wiederum verwandelt werden in leibliche, seelische, geistige *Bewegung.* So wird die feste Form der Musikinstrumente beim Musizieren in ein fein aufeinander abgestimmtes Bewegungsspiel übergeführt; zur Musik können wir uns tanzend bewegen; wir können die der Musik selbst innewohnenden Gesetzmäßigkeiten durch eurythmische Bewegungen sichtbar machen; wir können auch durch Musik rein seelisch bewegt oder geistig angeregt und impulsiert werden; wir können in unserem Lebensgefühl und im ganzen leiblichen Befinden verändert werden, sei es durch eigene Betätigung oder durch intensive mitvollziehende (hörende) Betätigung. Es ist in jedem Fall durch die Musik eine starke Anregung des *Willens,* der äußeren oder inneren Bewegungs-fähigkeit, möglich. In einem gewissen Sinn könnte man zusammenfassend sagen: Je erwachsener und entwikkelter ein Mensch ist, umso mehr wird es sich um die Betätigung des Willens nach *innen* hin (bei der Musik) handeln, das heißt, die eigenen Veränderungen und die Entwicklung selber in die Hand zu nehmen und zu leiten. So kann auch die Musik mehr und mehr ein Ausdruck werden von rein inneren, geistig-seelischen Erlebnissen.

Zunächst sollen hier zwei Beschreibungen vom Erleben der Intervall-Qualitäten angeführt werden: eine ältere Darstellung aus dem 18. Jahrhundert, die aus einem mehr gemüthaften Gesichtspunkt heraus die Intervalle kurz und prägnant charakterisiert, und danach einige Äußerungen von Rudolf Steiner zu den Intervallen nach geistig-seelischen Gesichtspunkten.

Aus dem Spielschrank der Silbermannorgel zu Frauenstein im Erzgebirge[4]:

„Lebensregel"
Den heiligen Glauben in Acht mir nimm
dies sei dir, o Mensch, die reine *Prim.*
Die Hoffnung auch erhalte gesund,
Sie ist auf der Skala die wahre *Sekund.*
Zum göttlichen Willen kling, o Herz,
In gehorsamer Liebe die reine *Terz.*
Trifft Mühe dich und Arbeit hart,
So denk, dies sei die reine *Quart.*
Sei deinem Nächsten friedlich gesinnt
Und stimm' zu ihm die reine *Quint.*
So oft du Vertrauen auf Gott erweckst,
Stärkt dich alsbald die harmonische *Sext.*
Und als ein gut und heilsam Rezept
Verehre des Unglücks schneidende *Sept.*
Sei mäßig in Worten, Speise und Schlaf,
Dann ruft dich der Herr zur höh'ren *Oktav.*

Aus den Vorträgen Rudolf Steiners *Eurythmie als sichtbarer Gesang*[5] seien im Folgenden einige ausgewählte Sätze dazugestellt (die Seitenzahlen beziehen sich auf die Ausgabe 1975):

Zur *Sekund* (S. 98): „Es steht am Tore des Musikalischen ... Die Sekund ist eine musikalische Frage."

Zur *Terz* (S. 33): „Das Terzenerlebnis ist ein intimes, das man mit sich in seinem Herzen abmacht."

Zur *Quart* (S. 41): „Der Mensch ... erlebt sich unter seiner Oberfläche. .... Er sondert sich von der Umwelt ab, schafft sich in sich."

Zur *Quint* (S. 33): „Das Quinten-Erlebnis ist ein Erlebnis, wovon man das Gefühl hat: Das sehen die anderen Menschen mit, wenn man es erlebt, weil man eben bis zu seiner Haut geht." (S. 32): „Die Quinte ist der Mensch."

Zur (abwärtsgehenden) *Sexte* (S. 43): „Die Sexte erzeugt im Verhältnis zum Grundton ein Bild des Empfindens, des Fühlens."

Zur *Septime* (S. 33): „... fühlt sich der Mensch wie die Haut durchsetzend in seiner Umgebung bei der Septime ... Er geht aus sich heraus ..."

Zur *Oktave* (S. 32): „Das innig Befriedigende der Oktave beruht darauf, dass ... man der Gefahr entkommt, die in der Septime liegt. ... Man ist sogar um ein Stück größer geworden, man ist voller, weiter geworden."

Man kann hieraus ersehen, dass die Intervalle nicht bloß graduelle Unterschiede zueinander aufweisen, sondern dass jedes einzelne Intervall eine Erlebniswelt und einen Kräftezusammenhang für sich darstellt und dass auf jeder Intervall-Stufe ganz neue Qualitäten erlebt werden. Dass diese Erlebnisse und Qualitäten nicht bloß zufällig, momentan und subjektiv, sondern allgemeinen und objektiven Charakters sind, ließe sich daran zeigen, dass Musiker und Musikliebhaber, welche sich eingehend mit einzelnen Intervallen beschäftigen, sich immer wieder in ähnlicher Weise über dieselben äußern.[6]

Nach diesen das Intervall-Erleben betreffenden Beschreibungen sei der Hinweis auf Äußerungen Rudolf Steiners, welche das Ton- und Intervallerleben in einer noch tiefer geistigen Weise erfassen, dem Leser nicht vorenthalten. In dem Vortrag vom 1. Januar 1915, dem fünften aus dem Zyklus *Kunst im Lichte der Mysterienweisheit*[7] stellt Rudolf Steiner ein zukünftiges musikalisches Erleben in Aussicht, welches hinter den Ton zu gehen vermag und die Töne wie Fenster betrachtet, durch die man in die geistige Welt hineintritt:

„... dass uns die *Prim* wie mit furchtbarer Saugekraft durch das Fenster des Tones holen will, uns ganz verschwinden lassen will in der spirituellen Welt."

„In eine Welt, in der, wenn man so hinhört, leise verschieden hohe Töne erklingen, die einen trösten wollen über die Schwachheit, kommt man, wenn man durch die *Sekund* eindringt."

„... werden einem durch die *Terz* entgegenkommen gleichsam befreundete Töne."

„... eine unendliche Mannigfaltigkeit der Tonwelt wird sich da ergeben."

„Und man wird finden, indem man so weiterlebt mit seinen Tonerinnerungen, wenn man eingedrungen ist durch die *Quart* in die spirituelle Welt, dass diese Tonerinnerungen immer andere Färbungen annehmen, dass sie bald sich entwickeln zu hellster Helligkeit und Heiterkeit, bald sich herabstimmen zur äußersten Traurigkeit, bald sonnig hell, bald traurig untertauchend bis zur Grabesruhe."

„Die *Quint* wird mehr subjektive Erfahrungen und Erlebnisse hergeben ... Sie wird gleichsam wie ein Zauberstab wirken, der die Geheimnisse der Tonwelt drüben aus unergründlichen Tiefen hervorzaubert."

Als Letztes sei noch ein Zitat aus dem ersten Vortrag über „Das Tonerlebnis im Menschen"[8] von Rudolf Steiner angeführt:

„Denn das wird das *Okta*verlebnis sein. Man wird sich sagen: Wenn ich mein Ich einmal so erlebe, wie es auf der Erde ist, in der Prim, und es dann noch einmal erlebe, wie es im Geiste ist, dann ist das der innere Beweis vom Dasein Gottes."[9]
(Hervorhebungen durch die Autorin).

2.2 Melodie, Harmonie, Rhythmus

Zu Beginn des Kapitels wurde erwähnt, dass die Intervalle mit drei Grundtatsachen des Musikalischen zusammenhängen: mit *Melodie, Harmonie, Rhythmus.* Melodiebildend sind die Intervalle durch ihre plastische Kraft im Auf und Ab der Tonhöhe, harmoniegestaltend durch ihr gegenseitiges Zusammenwirken – sei es gleichzeitig oder nacheinander –, und schließlich beeinflussen sie das rhythmische Gefüge dadurch, dass jedes einzelne Intervall sich in einer eigenwilligen Weise gerafft oder gedehnt charakterisiert. So liebt z.B. die Quarte die geraffte Kürze, hingegen die Quinte eine atmende Länge. Umgekehrt wird die intervallische Prägung einer Musik sehr stark abhängen von dem jeweiligen Melodie-, Harmonie- oder Rhythmusempfinden des Musikers beziehungsweise des Komponisten.

Obwohl alles Musikalische sich in der Seelenmitte, im Fühlen abspielt, hat doch das *Melodische* eine gewisse Verwandtschaft zum *Gedanklichen*: das Aufeinanderfolgen von Tönen, wobei ein Ton aus dem anderen hervorgeht; die Entwicklung von zusammenhängenden Melodien in der Zeit; übergreifende Atembögen. – Es ist wie ein roter Faden, ein Bewusstseinsfaden, der durch die Musik geht. Das ließe sich graphisch durch eine sich auf und ab bewegende Linie erfassen, zum Beispiel:

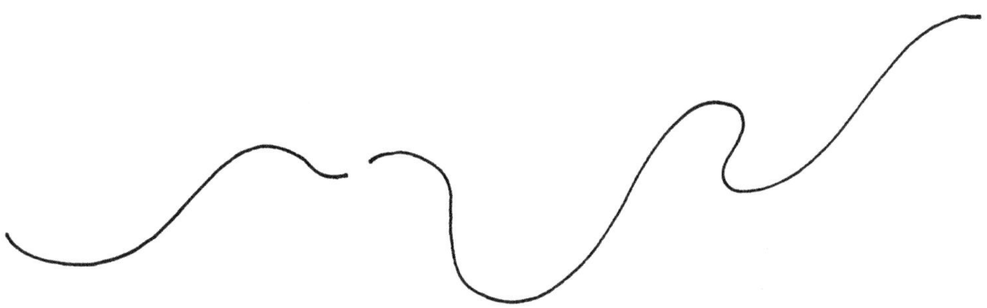

Abb. 6

Das *Rhythmische* andererseits lässt gefühlte *Willens*impulse hörbar werden; und besonders dann, wenn es taktlich gefasst ist, kommt seine Beziehung zum Gliedmaßenmenschen zum Ausdruck: Schreitendes, Pulsierendes, Längen und Kürzen, Betontes und Unbetontes schaffen dynamische Beziehungen, Erlebnisse von Kraft und Tätigkeit.– Keine Melodie jedoch besteht ohne Rhythmus; die den Tönen innewohnenden Kräfte erfordern eine differenzierte Rhythmik; die Intervalle sind ein Geschöpf dieses Beziehungsgefüges und sind selbst schaffend. – Grafisch lässt sich das Rhythmische schwieriger darstellen als das Melodische – in der Notenschrift wird es durch längere und kürzere Notendauer erfasst, zum Beispiel:

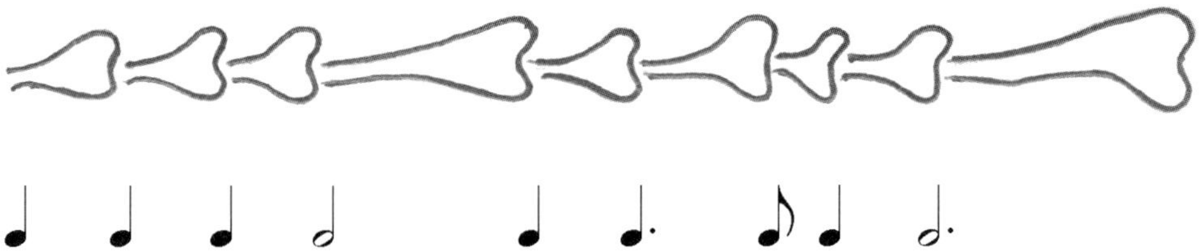

entspricht:

Abb. 7

Das *Harmonische*, das Mittlere, der Zusammenklang ist reinstes *Fühlen* des Fühlens, eine Alchemie von Verwandlungen und Umwandlungen: der Akkorde, der Stimmungen; Wechsel von Dur und Moll, Dissonanzen, Auflösungen; Enge und Weite, verbunden mit Klangfarben; Spannungen und Entspannungen.

Schematisch zusammengefasst, entspricht

dem Denken das Melodische
dem Fühlen das Harmonische
dem Wollen das Rhythmische.

2.3 Dur und Moll

Lassen wir zuerst einmal Goethe zu Wort kommen: [10]

> *„Meine Überzeugung ist diese: wie der Durton aus der Ausdehnung der Monade entsteht, so übt er eine gleiche Wirkung auf die menschliche Natur, er treibt sie ins Objekt, zur Tätigkeit, in die Weite, nach der Peripherie. Ebenso verhält es sich mit dem Mollton; da dieser aus der Zusammenziehung der Monade entspringt, so zieht er auch zusammen, konzentriert, treibt ins Subjekt und weiß dort die letzten Schlupfwinkel aufzufinden, in welchen sich die allerliebste Wehmut zu verstecken beliebt."*

Aus dem Mittleren, dem Harmonischen heraus sind *Moll* und *Dur* in der Musik in gewisser Weise eine Ur-Polarität, so wie *Einatmen und Ausatmen*. Im engeren Sinn genommen, d.h. als Akkordliches oder Tonartliches, konstituiert sich beides aus dem Terz-Empfinden (siehe oben). Die große Terz gibt dem musikalischen Gefüge die Richtung nach Dur, zum Ausatmen und Lösen hin; die kleine Terz hingegen hält die Seele in Leibesnähe, gibt den Charakter des

Einatmens: Moll. – Es ist jedoch zu bemerken, dass die Intervalle, je nachdem, ob sie auf- oder abwärts erklingen, ihre Qualität fast bis zur entgegengesetzten Wirkungsweise verändern können. Praktische Anwendungen solcher Elemente sind in den Schilderungen konkreter Therapieverläufe dargestellt. Im weitesten Sinne genommen ist das Charakteristische von Dur und Moll in allem zu finden, was einerseits lösende, andererseits bindende Nuancen aufweist. In großen Intervallen, steigenden Melodien, langsamen Tempi, langen Tönen und leisen Klängen findet sich ein durhaftes und in differenzierter Weise leicht exkarnierendes Element. Dagegen wirken die entgegengesetzten Elemente mehr inkarnierend und aufweckend, beispielsweise kurze und laute Töne, rasche, absteigende Melodien, enge Intervalle.

Schematisch gegenübergestellt, sähe das folgendermaßen aus:

durhaft lösend	mollhaft bindend
große Intervalle	enge Intervalle
steigend	absteigend
langsam	rasch
lange Töne	kurze Töne
leise	laut

Allerdings muss dabei berücksichtigt werden, dass die Musik eine Kunst der Relationen ist und dass es immer auf den *Zusammenhang* ankommt, aufgrund dessen ein Element seine Wirksamkeit entfalten kann; beispielsweise kann bei gewissen Häufungen eines Elementes ein „Umschlagphänomen" eintreten. Anhand eines kleinen Beispiels sei das erläutert: Stellen wir uns eine langsame, sehr getragene Musik vor – plötzlich erklingen einige knappe, kurze Töne: Das wirkt sehr aufweckend und anregend. Wenn dagegen eine Musik über längere Zeit aus lauter kurzen, knappen Tönen besteht, kann das auch beruhigend wirken, weil wir anfangen, in übergreifenden längeren Bögen zuzuhören.

Es gibt kein musikalisches Element, das nicht zugleich ein musik*therapeutisches* Element sein könnte. Für die Musiktherapie allerdings – und das gilt umso mehr, je gezielter und wirkungsvoller sie sein soll – werden die Elemente in einer gewissen archaischen, oder einseitig-verstärkten, sowie einseitig-reduzierten und zuweilen bewusst sparsamen Weise eingesetzt.[11]

Im Zusammenhang mit dem engen und dem erweiterten Begriff des Dur und Moll sind wir auf Polaritäten gestoßen, wie

lösen	–	binden
ausatmen	–	einatmen
beruhigen	–	anregen, wecken
exkarnieren	–	inkarnieren

Und wir könnten noch ergänzen:

einschlafen	–	aufwachen
sterben	–	leben
u. a.;		

Dabei müssen wir uns fragen: Auf welcher Ebene befinden wir uns jeweils, wenn wir eine dieser Polaritäten ins Auge fassen? Welches Wesensglied oder welche Wesensglieder des Menschen betrifft das?

2.4 Der dreigliedrige Mensch

Die sozusagen sinnenfälligste Polarität am Menschen ist das Oben und Unten von Kopf und Gliedmaßen. Der *Kopf* oben: ruhend – eine Manifestation des Vorstellungs- und Sinneslebens auf der physischen Grundlage der Nervensubstanz. Unten die *Gliedmaßen*: bewegt und belebt auf der physischen Grundlage von Stoffumwandlungsprozessen. Kurz gesagt hat man es hier mit zwei Systemen zu tun, die zwar beide den ganzen Menschen umfassen, jedoch schwerpunktmäßig oben *(Nerven-Sinnes-System)* oder unten *(Stoffwechsel-Gliedmaßen-System)* lokalisiert sind. – Im „mittleren" Menschen nun, wo wir die physiologische Grundlage des musizierenden Menschen erkennen dürfen, finden sich die beiden Pole in einer harmonischen Weise sublim ineinander verwoben: in *Atmung und Herzschlag*. Hier erleben wir das vermittelnde *Rhythmische System*. Wie sich darin unser Fühlen darlebt, kann jeder Mensch nachvollziehen durch die Beobachtung von Phänomenen wie Herzklopfen, Herzbeklemmungen, stockender Atem, Seufzen, Aufatmen usw. An dieser Naht- und Berührungsstelle des „oberen" und „unteren" Menschen zeigt sich das momentane Befinden, die Art des gegenwärtigen Verbundenseins mit dem Leben besonders deutlich (siehe weiter unten in den Therapiebeispielen). Der Atem gliedert sozusagen den pulsierenden Blutstrom – musikalisch gesprochen – zu übergeordneten Phrasen. Was in der Gesangs- und Blasinstrumentenmusik sinnenfällig und direkt hörbar durch das Atmen geschieht, gilt genauso für jede andere Art von Instrumentalmusik. In einer gewissen Stilisierung findet sich ein idealisiertes Verhältnis von *Puls* und *Atem 4 : 1* in der klassischen Musik: in den *vier Takte übergreifenden Phrasen*. Man könnte dazu sagen: Der Atem „bändigt" das wallende Blut. Ein Beispiel für eine viertaktige Phrasenbildung:

Abb. 8: J. Haydn: Scherzo (Anfangstakte)

In der Erforschung der musikalischen Elemente in ihrem Zusammenhang mit der Menschenkunde kommen zuweilen erstaunliche und höchst interessante *Paradoxien* zum Vorschein, die für die Anwendung von Musik zu Heilzwecken sehr bedeutsam sind. Beispielsweise ist durch den Kopfpol einerseits ein beruhigendes, verlangsamendes, überschauendes Prinzip wirksam. Das teilt sich im Atemstrom, in der Phrasenbildung mit. Fasst man hingegen die seelische Kopftätigkeit ins Auge, bemerkt man die Neigung zum Punktuellen, Gliedernden: Einzelne Töne, plastische Melodiebildungen werden angeregt. – Im Gliedmaßenpol wirkt zunächst ein Bewegtes, Lebensvolles, das sich in verschiedenen Rhythmen, verschiedenen Taktarten, Akzentuierungen usw. auslebt. Dagegen ist das seelische Leben in den Gliedern ein sehr unbewusstes, schlafendes und zeigt sich in dem metrisch dahinströmenden, gleichmäßig pulsierenden musikalischen Geschehen, das noch keine Akzentuierung, keine Schwere und Leichte kennt.[12]

Solche Paradoxien im Musikalischen weisen darauf hin, dass wir es hier, wie beim lebendigen Organismus des Menschen, mit einem *klingenden Organismus* zu tun haben. Das bedeutet, dass in jedem Teil immer auch das Ganze vorhanden ist, wie wir es uns beispielsweise sehr einprägsam anhand der Bildung des Dur- oder Moll-Akkordes klarmachen können:

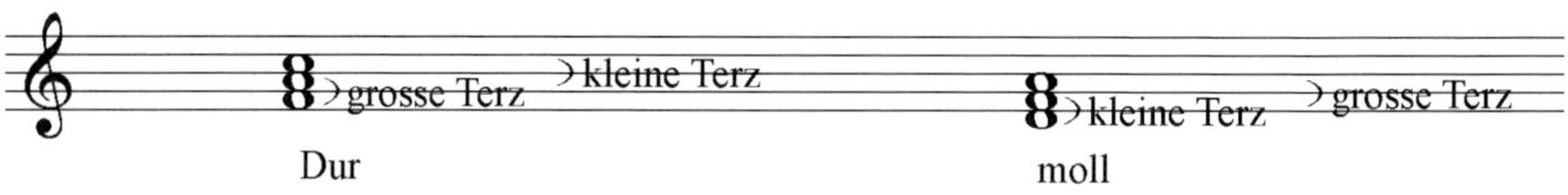

Abb. 9: Dur- und Moll-Akkord

Der Grundakkord von Dur baut sich auf aus großer Terz (typische Dur-Terz) und kleiner Terz als Ergänzung; der Moll-Akkord umgekehrt aus kleiner Terz (typische Moll-Terz) und großer Terz als Ergänzung. So ist selbst in jeder Einseitigkeit immer die Ganzheit anwesend und nur in ihren Teilen unterschiedlich gewichtet.

In den meisten Fällen der Musiktherapie wird es sich um die Herstellung einer harmonischen Mitte, d.h. der Nahtstelle zwischen den Seelen- und Lebenskräften handeln: *ein elastisches Schwingen der Seele auf einer lebensvollen Grundlage.*

2.5 Hören und Singen

Dass der *Gesang* für die Musiktherapie, selbst wenn es sich nicht um eine spezielle Gesangstherapie handelt, von zentraler Bedeutung ist, ergibt sich daraus, dass das „Gesangsinstrument" das natürlichste und ursprünglichste Musikinstrument des Menschen ist. (Zur Menschenkunde des Gesanges siehe Teil „Gesangstherapie".) Das instrumentale Musizieren ist umso vollkommener, organischer und schöner, je mehr es ein „singendes" Spielen ist: Wenn die Musik innerlich vorausgehört, innerlich mitgesungen wird, wenn ihr innerlich nachgelauscht, wenn seelisch mitgeatmet wird. Das *Hören* hängt mit diesem inneren Singen, genauso wie mit dem richtig hörbaren Singen, eng zusammen: Der ganze Leib, nicht nur der Kehlkopf, ist beim Zuhören in feinsten Bewegungen mitbeteiligt. Was ein anderer singt, singe und bewege ich sozusagen mit. Das ist nicht etwa nur ein physikalisches Resonanzphänomen, sondern beruht auf dem prozessualen Geschehen der Organbildung und Organtätigkeit. In der anthroposophischen Fachsprache ausgedrückt, ist es der Lebens- oder Ätherleib, der in diesem prozessualen Geschehen wirkt und dem physisch-sichtbaren Leib als ein unsichtbares, sehr wirksames, lebendiges und bewegliches Kräftegefüge zugrunde liegt und ihn erhält. Aufgrund dieses Kräftegefüges können wir überhaupt eine Wirkung der Musiktherapie bis in die Organe hinein erwarten.

Im Hörvorgang wird der Klang allmählich seiner physikalisch-akustischen Hülle entkleidet, bis ein reines Äthererlebnis, ein seelisches Erlebnis und zuletzt ein geistiges Erleben entwickelt wird.[13] Wiederholungen einer Übung oder eines Musikverlaufes unterstützen die aktive Entfaltung dieser Möglichkeiten.

2.6 Der viergliedrige Mensch

Wir haben eingangs in die verschiedenen Naturreiche und auf den Menschen geblickt und dabei festgestellt, dass der physische Leib eine Verwandtschaft zur mineralischen Welt, der Lebensleib eine Verwandtschaft zur Pflanzenwelt und der Seelenleib eine solche zum Tierreich zeigt. Als ganz spezifisch menschliches viertes Wesensglied kann man nun die geistige Tätigkeit, das, was jeder einzelne Mensch sein „Ich" nennt, ansprechen. Diese vier Wesensglieder finden im Musikalischen, ebenso wie in allen anderen Künsten, ihren Ausdruck: *der physische Leib* in allem, was in der Musik ein *architektonisches* Prinzip darstellt, zum Beispiel das feste Gefüge des Taktes, der Bau von Akkorden u. a. Der *Lebensleib* zeigt sich in allem, was mehr *plastischen* Charakter hat, wie dem Rhythmus oder bestimmten Melodiebildungen u. a. Das *Seelische* kommt besonders zur Geltung in allem, was sozusagen *malerisch*, als Farbiges oder als Spiel von Licht und Wärme in der Musik erlebt werden kann, zum Beispiel in Klangfarben, harmonischen Stimmungen und ebenso in einer bestimmten Weise in den Intervallen, wie wir noch sehen werden. – Das *Ich* sollte bei guter Musik alles durchziehen, aber als Prinzip kommt es in der Form einer Musik, also in der ganzen Kompositionsanlage zum Vorschein.

2.7 Die Intervalle in der Tonleiter

Zur Abrundung der Betrachtungen dieses Kapitels können wir uns nun nochmals den Intervallen aus einem erweiterten Blickwinkel heraus zuwenden. Wir haben zunächst die Intervalle als eine *Stufenfolge* seelischer Erlebnisse angesprochen; in der Hauptsache als sieben verschiedene Stufen und dazu einer achten, der Oktave.

- In der ersten Stufe fühlt die Seele das Inkarniertsein im eigenen physischen Leib;
- auf der zweiten Stufe fühlt sie, dass der Leib belebt ist;
- auf der dritten Stufe fühlt sie sich selber als Seele;
- im Erreichen der vierten Stufe erwacht ein waches und tätiges Selbstbewusstsein: die Quarte ist gewissermaßen das seelische Ich-Erlebnis;
- dann folgen die fünfte, sechste und siebente Stufe, in welchen die Seele erlebt, wie das Ich hinauswachsen kann über sich selbst und sich mehr und mehr einlebt in die geistige Welt.

In früheren Zeiten wurden – wie oben erwähnt – besonders die großen Intervalle, z.B. None, Septim u.a. erlebt, aber ganz unbewusst, kindlich, selbstverständlich und träumend. Es lebte der Mensch ganz eingebettet im göttlichen Geschehen mit.[14] – Wenn wir uns jetzt und in der Zukunft die seelisch-geistigen Erlebnisse der größeren Intervalle erüben, so hat das eine ganz andere Qualität: Bewusst begeben wir uns in Dimensionen, in die wir unendlich tief und weit und immer Neues erfahrend hineinwachsen können. Es ist eigentlich eine Doppelbewegung; musikalisch ausgedrückt: Je bewusster wir die Kraft der kleineren Intervalle erfahren, umso gesünder und sicherer können wir uns in die oberen Stufen hineinwagen. – Diese Bemerkung bezieht sich zunächst auf die Schulung des Musiktherapeuten; wir brauchen natürlich dem Patienten nicht so große Bewusstseinsleistungen abzuverlangen.

Jedes Intervallerlebnis kann durch bestimmte Mittel noch verstärkt werden. Es kommt nicht von ungefähr, dass unser gegenwärtiges Tonsystem (immer noch!) den *Ton c als Grundton* hat; wir beziehen eigentlich alle Töne, sei es bewusst oder unbewusst, auf diesen Grundton der Grundtöne. Die Qualität der *Prim* kann am stärksten durch den Ton c erfahren werden. Entsprechend die *Sekunde* in dem d, die *Terz* im e, die *Quart* im f, *Quint, Sext, Septim* in g, a, h und die *Oktave* in dem erneuerten c.

Abb. 10

Eine weitere Verstärkung bedeutet das Versetzen dieser Töne oder der Intervalle in verschiedene Oktavlagen. Am gegenwärtigsten, sangbarsten und vertrautesten ist für uns die mittlere Oktavlage, die sogenannte „eingestrichene" Oktave. Da kommt das f oder die Quarte zu einer besonderen Geltung. Wir können nun Terz, Sekunde und Prim jeweils tiefer, in der sog. „kleinen" Oktave, der sog. „großen" Oktave und der „Kontraoktave" erklingen lassen; und die Quint, Sext und Septim jeweils nach oben in die „zweigestrichene", „dreigestrichene" und „viergestrichene" Lage rücken – so wird gewissermaßen das „Urbild" der Tonleiter hörbar:

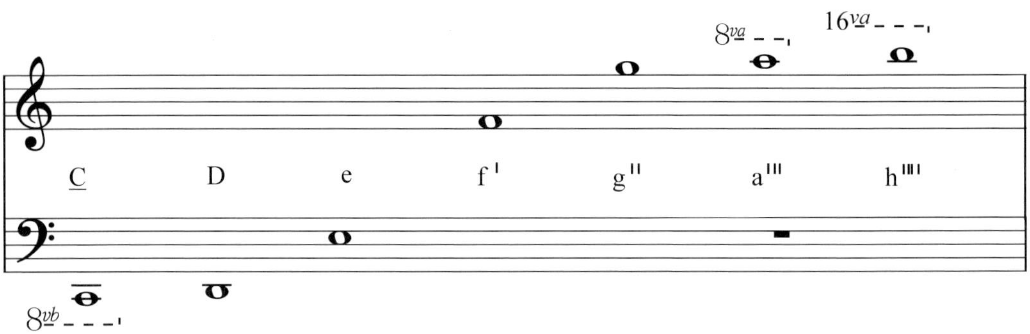

Abb. 11: „Urbild" der Tonleiter

Spezielle andere *Tonsysteme*, wie Pentatonik, Chromatik, Ganztönigkeit, Hexatonik, Heptatonik und andere, auch auf den Naturtönen aufbauende Systeme u. Ä. bedürfen natürlich eines genauso intensiven Erforschens und Behandelns wie das eben beschriebene diatonische System.[15] In der Musiktherapie kommen solche anderen Tonsysteme wie auch neu entwickelte und neu zu entwickelnde Systeme ebenfalls zur Anwendung, und zwar in denjenigen Fällen, wo sich Patienten in entsprechenden *Bewusstseinslagen* befinden. Ein einfaches Beispiel ist die Anwendung der Pentatonik bei kleinen Kindern, die sich in einer noch träumenden Bewusstseinslage befinden.

Aus dem Erleben der urbildhaften Siebenstufigkeit kann in uns ein Entwicklungsgedanke wachgerufen werden, den wir als den *„Metamorphose-Gedanken"* bezeichnen können.[16] Er lässt uns das Komponieren, Improvisieren, Spielen oder Anhören eines Musikstückes als ein Berührtwerden wie durch ein lebendiges Wesen erfahren, dessen „Biografie" wir miterleben. Indem der Komponist, Spieler oder Zuhörer dieses mitvollzieht, taucht er mit seinem Ich in die seelischen Fluten hinunter und prägt der seelischen Substanz die *Gesetze des Ich*[17] ein: In der Entwicklung eines Motives entfaltet sich ein ganzes Stück, welches sozusagen in dem Motiv schon so enthalten war, wie vergleichsweise ein ganzer, zukünftiger, individueller Lebenslauf in einem kleinen Kind schon anklingt:

Es prägt sich ein bestimmter, einmaliger Ablauf eines Stückes in einer bestimmten *Form* aus, die einer übergeordneten höheren Ich-Kraft, sozusagen der Oktavkraft, entströmt. Es entfaltet sich das Stück in lauter Verwandlungsschritten, wobei nicht das Verwan*delte*, d.h. das Hörbare, sondern – wenn es gut gelingt – das Verwan*delnde* zum Erlebnis wird: die Gesetzmäßigkeiten des menschlichen „Ich", welche die Gesetzmäßigkeiten des „Dazwischen", des Unhörbaren, des Schöpferischen sind.

3. Musikalische Zusammenhänge im menschlichen Organismus

Im Sinne eines erweiternden Beitrages zu den menschenkundlichen Grundlagen, speziell des Musik-Erlebens, sei hier noch auf wichtige Phänomene des seelischen und körperlichen Lebens geblickt.

3.1 Zahlenproportionen in der Musik

Wir stellen diesem Kapitel einen Überblick über einige ganzzahlige Verhältnisse der Intervalle voran, wie sie sich am Monochord durch die Saitenteilung bzw. die Schwingungszahlen ergeben:

Oktave:	1 : 2
Quinte:	2 : 3
Quarte:	3 : 4
große Terz:	4 : 5
kleine Terz:	5 : 6
große Sekunde:	8 : 9 / 9 : 10
kleine Sekunde:	15 : 16

Den Leib der Musik bilden Zahlenverhältnisse. Oft wird sie deswegen auch mit der Architektur verglichen, und man spricht dann z.B. davon, dass die Architektur im Raume erstarrte Musik, die Musik bewegte Architektur sei. Im Hintergrund solcher Aussagen lebt das meist unbewusste Erlebnis der harmonikalen Verhältnisse im eigenen Leib, die sich sowohl an der gesamten Gestalt wie auch an der Bildung der inneren Organe und in den Funktionen nachweisen lassen. Die Architektur ist eine nach außen projizierte Leibbildung in den Raum, die Musik hingegen löst, im Vergleich dazu gesehen, die Geheimnisse der Leibbildung in zeitliches, seelisch erlebbares Geschehen auf. Beiden gemeinsam sind die Zahlenverhältnisse, die Proportionen der Teile untereinander und der Teile selbst, die durch eine bestimmte Ordnung zu einem harmonischen Ganzen vereinigt werden.

In der Architektur kennen wir herrliche Beispiele, die infolge ihrer harmonikalen Verhältnisse wunderbare akustische Möglichkeiten bieten: romanische Kirchen, gotische Dome, welche die musikalischen Proportionen in ihren Wänden und Säulen tragen.

Diese Proportionen oder Maße sind nicht allein den Phänomenen menschlicher Musik abgelauscht; vielmehr orientieren sie sich an den makrokosmischen, den astronomischen Tatsachen, in welchen auch ein Vorbild für die menschliche Musik gesehen werden kann. Wir haben weiter oben schon das Beispiel der Venusschleifen berührt. Bei aller großartigen Regelmäßigkeit der Planetenbewegungen, die sich mathematisch berechnen lassen, entstehen jedoch immer wieder neue, nie dagewesene Konstellationen: Man hat es da mit einem räumlich-zeitlichen Organismus zu tun, in welchem die Zahl, das Winkelmaß, die Geschwindigkeiten eine Rolle spielen.

Welche musikalischen, harmonikalen Geheimnisse birgt nun unser Leib? Eigentlich alle, könnte man sagen. Zum einen Teil gewahren wir sie in der räumlichen Ordnung, zum anderen Teil in den rhythmischen Prozessen. Wir wenden uns zuerst den räumlichen Verhältnissen zu und greifen aus dem unerschöpflichen Gebiet einige Beispiele heraus.

3.2 Musikalische Proportionen in der menschlichen Gestalt

Seitdem in der Renaissance der Darstellung von Menschen anatomische Studien zugrunde gelegt wurden (Leonardo, Michelangelo), hat man alle möglichen ganzzahligen sowie rationale und irrationale geometrische Verhältnisse an der aufrechten menschlichen Gestalt festgestellt (Dürer). Beispielsweise nimmt der Kopf als Idealmaß 1/8 der gesamten Körperlänge eines Erwachsenen ein, was im Vergleich mit einem Neugeborenen, dessen Kopf 1/4 der Körpergröße einnimmt, in einem Oktavverhältnis von 1 : 2 steht

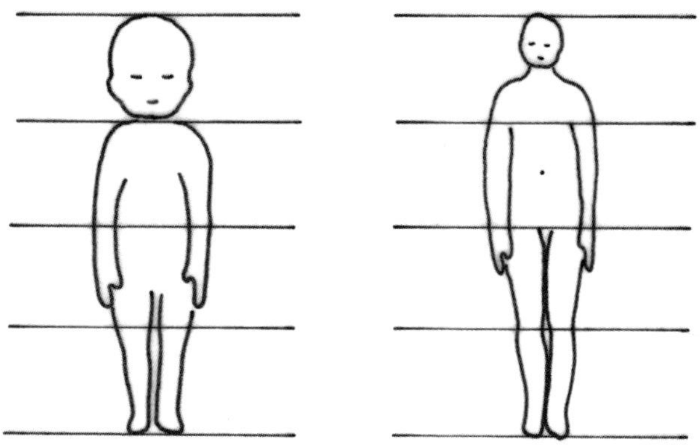

Abb. 12: Neugeborenes und Erwachsener

Betrachtet man am *Skelett* die aufeinanderfolgenden Teile der Gliedmaßen, so kommt man auf Verhältnisse des goldenen Schnittes, indem immer der nächstkleinere Teil (a) sich zum größeren (b) verhält, wie der größere (b) zu beiden Teilen zusammengenommen (a + b). Der goldene Schnitt ist eine irrationale Zahl, die sich in den Schenkelabschnitten des Pentagrammes ergibt, eine Zahl zwischen dem Verhältnis 1 : 2 (Oktave) und 2 : 3 (Quinte). Im Pentagramm verhalten sich die Winkel zueinander immer im Verhältnis 2 : 3.

Walther Bühler bezeichnet das Pentagramm als das „Knochengerüst" des Bildekräfteleibes (Lebensleibes) sowie Pentagramm und goldener Schnitt als Schöpfungsprinzipien.[18] Er schreibt: „Es hängt aber offensichtlich als Gestaltungsprinzip mit dem Wesen der organischen Natur innig zusammen. Wird doch von jeher ein Organismus als ein Naturobjekt definiert, bei dem alle Prozesse und Gestaltungen aufeinander abgestimmt sind und als Teile sich zu einem einheitlich funktionierenden Ganzen zusammenschließen."

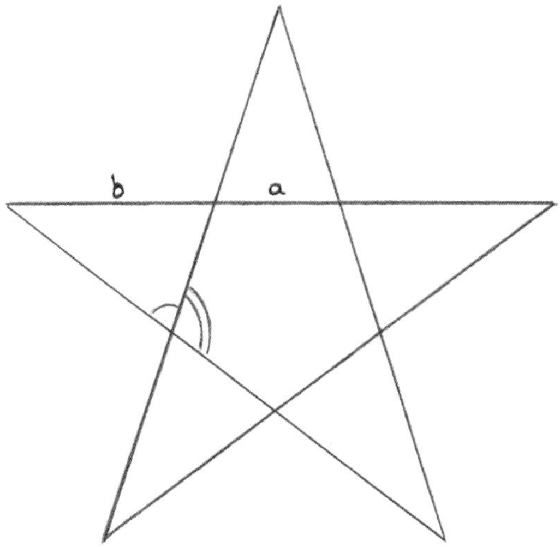

Abb. 13: Pentagramm

Bei der Betrachtung der inneren Organe ist das einprägsamste Beispiel die *Lunge,* deren fünf Lappen ungleich verteilt sind: Auf der linken Seite, also auf der Seite des Herzens finden sich nur zwei, auf der rechten drei Lappen. Wir vermuten, dass die Bronchien sich nach dem goldenen Schnitt verästeln und dass das Quintverhältnis 2 : 3 bei den Lungenlappen unter diesem Einfluss entstanden ist.

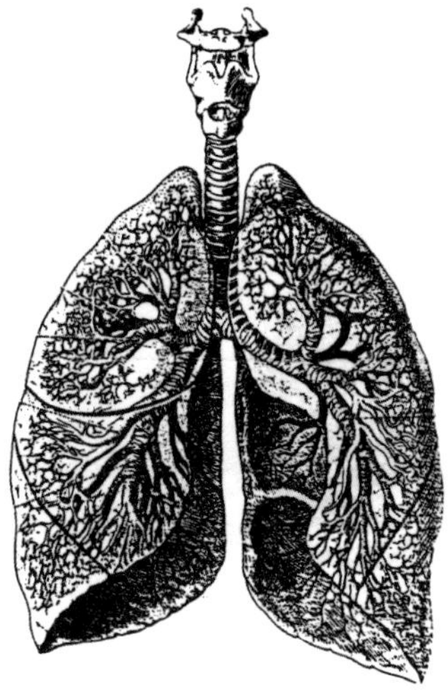

Abb. 14: Lunge und Kehlkopf beim Erwachsenen
(aus: Benninghoff, *Lehrbuch der Anatomie des Menschen, 1971)*

Interessanterweise findet sich das Quintverhältnis auch in der Tätigkeit des *Schreitens* wieder: Die Phase des Abhebens dauert 2/3 so lange wie die Phase mit dem aufgesetzten Fuß.[19]

3.3 Musikalische Proportionen in den rhythmischen Prozessen

Zwei der für den musizierenden Menschen wichtigsten Rhythmen des Organismus sind der *Atmungs- und der Herzrhythmus*. Nicht nur ist deren Geschwindigkeit und Regelmäßigkeit von Bedeutung, sondern auch ihr Zusammenwirken, der sogenannte Puls-Atem-Quotient, der das Gleichgewicht zwischen den oberen und unteren Wesensgliedern anzeigt.

Rudolf Steiner weist an verschiedenen Stellen[20] darauf hin, dass dieses Verhältnis 4 : 1 beträgt. Wie ist das zu verstehen, da doch fast in jedem Augenblick unseres Wachlebens sich dieses Verhältnis ändert?

In aufwendigen Studien hat sich unter anderem Prof. Dr. Gunther Hildebrandt (Marburg) im Rahmen seiner umfassenden Rhythmusforschungen dieser Frage angenommen. Die folgende Tabelle kann uns viele Aufschlüsse geben:

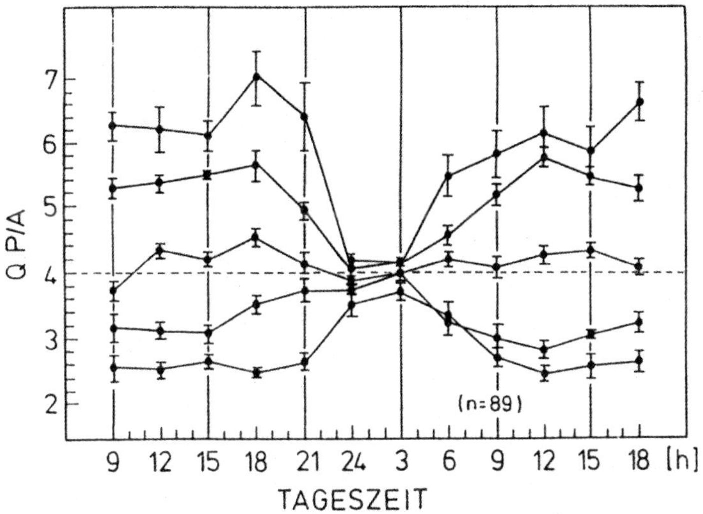

Abb. 15: Mittlere Tagesgänge des Puls-Atem-Frequenz-Quotienten (Q P/A) von insgesamt 89 gesunden Probanden, die nach dem 24-Stunden-Mittelwert des Quotienten in fünf Gruppen aufgeteilt wurden. Die Klammern bezeichnen den Bereich des mittleren Fehlers der Mittelwerte. Man beachte die nächtliche Normalisierung zwischen 24 und 3 Uhr, die unabhängig von der Richtung der Abweichung am Tage eintritt. (Nach Daten von Pöllmann, aus Hildebrandt 1994).

Das Verhältnis 4 : 1 ist also ein ideales, das sich während des Nachtschlafes annähernd oder vollständig einstellt.

Weitere chronobiologische Forschungen Hildebrandts haben zu Erkenntnissen geführt, bzw. solche von Rudolf Steiner[21] bestätigt, welche die vier *Wesensglieder* des Menschen zu den *Umweltrhythmen* in Beziehung setzen. Es zeigt sich, dass die größeren Rhythmen, wie der Jahres-, Monats- und Wochenrhythmus, die kleineren, wie den Tages-, Stunden-, Minuten- und Sekundenrhythmus, modulieren. In folgendem Schema stellt Hildebrandt den Zeitorganismus des Menschen dar:

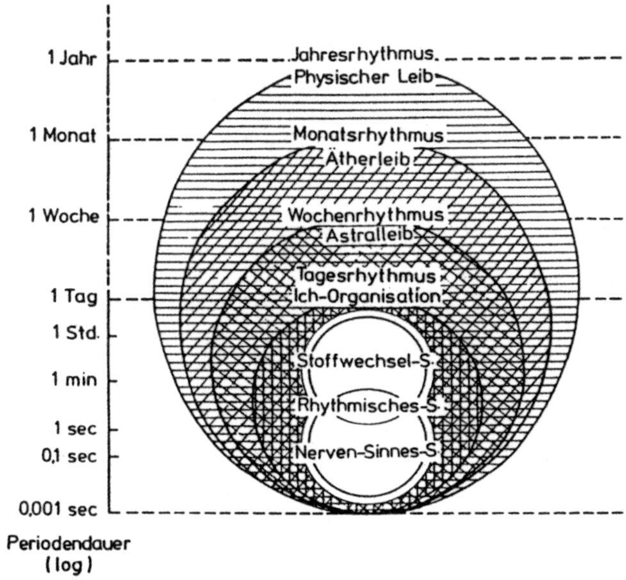

Abb. 16: Schematische Darstellung des Ineinanderwirkens der kosmisch bestimmten langwelligen Rhythmen im Menschen

Dazu schreibt er: „Die Eigenrhythmen der Wesensglieder durchsetzen sich vollständig im Bereich unterhalb des Tagesrhythmus und bilden hier ein komplexes, von kosmischen Einflüssen geprägtes, vierschichtiges Milieu, in welchem sich die kürzerwelligen autonomen Zeitstrukturen im Sinne der Dreigliederung organisieren können."[22]

Da sich durch die Einbeziehung dieser Sachverhalte gerade für die Musiktherapie entscheidende Möglichkeiten erkennen lassen, mögen einige Beispiele dazugesellt werden. Wo erkennen wir diese Rhythmen der Wesensglieder? Beispielsweise dauert es ungefähr ein *Jahr*, bis beim kleinen Kind der physische Leib so weit ergriffen werden kann, dass das Laufenlernen einsetzt. Auch die Hervorbringung der Zähne, d.h. der härtesten Substanz des Leibes, geschieht in der Größenordnung von einem, beziehungsweise mehreren Jahren. Der *Monats*rhythmus des Lebensleibes ist uns bekannt im weiblichen Zyklus. Seelische Prozesse verlaufen oft in *Wochen*rhythmen. Der hervorstechendste *Tages*rhythmus ist der Wechsel von Schlafen und Wachen, wodurch die Ichkräfte jeden Tag neu ergriffen werden. In den *Stunden*rhythmen verlaufen beispielsweise die Schlafphasen oder Tonusschwankungen. In *Minuten*rhythmen arbeitet die Peristaltik, und die Atemzüge sind auf Minuten bezogen, indem 18 Atemzüge pro Minute ebenfalls u. a. durch Hildebrandts Forschung als Normalwert bestätigt werden konnten.[23] Im Bereich der *Sekunden*rhythmen ist der Pulsschlag angesiedelt. In den kleinsten Bereichen von Sekunden und Teilsekunden finden die Nervenaktionen statt.[24]

So finden wir in dieser Reihenfolge ein immer schneller werdendes Schwingen, vergleichbar mit einer Saite, die stärker und stärker angespannt oder stufenweise verkürzt wird, sodass die Tonhöhe mehr und mehr steigt. – Wir können somit verstehen, warum die hohen und höchsten Töne mehr im Nervenbereich, die tiefsten stärker in den Gliedmaßen oder „im Bauch" wahrgenommen werden. Auch können wir daraus ersehen, dass die Steigerung der Geschwindigkeit z.B. mehr den Astralleib, die Verlangsamung den Ätherleib anregt. Ebenfalls ergeben sich allgemeine Konsequenzen für die Gestaltung einer Therapiephase: für die Länge einer einzelnen Therapiesitzung, für die Fortsetzung am folgenden Tag oder in der folgenden Woche, schließlich auch für die Länge einer Therapiephase: Wochen, Monate oder Jahre.

Da das sozusagen spezifisch Musikalische an der Musik die Eigenschaft des rhythmischen *Lösens und Bindens* ist, kann durch die Musik besonders gut sowohl *auf* den Zeitorganismus rhythmischer Prozesse als auch *über* denselben auf die Wesensglieder gewirkt werden. Das heißt, das richtige Zueinander-Stimmen und -Schwingen der ineinander wirkenden Wesensglieder ist ein Resultat der Weltenmusik, die in der menschlichen Musik einen Helfer findet.

3.4 Zusammenwirken von Liquor und Atmung

Wir werden bei den verschiedensten Stellen und Gelegenheiten von Rudolf Steiner auf die Bedeutung des Liquors (Gehirn- und Rückenmarkswasser) hingewiesen. Er dient als Vermittler zwischen dem mittleren Menschen – wo durch das rhythmische Geschehen von Puls und Atmung das Fühlen beheimatet ist – und dem Sinnesorgan Ohr. Rudolf Steiner drückt sich so aus, dass zusammen mit dem Einatmen der Liquor hirnwärts steigt, mit dem Ausatmen hinunterfließt, und somit der Liquor in feiner Weise in das Atmungsgeschehen eingebunden ist.[25] Dabei findet im Ohr eine Begegnung statt mit den Gehörseindrücken. „Die *Vorstellung* des Tongebildes, die auf Gehörorgan und Nervenvorgang beruht, ist noch nicht dieses musikalische Erlebnis. Das letztere entsteht, indem im Gehirn der Atmungsrhythmus in seiner Fortsetzung bis in dieses Organ hinein sich begegnet mit dem, was durch Ohr und Nervensystem vollbracht wird."[26] – In der Tat findet sich anatomisch diese Begegnungsstelle: Zwei kleine Kanälchen (ductus endolymphaticus und ductus peri-lymphaticus) schaffen eine indirekte beziehungsweise direkte Beziehung zwischen dem Liquor und der Ohrlymphe, worin sich die verfeinert übertragenen Luftschwingungen mit dem verfeinert übertragenen Atmungsrhythmus begegnen. Was nämlich das „Auf- und Absteigen" des Liquors betrifft, so ist zwar eine solche Strömung wissenschaftlich nachgewiesen, wird jedoch hauptsächlich mit der stetigen Erneuerung der Flüssigkeit und deren Versickern in Zusammenhang gesehen. Jedoch sind mittlerweile Einflüsse von Puls und Atmung auf die Druckverhältnisse innerhalb des Liquors erforscht und nachgewiesen worden.[27] Für den Musiktherapeuten ist die Kenntnis dieser Tatsachen insofern bedeutungsvoll, als das seelische und physische Mitatmen des Patienten beim Musizieren und Zuhören ein wichtiges Beobachtungsmoment darstellt. Es liegt in diesen Tatsachen auch die physiologische Begründung für das „Hören mit dem Rücken", worauf wir oft die Patienten hinweisen, oder weswegen wir oft die Musik von hinten her an den Patienten heranbringen. Es wirkt erleichternd und seelisch weitend für den Menschen, wenn es ihm gelingt, das Hör-Bewusstsein vom vorderen Raum, der dem Auge angehört, in den hinteren Raum, der sonst für das Bewusstsein normalerweise „dunkel" bleibt, zu verlegen.

3.5 Zusammenwirken von Ohr und Kehlkopf

Eine weitere bedeutungsvolle Tatsache ist die enge Verbindung von Kehlkopf und Ohr.[28] Der Kehlkopf ist sozusagen das aktive Pendant zum Ohr, indem beim Zuhören all das Gehörte durch feine Bewegungen der Muskeln und Bänder im Kehlkopf „mitgesprochen" und „mitgesungen" wird. Ein kleines Experiment zeigt das: In einem Saal, in dem ein heiserer Redner spricht, beginnt nach einer Weile des Zuhörens ein reihenweises Räuspern unter den Zuhörern. Andererseits beeinflusst uns natürlich auch das Anhören einer sehr schönen Gesangsstimme und wirkt klärend und lösend auf die eigene Stimme. Nachgewiesenermaßen ist es sogar nicht nur der Kehlkopf, der sich fein mitbewegt, sondern der ganze Leib, der wie ein großer Kehlkopf beim Hören „mitredet". Bei manchen Menschen, die ihre Muskeln nicht vollständig unter Kontrolle haben, werden solche Mitbewegungen sogar vergrößert und sichtbar. Und wer hat es nicht schon beobachtet, wie manche Menschen mit den Lippen stumm mitsprechen, was ein anderer sagt? – Dass die Tatsache dieses Phänomens gerade für die Musiktherapie mit Patienten, die selber nicht in der Lage sind, zu musizieren (wie kleine Kinder, Bewusstlose, Gelähmte usw.) besonders beachtenswert ist und zu größter Verantwortung aufruft, liegt auf der Hand.

3.6 Physiologischer und musikalischer Hörvorgang

Die Suche nach dem Musikalischen führte uns durch alle Naturreiche ins innere Erleben des Menschen, an seine innere schöpferische Kraft. In ähnlicher Geste weist uns die Phänomenologie des äußerlich Tönenden, Hörbaren nach innen.

Physikalisch gesehen wird ein Ton durch eine Schwingung definiert: Die Frequenz der Schwingungen eines Tones, gemessen in Perioden pro Sekunden (Hz), entspricht der jeweiligen Tonhöhe.

Was heißt das? Eine Schwingung ist eine Bewegung. Wir können verfolgen, was geschieht, wenn wir eine Saite auf ein Instrument spannen. Zupfen wir sie an, solange sie noch schlaff hängt, so sehen wir sie hin und her pendeln, hören aber nichts. Drehen wir den Wirbel weiter, um die Saite allmählich stärker zu spannen, so kommt ein Augenblick, wo die Bewegung äußerlich zur Ruhe kommt, auf das Zupfen aber ein Ton antwortet.

Die räumliche Bewegung ist in einem Verdichtungsvorgang in die Spannung der Saite verschwunden, wo sie nun die Voraussetzung für die Tonentstehung bildet.

Der Hörvorgang selbst setzt diese Richtung des Geschehens fort. Bereits die Position des Ohres weist in diese Richtung: Im Vergleich zum nach vorne und nach außen geschobenen Auge finden wir das Gehörorgan nach hinten und nach innen zu auf kleinstem Raum im festen Knochen gelegen.

Das Hörbare erreicht unser Ohr über die Luft, deren Eigenschaft es ist, sich elastisch zu verdichten und auszudehnen. Durch die Schwingungen der Instrumente wird die umgebende Luft also wechselweise komprimiert und verdünnt. Die Zonen verdichteter und verdünnter Luft, die wir Schallwellen nennen, wandern durch den Raum und werden, wenn sie auf unser Ohr auftreffen, nach innen geleitet. Auf dem Wege vom Trommelfell über die Gehör-

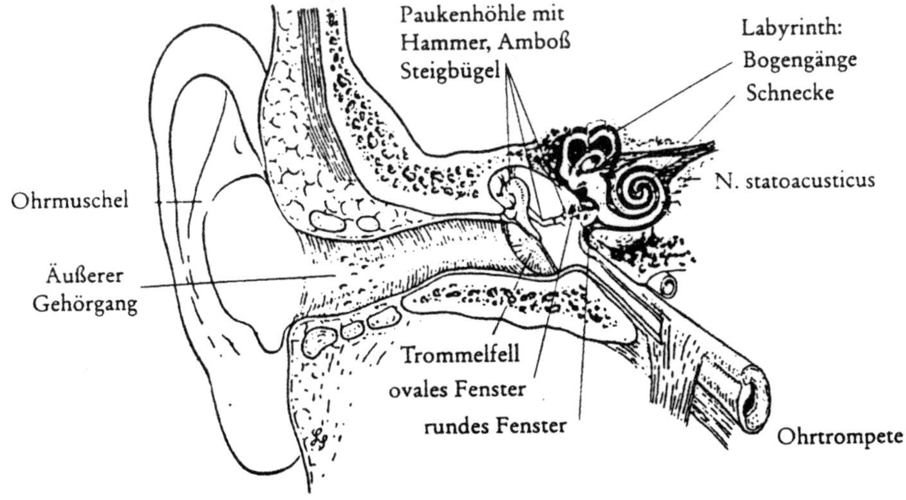

Abb. 17: Übersicht über äußeres Ohr, Mittelohr und Innenohr (nach Boenninghaus, Hals-, Nasen-, Ohrenheilkunde)

knöchelchen zum ovalen Fenster werden sie um das Zwanzigfache verkleinert, dadurch aber in ihrem Druck zwanzigmal stärker an die Lymphflüssigkeit des Innenohres weitergegeben. Als verdichtete Druckschwingungen wandern sie durch die Flüssigkeit der spiraligen Gehörschnecke. Wenn schließlich die feinen Sinneshärchen im Corti-Organ bei einem bestimmten Ton ausgelenkt werden, so geschieht das nur noch in einer Größenordnung von zehn hoch minus elf Meter, was einer Bewegung entspricht, die kleiner als das kleinste Atom der Materie ist.

Im Hörvorgang erleben wir also, wie die Bewegung nahezu vollständig zur Ruhe kommen muss, damit ein Tonerlebnis entstehen kann.[29]

Gehen wir einen Schritt weiter, so erhebt sich die Frage: Wohin führt uns das Hören? Was nehmen wir wahr?

Während das Auge die Oberfläche der Dinge erkundet, dringt das Ohr in die Tiefe der klingenden Materie ein. Ist sie aus Stein, Ton, Holz, Metall? Wie ist ihre Härte, der Reinheitsgrad, die Struktur, die Formgebung (hohl oder voll)? Das bedeutet, ins Innere des tönenden Materials zu hören.

Beim musikalischen Hören wird die nach innen führende Geste auf eine weitere Stufe gehoben. Die Anlage des Ohres bietet für jeden Ton einen ganz bestimmten Resonanzbereich, sodass verschiedene Töne, die nacheinander oder gleichzeitig erklingen, genau unterschieden werden. Im Gegensatz zum Auge, das zuerst die Ganzheit wahrnimmt, steht beim Hören die analytische Aufnahme am Anfang. Damit daraus ein musikalisches Erleben entstehen kann, müssen wir lernen, zwischen die Töne zu hören. Alles, was wir aus dem Verdichtungsprozess von Klangentstehung und Hörprozess gewonnen haben, müssen wir

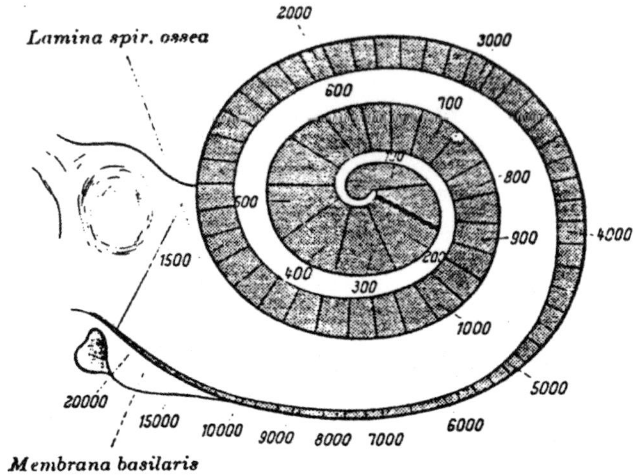

Abb. 18: Tonlokalisation auf der Basilarmembran des Menschen

noch einmal aufgeben, um in das lebendig Klingende einzutauchen. Oder anders ausgedrückt: Wir müssen eine Aktivität aufbringen, die das analytisch Wahrgenommene wieder verbindet, die innerlich alle Einzelheiten in das Ganze zu integrieren vermag. Wenn wir also im musikalischen Hören das wahrzunehmen vermögen, was nicht physisch klingt, so sind wir in das reine Äthererleben der Musik eingetaucht. Wie eine Gegenbewegung auf die vorangegangene Verdichtung öffnet sich nun der innere Raum seelisch-geistigen Musikerlebens, den Kosmos aller musikalischen Elemente, wie er im Überblick dargestellt wurde, umfassend.

4. Die Instrumente in der Musiktherapie

Durch die Darstellung in den einführenden Kapiteln haben wir die Musik als einen tönenden Organismus kennengelernt, der auch unhörbar erfahren werden kann. Soll das innerlich Gehörte aber in die Welt treten und für andere Menschen klingend erscheinen, so muss es sich inkarnieren, es muss einen Leib ergreifen; das geschieht durch die Musikinstrumente. Sie bilden die *Brücke zwischen der unhörbaren und der hörbaren Musik.*

Vergegenwärtigen wir uns, was geschieht, wenn ein Komponist innerlich tönend gestaltet. Er begibt sich in eine Tätigkeit, die vergleichbar ist dem musikalischen Vorhören, das sich im fortschreitenden Schaffensprozess mit einer differenzierten Klangfantasie verbindet. Entsprechend verläuft die Arbeitsweise der meisten Komponisten von der Notation zur Instrumentation. Oft wird sich die Frage einstellen: Wird er finden, was ihm innerlich vorschwebt? Passt er sich an die vorhandenen Instrumente an oder ist sein innerer Hörwille stärker und impulsiert er den Bau neuer Instrumente? Erst in der instrumentalen Ausführung verwirklicht sich schließlich auch akustisch hörbar, was vorher rein inneres Erleben war.

Wir haben es mit einem Prozess zu tun, der die Mitteilung des geistig-musikalischen Erlebens zum Ziel hat und der zum Komponieren oder Improvisieren führt.

Daran schließt sich für den Hörer der Musik der umgekehrte Weg an. Die Musikinstrumente helfen mit dem Reichtum ihrer Klangfarben, wieder die Brücke zu schlagen vom äußeren zum inneren musikalischen Hören und Erleben.

Die besondere Eigenart eines Instrumentalklanges entsteht durch das verwendete Material und seine Bearbeitung. Aus allen Naturreichen kommen die Grundstoffe: die verschiedenen Metalle aus dem Gestein, die Hölzer der Bäume aus dem Pflanzenreich, Felle aus dem Tierreich.

Wenn dann beispielsweise Kupfer und Zinn durch die Bearbeitung die entsprechende Reinheit erlangt haben und in das richtige Legierungsverhältnis gebracht sind, kann die Glocke gegossen, d.h. in die Form gebracht werden, die ihr schließlich ihren unverwechselbaren Klang verleiht.

Je mehr wir vom Material und dem Bearbeitungsprozess im Klang eines Instrumentes wahrnehmen können, desto stärker stellt sich das Erlebnis ein, dass sich das Hören nicht auf das Ohr beschränkt, sondern den ganzen Menschen umfasst. Insbesondere sind dabei die Bewegungsorgane mit Muskeln und Knochen und der Atmungsvorgang im Zusammenhang mit den anderen Lebensrhythmen beteiligt.

Wir können die Aufgabe der Instrumente geradezu darin sehen, eine subtile Sinneserfahrung des ganzen Organismus in die musikalische Wahrnehmung einzubeziehen. Die Qualität des Klingenden ist mit dafür verantwortlich, ob das Hören einen Anlass bietet „wegzuhören" oder ob es das Tor zur inneren Musik zu eröffnen vermag.

Wer erfahren hat, dass er im intensiven Lauschen auf qualitativ feine Töne äußeren Lärm vergessen kann, weiß, dass der Brückenschlag vom sinnlichen Hören zum inneren Hören sogar bei akustischer Überreizung möglich ist und eine wesentliche Hilfe zu ihrer Überwindung leisten kann.

Ausgehend vom Nachlauschen als eigener Aktivität wird der Hörer in diesem Prozess dazu aufgerufen, das Geistige des musikalischen Kunstwerkes in sich neu zu erschaffen, sowohl im Zuhören als auch im Reproduzieren.

4.1 Instrumente und menschliche Gestalt

Geht es nun darum, die innerlich erlebte Musik äußerlich hörbar zu machen, so steht an erster Stelle der Gesang. Hier ist der Mensch selbst das Instrument.

Indem nun der Musizierende diese innerlich singende Haltung auf das Instrument auszudehnen vermag, wird auch das Instrument zu einem Teil seines Leibes. Das beobachten wir zum Beispiel, wenn ein Musiker besonders eng mit seinem Instrument verwachsen ist. Der Mensch erlebt diese Beziehung der Instrumente zu seinem Körper, weil er sie auch leiblich berührt, z.B. an die Lippen setzt, mit den Armen umfasst, vor allem aber, weil er sich innerlich verwandt fühlen kann mit ihrer Form.[30]

Mit den Instrumenten wächst der Mensch über seine Grenzen hinaus, sie stellen eine Erweiterung seines Organismus dar.

In der Form eines Cellos beispielsweise finden wir am deutlichsten die Menschengestalt wiedergegeben, was sich sogar in den Bezeichnungen seiner Teile ausdrückt, wie Korpus mit Taille, Hals mit Wirbeln, Ohrschnecke oder Menschenkopf.

Eine Flöte, die ihrem Wesen nach eine Umkleidung des Atemstroms darstellt, können wir wie die nach außen versetzte Luftröhre mit der Stütze des Brustbeins erleben.

Die runden federnden Membranen der Trommel und Pauke sind vergleichbar dem Bauchfell und seiner Resonanz, und die sensibel reagierenden Saiten der Zupfinstrumente, besonders wenn sie in einer Vielzahl wie bei Harfe und Leier auftreten, stellen die Nervenfasern dar, die vom Rückenmark ausgehen. In diesem sensiblen, dem Menschen eingegliederten Instrument, erlebten die Griechen das Urbild der „Leier des Apoll".

Es sind Formkräfte, die den Organismus gestaltet haben, die als urbildhafte Imaginationen in die Bauformen der Instrumente eingeflossen sind und an die wieder angeknüpft wird in der therapeutischen Anwendung.[31]

4.2 Die Instrumente und der dreigliedrige Mensch

Für die Anwendung eines Instrumentes in der Musiktherapie muss uns vor allem interessieren, was uns einerseits als Klang aus dem Instrument entgegentönt und was wir andererseits in der Verbindung von Klang und Spielqualität selber erleben. Der Instrumentalklang bildet für die musikalischen Elemente eine leibliche Grundlage und verstärkt durch seine Beziehung zum Organismus die gezielte Wirkung auf spezielle Organbereiche. Dies betrifft besonders die Hörtherapie.

Wollen wir ein Instrument selber spielen, so müssen wir uns einlassen auf seine Klangeigenschaften und die erforderlichen Spielbewegungen. Wir erfahren dann, wie sich die lebendige Empfindung unseres Körpers so verändert, dass sie das Instrument mit umfasst. Die Bewegungen, die wir dabei ausführen, haben eine typische Eigenart für jedes Instrument und verbinden sich eng mit seiner Klangbeschaffenheit. Tauchen wir empfindend in diese Gesetzmäßigkeit ein, so erfahren wir eine Rückwirkung auf unser Lebensgefühl, das in der wiederholten Übung einen Abdruck in unserem Organismus hinterlässt. So können Instrumente dafür eingesetzt werden, krankhafte Einseitigkeiten in der Konstitution eines Menschen auszugleichen, z.B. überschießende Kräfte einzudämmen, schwächliche Anlagen zu unterstützen und zu stärken.

Vergleichen wir die drei Hauptinstrumentengruppen in ihren charakteristischen Bewegungsabläufen mit dem dreigliedrigen Organismus und der musikalischen Dreigliederung, so erfahren wir viel über ihren menschenkundlichen Bezug.[32]

Die *Blasinstrumente* geben uns äußerlich Ruhe und Geschlossenheit. Der Klang wird durch den Atem erzeugt, gleichzeitig ist die Gliederbewegung auf ein Minimum reduziert: Bei den Naturhörnern ist sie gar nicht vorhanden, bei den Blechblasinstrumenten mit Ventilen kaum vonnöten, bei den Flöten, Oboen, Klarinetten ganz auf die Feinmotorik der Finger beschränkt. Die Ruhe, die der Kopf braucht, um seine Bewusstseinstätigkeit im Denken und Wahrnehmen auszuführen, ist sozusagen bis über die Arme und Finger ausgebreitet, d.h. die Glieder werden in den Wirkungsbereich des Kopfes einbezogen. Die Blas-instrumente bringen von Natur aus die Melodie in besonderer Klarheit zur Geltung. Als Therapieinstrumente dieser Gattung verwenden wir verschiedene Arten von Flöten: Choroiflöten, Blockflöten, Renaissanceflöten, Gemshörner, als reine Naturtonflöte die Kupferflöte ohne Grifflöcher, ferner Krummhörner, Intervallhörner, selten auch Trompete und Alphorn.

Im Gegensatz dazu ist das Spiel auf den *Schlaginstrumenten* ohne die freie Beweglichkeit der Gliedmaßen undenkbar. Hier bleibt noch erlebbar, dass der Rhythmus ursprünglich getanzt oder mit den Füßen gestampft wurde. Auch wenn die Hände zum Spielen verwendet oder mit Schlegeln verlängert werden, geschieht der Anschlag wie im Sprung, dem ein sofortiges Abfedern folgt, um den Klang freizulassen. Eine willenshafte Impulskraft drückt sich hier aus. Entsprechend betonen die Schlaginstrumente den rhythmischen Anteil der Musik. Wir setzen von dieser Instrumentenfamilie ein: Pauke, Tambourin, Triangel, Klanghölzer, Xylophon, Metallklangstäbe, Becken, Zimbeln, Gongs und Handglocken.

Die Spielweise der *Saiteninstrumente* bringt die Extreme der anderen beiden Instrumentengruppen in harmonischen Ausgleich. Indem die Saiteninstrumente Streich- und Zupfinstrumente umfassen, zeigt ihre Spielweise Verwandtschaft sowohl mit der Tonbildung am Blasinstrument – im Durchhalten des gestrichenen Tones – als auch, im kurzen Anschlagen und Freilassen der Saite, mit der Tonbildung am Schlaginstrument. Diese Instrumente sind ein Abbild dessen, wie sich in Atmung und Pulsschlag oberer und unterer Mensch im Brustbereich begegnen. Das zeigt sich bis in die Spielhaltung: Die Instrumente werden im mittleren Bereich umfangen, ans Herz genommen. Die Armbewegung wird zum Spielatem: beim Streichinstrument mit den zwei Strichrichtungen der Bogenführung wie Aus- und Einatmen; beim Zupfinstrument im atmenden Ergreifen und Freilassen der Saite. Das trifft innerhalb unseres Instrumentariums bei den Zupfinstrumenten insbesondere für die Familie der Leierinstrumente, Kinderharfe und Kantele zu, bei den Streichinstrumenten – neben dem Streichpsalter – hauptsächlich für die Tenorchrotta. Musikalisch gesehen finden sich unter den Saiteninstrumenten die Hauptvertreter der Harmonie-Instrumente, die Dreiklangsfolgen und mehrstimmige Musik auf einem Instrument zum Klingen bringen.

Melodie	Blasinstrumente		Kopf
	Streichinstrumente	Atem	
Harmonie			Brust
	Zupfinstrumente	Puls	
Rhythmus	Schlaginstrumente		Gliedmaßen

Es wird verständlich sein, dass es eine Vielzahl von Aspekten gibt, unter denen wir die Instrumente betrachten können. Beispielsweise haben wir gesehen, wie sich in der Dreigliederung zugleich die Geste von Atem und Puls verbirgt, indem Blasinstrumente und Streichinstrumente, dem Atemstrom vergleichbar, die Länge eines Tones gestalten können, während Zupf- und Schlaginstrumente die Töne auf pulsierende Weise aus der Kürze entstehen lassen. Die bindende und lösende Grundgeste des Rhythmischen Systems liegt also der Spielart aller Instrumente zugrunde, wodurch deutlich wird, dass sich der am Instrument spielende Mensch aus der polaren Einseitigkeit der reinen Kopf- oder Gliedmaßentätigkeit befreit. Deshalb wird wohl auch die „harte Arbeit" am Instrument als „Spiel" bezeichnet.

4.3 Die Instrumente in der Viergliederung

Andere Gesichtspunkte ergeben sich, wenn wir die Instrumente in ihrer Verwandtschaft zu den Wesensgliedern betrachten. Den Erlebnisbezug bilden hier die Elemente Feuer, Luft, Wasser, Erde.

Ein *feuriges* Element der Tongestaltung erleben wir im Blasen; wir sind *ichhaft* engagiert.

Luftige, duftige Klänge entstehen beim Zupfen; der *seelische* Atem wird angesprochen.

In ein *wässriges*, fließendes Element tauchen wir beim Streichen; der *Lebensleib* wird regsam.

Festigkeit und Härte des Elementes Erde begegnen wird beim Schlagen; wir stoßen am *physischen Leib* an.

Die Vielzahl der Aspekte möge aufzeigen, wie beweglich wir in der therapeutischen Wahl eines Instrumentes sein müssen. Gleichzeitig dürfen wir nicht vergessen, dass auch jede Instrumentengruppe und jedes einzelne Instrument in gewisser Weise die Ganzheit aller Elemente und Aspekte beinhaltet. So ist es selbstverständlich möglich, auf den Blasinstrumenten sowohl lange als auch kurze Töne zu spielen, oder es können schon allein auf der Tenorchrotta wässrige, luftige, feurige und erdig feste Spielqualitäten ausgeführt werden.

Die meisten unserer Orchester- und Soloinstrumente, wie z.B. Klarinette, Flöte, Harfe, streben diese Ganzheit an und werden, wenn der Therapeut ihre Möglichkeiten kennt und ausschöpfen kann, gerne verwendet, um dem Patienten vorzuspielen. Ein anderes Beispiel ist das Klavier, das im Vergleich zum persönlich geprägten Klangcharakter anderer Instrumente eher objektiv zu nennen ist, jedoch durch seinen großen Tonumfang der Fülle musikalischen Ausdrucks offensteht.

Die Klangqualität eines Instrumentes steht in subtilem Zusammenhang mit der Kultur, der es entstammt, so wie jede geschichtliche Zeit ihre eigenen musikalischen Gesetze und Bedürfnisse entwickelt hat. Heute sind der musiktherapeutischen Praxis, neben den historischen Instrumenten Europas, in zunehmendem Maße Musikinstrumente aus allen Kulturkreisen der ganzen Welt zugänglich. Viele davon stehen in engem Zusammenhang mit religiösen Kulten und Gebräuchen. Deshalb können wir ein Instrument nicht einfach übernehmen, ohne es gründlich auf seine Eigenschaften hin zu studieren.

Aus den genannten Gründen ist verständlich, dass das Bemühen um ein qualitativ verfeinertes Hören, wie es durch die Anthroposophie angeregt wird, auch den Bau neuer Instrumente impulsieren konnte. In erster Linie ist hier die 1926 von Edmund Pracht entwickelte Leier zu nennen, die ihrerseits eine neue Kultur des Lauschens eröffnet hat.

Seither haben viele Instrumentenbauer jahrelange Forschungen betrieben, oft auch inspiriert von therapeutischen Impulsen, ehe sie mit dem Bau von Instrumenten anfingen. Stellvertretend für eine Vielzahl neuer Instrumente, die inzwischen aus dem anthroposophischen Musikimpuls erwachsen sind, seien die von Karl Weidler gebauten Chrotta-Instrumente und Geigen, das Choroi-Instrumentarium und die geschmiedeten Instrumente von Manfred Bleffert genannt. – Die folgende Übersicht zeigt eine Auswahl der Instrumente, mit denen anthroposophische Musiktherapeuten vielfach arbeiten:

Blasinstrumente	Kupferflöten (Naturtonflöten)
	Choroi-Flöten (Intervalle, Pentatonik, Diatonik)
	Gemshörner
	Renaissanceflöten
	Blockflöten
	Krummhörner, Schalmeien, Cornamusen
	Trompete, Alphorn
Streichinstrumente	Psalter (Sopran, Alt, Tenor)
	Chrotta (Sopran, Alt, Tenor, Bass)
	Wichtelchrotta
	Streichbass
	Choroi-Geige, -Bratsche, -Cello, -Kontrabass
Zupfinstrumente	Kinderharfe, pentatonisch
	Kantele, pentatonisch, diatonisch
	Bordunleier
	Leier (Sopran, Alt, Tenor/Bass)
	Choroi Harfenleier
	Choroi Soloharfe
Schlaginstrumente	Glockenspiele
	Metallophone
	Xylophone
	Klanghölzer, Rasseln, Schellen
	Becken (diffuser Klang)
	Tambourin, Handtrommel
	Pauke
	geschmiedete Instrumente: Triangel, Zimbeln, Glockenspiel, Gongs, Becken, Röhrenglocken, Tamtam, Eisenstäbe
	Röhrenglocken aus Kupfer
	Handglocken

Erst alle Instrumentengruppen gemeinsam stellen, vergleichbar ihrem Zusammenspiel im Orchester, den ganzen Menschen dar. Die einzelnen Instrumente spielen demgegenüber zum Teil die Rolle von gesunden, aber einseitigen Konstitutionstypen.

Sowohl die Dreigliederung als auch die Viergliederung der Instrumente wird durch die besonderen Eigenschaften jedes einzelnen Instrumentes wie Klangfarbe, Tonumfang und seine Beziehung zu den musikalischen Elementen modifiziert. Beispielhaft sollen einzelne therapeutisch verwendete Vertreter jeder Instrumentengruppe unter diesen Gesichtspunkten betrachtet werden.

4.4 Blasinstrumente

Die Choroiflöten

Die Choroiflöten sind zylindrisch gebohrte Flöten aus weichem, nur geöltem Holz. Beim Berühren fühlen sie sich weich an und laden dazu ein, die Grifflöcher mit tastender Fingerbewegung zu decken. Entsprechend werden sie auch eher hauchend als stoßend angeblasen. Bereits mit einem zarten, warmen Atemstrom entsteht ein heller weicher Ton, vergleichbar einem fein angetönten „hü". Obwohl sie in der zweigestrichenen Oktave erklingen, wirken sie nicht schrill, sondern etwa wie das helle, noch träumerisch wirkende Singen kleiner Kinder. Die weiche Tongebung hat einen umhüllenden, streichelnden Charakter, einladend zum Summen und Lauschen. Die Choroiflöten werden in diatonischer und pentatonischer Stimmung sowie als Intervallflöten mit einem Griffloch gebaut. Von der Möglichkeit, eine zarte Melodie auf einer Choroiflöte zu blasen, erfahren Kinder wie auch geschwächte Erwachsene eine sanfte Anregung.

Die Intervallflöte mit ihren sparsamen Möglichkeiten zeigt dabei einen besonderen Reiz. Das Intervall einer Quart oder einer Quint (d – g, d – a, e – h) kann sich als musikalisches Motiv, als Melodiekeim entfalten: Es „spricht", fragt, antwortet, ruft, lädt ein zu rhythmischer Gestaltung, vor allem, wenn sich zwei Spieler auf verschiedenen Intervallflöten miteinander unterhalten. Das eigene Tun in Wechselwirkung mit dem Lauschen auf einen oder mehrere Mitspieler zu üben, wird zur lebendigen Erfahrung.

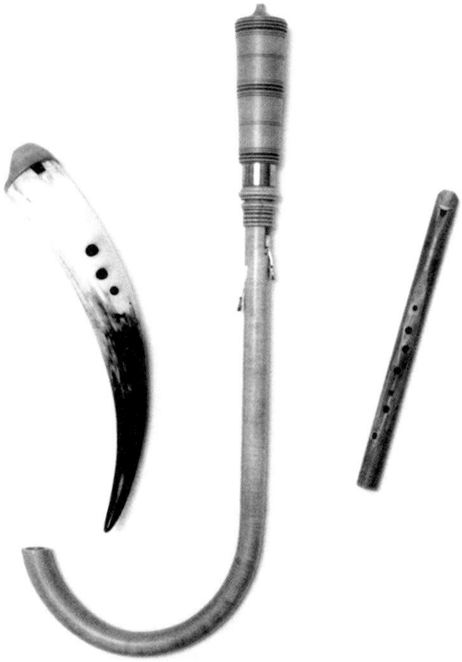

Abb. 19: Gemshorn, Krummhorn und Choroiflöte

Das Krummhorn

Im Vergleich zu den Choroiflöten verstärkt und zentriert sich der Atem bei den Gemshörnern, Renaissance- und Blockflöten, was auch im zunehmend kräftigeren und klareren Ton zum Ausdruck kommt.

Das Krummhorn dagegen verlangt eine extrem andere Blastechnik. Das Doppelrohrblatt in der Windkapsel staut die Luft zurück, ein Ton entsteht erst mit kräftigem Atemstoß vom Zwerchfell aus. Er ist dann sofort präsent, nasal und laut, ähnlich dem Dudelsack, ohne dynamische Modulationsfähigkeit. Meist wird er spontan mit Lachen begrüßt, das ebenso vom Zwerchfell kommt wie die Blaskraft. Unterhalb der Windkapsel hat das Krummhorn Grifflöcher ähnlich der Blockflöte und endet in einer halbkreisförmigen, aufwärtsstrebenden Krümmung, die dem Instrument seinen Namen gibt.

Das Melodiespiel, im Umfang einer Dezime, fordert vom Spieler sowohl waches bewusstes Gehör, da die Tonhöhe von der Blasstärke abhängt, als auch eine tiefe, kräftige Atmung. Regelmäßige Übung baut diese Kraft auf und wirkt so aktivierend und den Muskeltonus steigernd, wobei die hohen Instrumente dieser Familie mehr Spannung erzeugen als die tiefen, die ja auch musikalisch mehr die tragende Basslinie hervorbringen. Das rhythmische Spiel, auch mit einzelnen Tönen, kann prägnant geübt und zum Ausdruck gebracht werden. Seelisch wird der Spieler vom Krummhorn herausgefordert, Standfestigkeit, gezielte Kraftrichtung nach vorne und Durchhaltevermögen zu entwickeln.

4.5 Streichinstrumente

Der Streichpsalter

Die länglich spitze Dreieckform des Streichpsalters ergibt sich aus der Anordnung der Saiten. Neben der längsten und tiefsten Saite, die in der Mitte zur Spitze des Instrumentes verläuft, sind die Saiten in abnehmender Länge und damit aufsteigender Tonhöhe angeordnet, rechts die diatonische Skala und links die pentatonischen Zwischentöne. Jede Saite wird mit einem kurzen Bogen einzeln am Saitenanfang angestrichen. Der Ton ist glasklar, von einer silbrigen Helligkeit wie ein Lichtstrahl. Um den scharfbegrenzten Tonkern breitet sich ein weitausgedehnter Nachhall aus, wie in einer gotischen Kirche. Der Tonumfang von mehr als zwei Oktaven wird beim Sopran-Instrument weit über dem Kopf, beim Alt- und Tenor-Psalter mehr im Umkreis der Körpermitte erlebt.

Die Ausführung einer zusammenhängenden Melodie erfordert viel Geschick vom Spieler. Hingegen lassen sich einzelne Töne wegen des langen Nachklanges, z.B. als Orgelpunkt, gut ausführen, auch können Intervalle mit zwei Bögen gleichzeitig angestrichen werden. Der in klarer Linie gezogene Bogenstrich erfordert jedoch immer eine bewusste Führung, die nur konzentriert geschehen kann.

Die Lichtkraft des Tones hat einen straffend wachen Charakter, während er gleichzeitig Weite besitzt. Therapeutisch kann der Psalter helfen, eine Verbindung zwischen der Peripherie und dem Zentrum zu schaffen.

Die Tenorchrotta

Das am meisten verwendete Chrotta-Instrument in der Musiktherapie ist die Tenorchrotta, ein viersaitiges Streichinstrument in Cellostimmung, mit kleinerem, rechteckigem Korpus.

Die Klangqualität des durchgehaltenen Streichtones entspricht dem Summen einer warmen, tiefen Stimme. Die beiden Möglichkeiten der Tonerzeugung – sowohl als durchgehaltener Streichton (arco) als auch als kurzangezupfter Ton (pizzicato) – weisen auf eine Mittelstellung zwischen Blasinstrument und Schlaginstrument hin.

Im Wechsel von Auf- und Abstrich – insbesondere mit dem Unterhandgriff am Gambenbogen – entsteht eine als atmend erlebte Tongestaltung. Der Tonumfang kann als tiefe Mitte bezeichnet werden.

Der Körperbezug zu Bauch und Beinen stellt sich beim Spielen über das direkte Resonanzerlebnis, aber auch beim bloßen Hören des Instrumentes ein. Die Beziehung des Instrumentes zur Melodik ist geprägt von den eingestimmten Quinten, die Atmungsspielraum und zugleich Halt vermitteln. Darüber hinaus ist eine freie Beweglichkeit der Melodik vorhanden, die aber beruhigt und gedämpft wirkt durch die Tiefe. Als Therapie-Instrument übernimmt die Tenorchrotta eher eine begleitende Rolle.

In der Beziehung zur Rhythmik zeigt dieses Instrument differenzierte Möglichkeiten. Das Pizzicato-Spiel kommt dem rhythmischen Element mit Leichtigkeit entgegen, während das Arco-Spiel mehr eigene Kraft in der Gestaltung verlangt.

Forte- und piano-Spiel, anschwellende und abschwellende Bogenstriche geben dem dynamischen Spiel Raum.

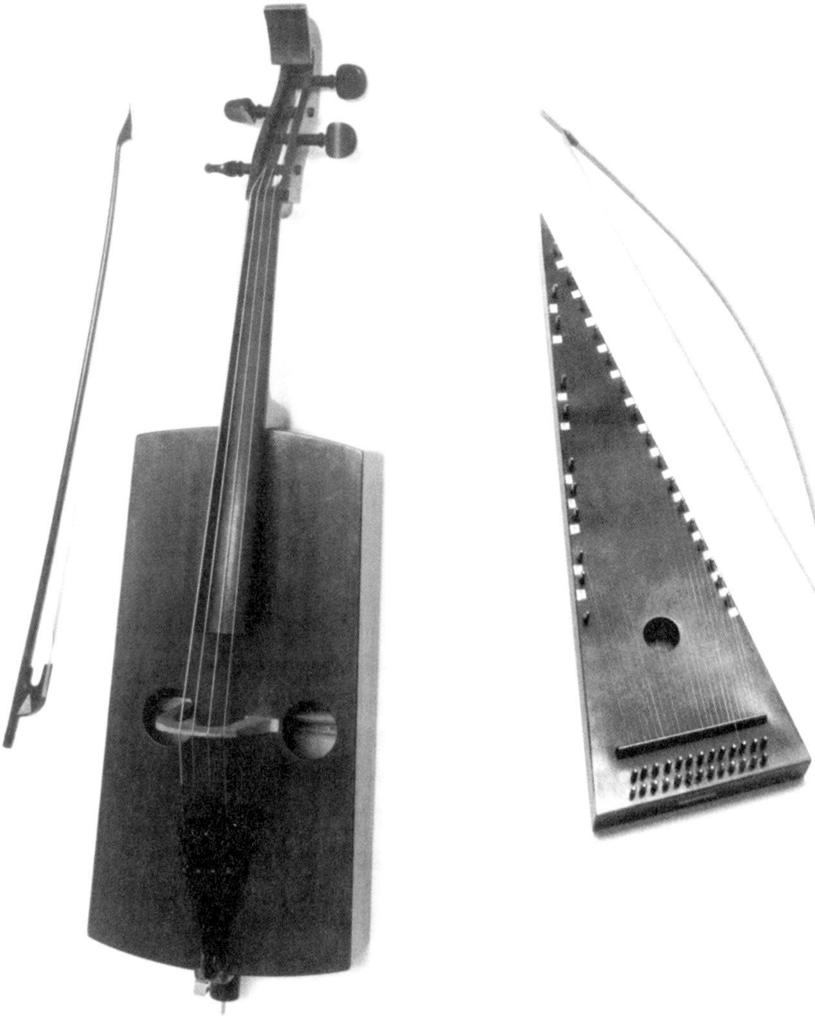

Abb. 20 Tenorchrotta und Streichpsalter

Insgesamt entsteht das Bild eines Instrumentes, welches das Leib-Seele-Verhältnis im Bereich von Unterleib und Beinen intensiviert. Die gesteigerte Dynamik ergreift die Muskulatur der Gliedmaßen. Die Atmung wird getragen vom Klang und der schwingenden Streichbewegung der Arme. Die Erwärmung geht bis in die Beine.

4.6 Zupfinstrumente

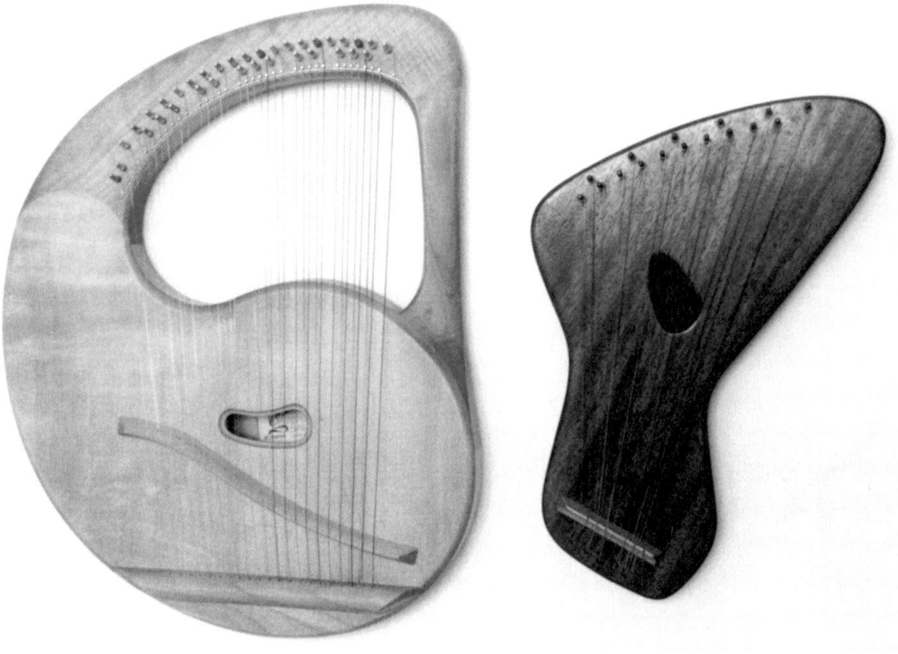

Abb. 21: Altleier und Bordunleier

Die Bordunleier

Allen Leiern gemeinsam ist das schwerelose, langanhaltende Verklingen nach dem Anschlag der Saiten.

Die Bordunleier, ein kleines Leierinstrument, über dessen geschlossenem Resonanzkörper hell und dunkel tönende Saiten kreuzweise gespannt sind, wird meist als Akkordleier verwendet. Sie ist so leicht, dass auch geschwächte Patienten sie mühelos, selbst im Bett, spielen können. Eine fließende Bewegung des Armes, der die Finger über die Saiten führt, entlockt ihnen einen perlenden, verschwebenden Klang. Helle und dunkle Töne verschmelzen dabei zu einem harmonischen Klang, der den Brustraum und die Atmung anspricht. Im rhythmischen Spiel zu zweit kann der Wechsel von Dur und Moll oder verschiedenen Tonarten besonders empfunden und in ein gelöstes Schwingen gebracht werden.

Die Altleier

Die Altleier, die man wohl als die Hauptvertreterin der Leierfamilie ansprechen kann, verfügt, mit einem Umfang von E bis f'' oder a'', über einen harmonisch nach oben und nach unten ausgeweiteten Tonraum. Ein erwachsener Mensch kann sich darinnen allseits lose umfangen fühlen, sodass er Spielraum für eine freie Atmung behält. Der klare und weiche Ton wird vom Hörer als hüllegebend und entspannend erlebt.

Neben den Harmonien in Form von Akkorden oder Arpeggien bringt die Altleier auch prägnante Rhythmen und klare melodische Linien zum Ausdruck. Sie ist dadurch besonders geeignet, bestimmte musikalische Elemente als therapeutische Hörübungen zum Klingen zu bringen.

Ihr dynamisches Spektrum reicht von vollen kräftigen bis zu den zartesten Tönen. Im Verklingen zeigt sich der weite Atem des Instrumentes. Lauschend auf den Nachklang wird man unbemerkt über die Grenze des äußerlich wahrnehmbaren Tones hinweggetragen in ein geistiges Hören. Von allen Instrumenten entspricht der Leierton am stärksten dem innerlich gehörten Ton, der übrig bleibt, wenn man sich die Klangfarben der Instrumente wegdenkt. So vermag die Altleier sowohl im Spieler als auch im Hörer in besonderer Weise das Lauschen anzuregen und zu einer Innerlichkeit des musikalischen Erlebens zu führen. Sie schafft so zugleich Raum für die Wirksamkeit bestimmter Hörübungen oder speziell komponierter Hörtherapien.

4.7 Schlaginstrumente

Das Metallophon

Allen Metallinstrumenten ist die weitausschwingende Länge eigen, wie wir es von Glocken und hängenden Klangröhren kennen.

Auch die kleineren Metallplatten eines Metallophons mit zehn Tönen (z.B. Ebersold) haben diese Eigenschaft. Nach dem Anschlag hören wir zunächst einen metallischen Tonansatz, vergleichbar der stimmhaften Konsonantenverbindung „dng“, der übergeht in ein weiches langanhaltendes Verklingen. Der Qualität des Schlaginstrumentes entspricht der komprimierte Anschlagimpuls, der aber sofort nach der Tonentstehung wieder gedehnt und ausgeweitet wird.

Der Tonumfang des Instrumentes bewegt sich in einer hohen Mittellage, c' bis e'', und wird – bezogen auf die ganze Gestalt des Menschen – im Brustbereich erlebt.

Betrachten wir die Beziehung dieses Instrumentes zur Melodie, so fällt auf, dass es den lösenden Charakter weiter Intervalle, wie Quint und Sext, hervorhebt, während es die zusammenziehende Wirkung enger Intervalle, wie der kleinen Sekund, abschwächt, verwischt, undeutlich macht.

In Beziehung zur Rhythmik zeigt sich ebenfalls eine Einseitigkeit dieses Instrumentes: Ruhige, getragene Rhythmen kommen zur Geltung, die Eigenart der weiten Intervalle wird unterstützt, während schnelle, prägnante Rhythmen verschwimmen und ihren Charakter einbüßen.

Zusammenfassend ausgedrückt haben wir ein Instrument vor uns, dessen Aufgewecktheit durch eine umhüllende Gebärde gemildert wird. Menschenkundlich erleben wir eine Lösung im Bereich der Atmungsorgane, die z.B. bei Asthma helfen kann, die Lebensfunktion der Atmung zu entkrampfen.

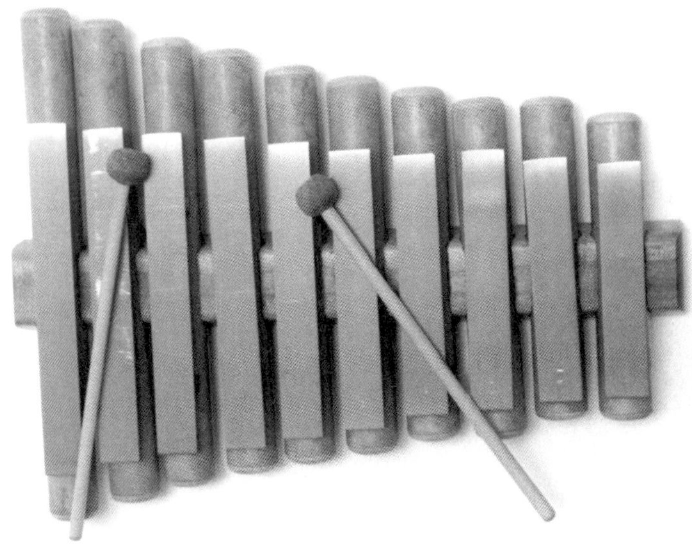

Abb. 22: Metallophon

Das Xylophon

Ein Schlag auf Holz klingt kurz. Auch die gestimmten Klangplatten des Xylophons haben diesen trockenen, knappen Ton. Er klingt punktuell, wie ein kurzes stimmhaftes „B", gefolgt von einer Pause, wie beim Platzen einer Blase. Das Xylophon fordert rhythmische Genauigkeit im Anschlag, auch wenn es um die Gestaltung von Melodien geht. Sein Charakter ist wach, lustig, springend, hüpfend, kann sich aber auch naturhaft perlend oder koboldartig polternd anhören. Mehrstimmiges Spiel entwickelt viel Farbigkeit. Im Gegensatz zur ausatmenden Länge des Metallklanges atmet man beim Xylophon ein, ist wach und „schlagfertig". Schnelle, rhythmisch prägnante Tonfolgen kommen besser zur Geltung als ein langsames getragenes Tempo. Spielfreude im eigenständigen Gestalten der Musik und die Kraft, sich vom festen Element abzustoßen, werden auf diesem Instrument erübt.

In ähnlicher Weise befragen wir jedes Instrument nach seinen besonderen Eigenschaften und Wirkungsmöglichkeiten, um es differenziert in der Therapie einsetzen zu können.

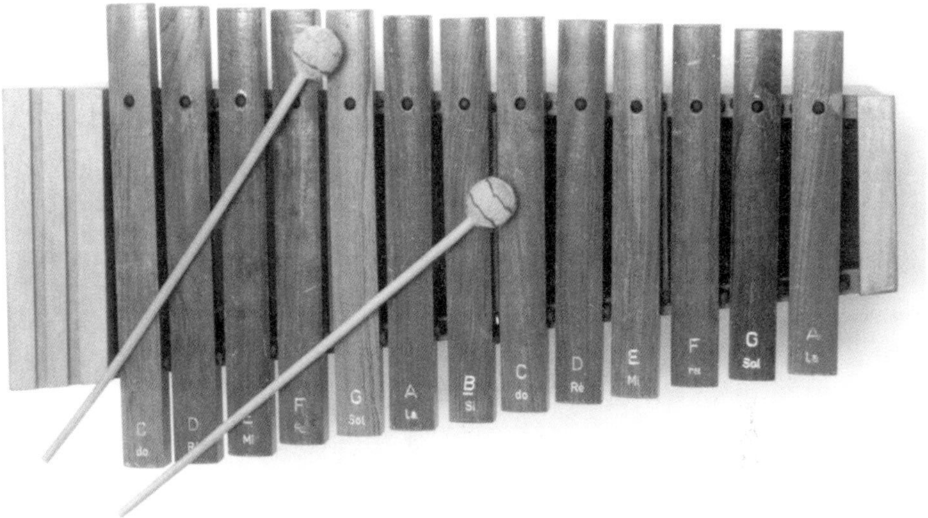

Abb 23: Xylophon

ZWEITER TEIL

DER WEG ZUR THERAPIE

5. Wie nehmen wir den Patienten wahr?

Das Problem eines kranken Menschen in differenzierter Weise zu erfassen und in einen geeigneten Therapieprozess umzuwandeln, stellt sich jedem Therapeuten als Aufgabe. Vor Beginn einer Therapie wird sich der Therapeut ein *Bild der jeweiligen Erkrankung* machen. Er wird sich vergegenwärtigen, mit welcher Krankheitsgeste der betroffene Patient konfrontiert ist, und wird so eine große Richtung in der Therapie vor sich sehen.

Die im Menschen wirksamen polaren Kräfte, die einerseits vom Nerven-Sinnes-System und andererseits vom Stoffwechsel-Gliedmaßen-System ausgehen, können in ihrer gegensätzlichen Dynamik zu polaren Krankheitstendenzen führen. Die eine Tendenz zeigt sich in verhärtenden, sklerotischen, „kalten" Krankheiten, die mit Ablagerungen oder auch z.B. Geschwulstbildungen einhergehen und eine Übersteigerung des Nerven-Sinnes-Systems sind, die andere Tendenz zeigt sich in entzündlichen, „heißen" Krankheiten, die mit Fieber und Auflösung einhergehen und eine Übersteigerung des Stoffwechsel-Gliedmaßen-Systems sind.

Aus dieser polaren Betrachtungsweise des Krankheitsgeschehens kann sich die Einsicht ergeben, dass Gesundheit nicht in dem Fehlen von entzündlichen und sklerotischen Tendenzen im Organismus besteht, sondern in einem Gleichgewicht dieser beiden polaren Kräfte. Die polaren Krankheitstendenzen sind ein notwendiges Geschehen im menschlichen Organismus, das seinen Krankheitswert erst dadurch erhält, dass es am falschen Ort, zur falschen Zeit und im falschen Maße auftritt. Die Gesundheit liegt in der Mitte und ist ein aktiver Prozess im Beherrschen der beiden Tendenzen.

Mit diesem Verständnis von Krankheit als Ungleichgewicht der polaren Kräfte, als Vorherrschen der einen oder der anderen Tendenz können therapeutische Ideen entstehen.

Im Anschluss an das Erfassen der allgemeinen Krankheitsgeste stellt sich die Frage nach der *individuellen Ausprägung der Erkrankung* bei dem einzelnen Menschen. Dabei ist für den Musiktherapeuten, neben den Befunden, wichtig zu wissen, wie das Befinden des Patienten ist. Wie können die Beschwerden, die Schmerzen umschrieben werden, wie ist der Wärmezustand (kalte oder warme Hände), wie ist der Schlaf (Einschlaf-, Durchschlafstörungen), wie ist die Verdauung (Verstopfung, Durchfall), wie ist die Kräftesituation, wie ist die seelische Stimmung. Auch die *äußere Gestalt des Patienten* zeigt eine individuelle Ausprägung, die mehr in die eine oder andere Richtung der beschriebenen polaren Tendenzen geht: Ist die Gestalt z.B. gedrungen und dicht, lang und hager, weich und verfließend oder zart und durchsichtig.

Mit dem äußeren Eindruck, den der Therapeut von dem Kranken bekommt, erhält er auch eine Wahrnehmung von dessen seelischer Gestimmtheit und dessen *seelischem Ausdruck:* Ist der Patient z.B. nach außen orientiert oder in sich zurückgezogen?

So kann langsam ein innerer Eindruck entstehen, in welcher Weise das Ungleichgewicht bei dem jeweiligen Menschen sich darstellt, ob es z.B. ein zu dominierendes Nerven-Sinnes-System oder ein zu schwaches rhythmisches System oder ein überschießendes Stoffwechsel-Gliedmaßen-System ist.

6. Musiktherapeutische Diagnose

Das wichtigste Mittel, einen differenzierten Eindruck zu gewinnen, ist das musikalische Spiel des Patienten selber. Damit kann eine musiktherapeutische Diagnose erstellt werden, aus der sich die genauen Ziele und die therapeutischen Mittel herauskristallisieren.

So wie jeder Mensch seine eigene Handschrift hat, so ist auch sein musikalisches Spiel auf einem Instrument geprägt durch das individuelle leiblich-seelisch-geistige Gefüge. Erfahrungsgemäß geht eine Einseitigkeit im Menschen, die sich als Krankheitsgeschehen äußern kann, einher mit einer Einseitigkeit im musikalischen Spiel. Dieses gegenseitige Bedingen beinhaltet die Erkenntnis, dass der Mensch mit seinen polaren Tendenzen und die Musik mit ihren polaren Tendenzen in einem Verwandtschaftsverhältnis stehen.

6.1 Polare Konstitutionstendenzen

Denken wir beispielsweise an einen Menschen, der stark in seinen Vorstellungen lebt. Er ist mehr in Gedanken mit sich und der Welt beschäftigt als geneigt zu sportlicher Betätigung, dabei friert er leicht. Das Leben wird ihm zum Problem, und er versteigt sich oft in Grübeleien. Ihm fällt es schwer, eine lebendige Beziehung zu seiner Umwelt aufzubauen. Bei diesem Menschen überwiegt der Nerven-Sinnes-Pol.

Diese Einseitigkeit drückt sich auch musikalisch aus: In der Melodie ist er am meisten zu Hause, Melodisches prägt sich bei ihm leicht ein, was sich in schönem und reinem Gesang äußern kann. Auch ist er sehr empfindlich gegenüber der Intonation, wogegen er Mühe hat, das Rhythmische zu ergreifen, welches dann leicht träge und unexakt wird.

Demgegenüber befindet sich der willensbetonte Mensch in einer extrem anderen Lage: Er denkt nicht, er tut! Seine Impulse setzt er mit Entschlusskraft in Taten um. Erst später zeigt sich, ob es richtig war. Diesem Menschen wird schnell warm, er liebt keine langen Sitzungen mit theoretischen Auseinandersetzungen. Seine Beziehung zur Umwelt ist unmittelbar und praktisch geprägt. Diesem Willensmenschen sehen wir es an, dass er ganz von seinem Gliedmaßen- und Stoffwechsel-System beherrscht wird. Dies zeigt sich musikalisch in einem guten Takt- und Rhythmusgefühl. Alles Melodische ist weniger interessant für ihn.

Es handelt sich bei diesen zwei Beispielen um Einseitigkeiten, die wir als polare Konstitutionstypen verstehen können, die in ihrer Eigenart noch nicht krankhaft sind. Jedoch können sich diese Tendenzen ins Krankhafte steigern.

6.2 Polare Krankheitstendenzen

Eine einseitige Betonung des Nerven-Sinnes-Systems beobachten wir beispielsweise bei der Anorexia nervosa. Die magersüchtigen Mädchen haben oft eine überdurchschnittlich entwickelte Intelligenz, während sie gleichzeitig ihre sozialen Kontakte vernachlässigen und die Beziehung zum eigenen Körper verneinen. Das kommt in abgeschwächten Vitalfunktionen und reduzierter Wärmeentwicklung zum Ausdruck.

Entsprechend fällt ihnen in der Musik das Erkennen und Gestalten von Melodien wesentlich leichter als ein fühlendes Mitgehen und ein warmes, herzhaftes Ergreifen von Rhythmus und Takt.

Gegenteilig dazu finden wir eine Betonung des unteren Pols, des Stoffwechsel-Gliedmaßen-Systems bei kräftigen, zuweilen adipösen Vertreterinnen einer raschlebigen Geschäftswelt, von denen schnelle Entschlüsse und sofortiges Handeln gefordert sind. Wenn sie endlich etwas Ruhe und Pause haben, treten oft depressive Verstimmungen und Kopfschmerzen auf, die sich bis zu Migräneanfällen steigern können. Ihnen wird im allgemeinen das melodische Element nicht so selbstverständlich sein wie das rhythmische oder gar taktliche Empfinden und Mitbewegen.

Auf dem Gebiet der Heilpädagogik finden wir u. a. die folgenden zwei Krankheitsbilder als Ausprägungen der beiden gesteigerten polaren Tendenzen.

Betrachten wir zuerst ein autistisches Kind. Hier begegnen wir einem Menschen, der in seiner Vorstellungswelt wie isoliert lebt. Das Vorstellen ist ganz fixiert auf Gegenstände, und die Beziehung zur Umgebung ist aufgrund des schwer zugänglichen Gefühlslebens stark gestört. Zu gezielten, absichtsvollen Handlungen kommt es in extremen Fällen nicht mehr. Der Mensch ist völlig verhaftet in seinem Sinnes-Nerven-System.

Jedoch sind diese Kinder sehr musikalisch. Sie haben eine große Neigung zum Melodischen und singen mit engelhafter Reinheit ihre sich immer wiederholenden Phrasen, ohne einen rhythmischen Zusammenhang erkennen zu lassen.

Polar dazu zeigt sich ein Kind mit Down-Syndrom, von allen geliebt, mit einer selbstverständlichen Beziehung zur Umwelt. Im Intellektuellen sind kaum Möglichkeiten vorhanden, die Abstraktionsfähigkeit fehlt fast vollständig. Wir haben es hier mit dem Vorherrschen eines mächtigen Stoffwechselsystems zu tun, was auch sichtbar wird durch die vielen Entzündungen, die diese Menschen durchleiden müssen.

Diese Menschen sind im Allgemeinen durch ihr ausgeprägtes Takt-Rhythmus-Gefühl in der Gruppe gut geeignet als Trommelspieler. Mehr Mühe haben sie mit dem Erfassen von Melodien; in vielen Fällen ist bei ihnen wenig Ahnung von hoch und tief vorhanden. Im Singen zeigt sich ein geringer Stimmumfang und sie kommen oft nur zum Brummen.

6.3 Beobachtungen zu Beginn einer Therapie

Die musikalische Diagnose beinhaltet also z.B. folgende Beobachtungspunkte:

- Aufnahmefähigkeit, Erinnerungsfähigkeit, Erfassen von Melodien, Neigung zu hohen oder tiefen Tönen; sie betreffen mehr das *Nerven-Sinnes-System.*
- Empfindungsfähigkeit, Erfassen von musikalischer Harmonie, Empfindung für Dissonanz oder Konsonanz, Neigung zu Dur oder Moll; sie betreffen mehr das *Rhythmische System.*
- Erfassen von Rhythmen, Neigung zu schnellem oder langsamem Spiel, zu Beschleunigung oder Verlangsamung, zu lautem oder leisem Spiel, zu lauter oder leiser werdendem Spiel; sie betreffen mehr das *Stoffwechsel-Gliedmaßen-System.*

Neben diesen Beobachtungspunkten ist auch die Art der *instrumentalen Spielweise* und des *gesanglichen Ausdrucks* von Wichtigkeit. Folgende Qualitäten können wir an ihnen wahrnehmen:

fest und hart
flüssig und strömend
luftig und leicht
feurig und impulsiv

Ein Beispiel möge dies veranschaulichen anhand des Umganges mit der Bordunleier in der Anfangssituation einer Therapie:

Dieses Instrument wurde von einem Menschen gespielt, der an einem weit fortgeschrittenen Lungenemphysem litt. Es liegt hier eine Erkrankung des mittleren Systems vor, d.h. ein Verlust der Elastizität der Lunge, die in diesem Fall durch ein vorausgegangenes schweres Asthma bronchiale verursacht wurde. Die Art und Weise, wie dieses Instrument anfänglich gespielt wurde, wirkte ausgetrocknet, und der Patient verhakte sich mit den Fingern in den Saiten. Die auf- und abgleitende Streichbewegung, welche normalerweise ein erleichterndes und atmendes Gefühl erzeugt, kam nicht rhythmisch zustande und hatte keinen Schwung. Die ganze Körperhaltung des Patienten war starr, und im Wechselspiel mit dem Therapeuten auf zwei Bordunleiern entstand keine fließende Bewegung. Der musikalische Ausdruck des Patienten schien von keinerlei inneren Erlebnissen und Gefühlen begleitet zu sein.

Wir sehen an diesem Beispiel, wie in der musikalischen Äußerung sich die verhärtende, austrocknende und die Atmung einschränkende Krankheitsgeste des Lungenemphysems widerspiegelt.

Aus der Erfahrung heraus, dass eine Krankheit, die sich als Ungleichgewicht der polaren Kräfte darstellt, meist einhergeht mit dem unausgewogenen musikalischen Spiel, kann sich der Therapieweg entwickeln. Die bisher genannten Punkte wie das Bild der Erkrankung, die individuelle Ausprägung der Erkrankung, der Eindruck von der äußeren Gestalt und dem seelischen Ausdruck des Patienten sowie die Beobachtung seines musikalischen Spiels werden mit dem Wissen über die vielfältigen Möglichkeiten innerhalb des Musikalischen zusammengebracht. Es werden kurz- und langfristige Ziele formuliert, ein therapeutischer Ansatz und therapeutische Mittel ausgewählt, sodass die Therapie einen Anfang findet und sich entwickeln kann.

6.4 Therapeutische Wirkprinzipien

Bei den therapeutischen Ansätzen, den sogenannten Wirkprinzipien, können unterschiedliche eingesetzt werden.

Der häufigste Ansatz ist, den Patienten da *abzuholen*, wo er steht. Das kann z.B. für ein magersüchtiges Mädchen heißen, mit hellen, leisen und hohen Klängen anzufangen (z.B. Kantele) und allmählich zu dichteren, kräftigeren und tieferen Klängen weiterzugehen (z.B. Gemshorn, dann Tenor-Chrotta). Die Aufgaben werden erst genau umschrieben sein müssen und immer mehr in eine freie, fantasievolle Gestaltung und Improvisation übergehen können. Oder bei einem Patienten mit agitierter Depression kann der Anfang im kräftigen, schnellen und kurz dauernden Spiel liegen (z.B. Metallophon), um die Unruhe und Unkonzentriertheit aufzugreifen und in ein getragenes, länger anhaltendes, verinnerlichteres Spiel überzugehen.

Eine nächste Ansatzweise stellt sich in der Möglichkeit dar, vorhandene gesunde Kräfte zu stärken und *die Selbstheilungskräfte anzuregen.* Dies kann z.B. ein Ansatz für einen Krebspatienten sein, indem er im künstlerischen Tun kreative Kräfte wachruft und entwickelt, die ein Gegengewicht zu den krankmachenden Kräften sein können.

Ein anderer therapeutischer Ansatz ist es, *der Krankheitstendenz entgegenzuwirken,* indem mit einer gegenteiligen Geste im Spiel angefangen wird. Das würde bei einem bulimischen Mädchen (Ess-/Brechsucht) z.B. heißen, nicht mit langklingenden, auflösenden Klängen anzufangen, sondern mit kurzem, rhythmischem Spiel, evtl. mit Synkopen und Taktwechseln (z.B. Xylophon).

Ein weiterer Ansatz wäre, dem Patienten ein *gesundes musikalisches „Urbild"* entgegenzubringen, welches als Orientierungshilfe auf leiblicher, seelischer und geistiger Ebene wirken kann. Das könnte z. B. eine musikalische Atemgeste im Wechsel von ausweitenden und zusammenziehenden Intervallen sein oder die Bildung innerer Aufrichte durch die Oktav. Dies Prinzip kommt häufig bei schwerkranken und sterbenden Patienten in Frage.

6.5 Beispiel eines Therapieaufbaus

Frau A., 67 J., wird in die Klinik aufgenommen wegen eines akuten Myokardinfarktes. Während ihres stationären Aufenthaltes hat sie 8 Musiktherapiesitzungen.

Frau A. ist eine kleine, stark übergewichtige Frau mit kinnlangen, grauen Haaren. Bei unserer ersten Begegnung fällt mir ihr offenes, zugewandtes Wesen auf, das gerne zu einem Lachen bereit ist. Auffallend sind der schnelle Redefluss, die hastigen Bewegungen und die Kurzatmigkeit. Auf meine Frage nach ihrem Befinden erzählt sie von leichtem Fieber, das nicht weggehen will, von einer Verstopfung, die ihr starke Beschwerden bereite, und von einer seelischen Labilität. Sie sei sehr nahe am Wasser gebaut. Gerne ist sie bereit, in die Musiktherapie einzusteigen.

Bei meinen Überlegungen nach der Wahl eines geeigneten Musikinstrumentes mache ich mir noch einmal deutlich, dass bei einer Erkrankung wie dem Herzinfarkt das Rhythmische System stark in Mitleidenschaft gezogen ist. Eine über lange Zeit aufgebaute Anspannung im Seelischen wie im Körperlichen kann, bei einer entsprechenden Disposition, zu einem Herzinfarkt führen. Das Herz als Vermittler zwischen Innen und Außen, zwischen Systole und Diastole wird überfordert. Ein wichtiges Ziel bei der Herzinfarktbehandlung ist, ein ausgewogenes Verhältnis zwischen Anspannung und Entspannung zu finden. Das plötzliche Ereignis eines Herzinfarktes bringt immer auch die unmittelbare Konfrontation mit dem eigenen Tod mit sich. Das heißt, die Patienten befinden sich am Anfang der Behandlung in einem leichten Schockzustand. Die seelische Anspannung kann sich erst allmählich wieder lösen.

Ich wähle als Musikinstrumente zwei Saiteninstrumente aus: die Bordunleier (Klangleier) und die Altleier. Die Bordunleier verwende ich, da sie ohne viel Kraftaufwand auch von geschwächten Patienten im Bett gespielt werden kann, vor allem aber, weil der leicht perlende Klang und die strömende Bewegung des spielenden Armes eine weitende und lösende Wirkung haben. In der Einzeltherapie bietet es sich an, dass sowohl der Patient als auch der Therapeut eine Bordunleier spielen, die eine in einer Haupttonart (Tonika), die andere in einer verwandten Tonart (Dominante) gestimmt. Im Wechsel zum Klingen gebracht, entsteht der Eindruck von Frage (Dominante) und Antwort (Tonika), Ein- und Ausatmen, Anspannung und Entspannung. Ich wähle die Dreiklangstöne der Tonarten D-Dur und A-Dur. Frau A. wird die Bordunleier in D-Dur bekommen. Der Charakter der Tonart D-Dur kann als mild strömend und atmend umschrieben werden. Die Helligkeit des Dur scheint mir erst einmal zu Frau A. zu passen.

Die Altleier wähle ich für den rezeptiven Teil der Therapie aus. Nach dem aktiven Teil mit der Bordunleier soll ein ruhiger Teil folgen, in dem die Patientin nur der von mir gespielten Musik zuhört. Die Altleier eignet sich mit ihrem feinen, wohltuenden Klang sehr gut dafür. Dieser Klang kann ein verinnerlichtes Hören und dadurch eine tiefe Beruhigung herbeiführen.

Die Musiktherapie findet die ganze Zeit im Zimmer der Patientin statt. Die ersten Male liegt Frau A. halb aufgerichtet im Bett. Wenn ich mit den Instrumenten komme, kann sie kaum warten, mit dem Spiel auf der Bordunleier anzufangen. Sofort versucht sie ihr Töne zu entlocken. Ihr erstes Spiel ist sehr eindrücklich: Der Mittelfinger bewegt sich langsam und stockend von einer Saite zur anderen. Erstaunlicherweise entsteht kaum ein Klang dabei, was auf eine große Anspannung der Hand hindeutet. Sie nimmt das luftig strömende, leichte Spiel von mir oder meine verbalen Hilfestellungen kaum wahr und ist ganz mit ihren eigenen Versuchen beschäftigt. Dabei wird sie sehr schnell kurzatmig, sodass ich immer wieder Pausen vorschlagen muss, um sie nicht zu sehr anzustrengen. Kaum haben wir mit der Pause begonnen, möchte sie schon weiterspielen.

Ich rege einen Wechsel zwischen ihrem und meinem Klang an und versuche, durch Handzeichen und begleitendes Singen dieses Wechselspiel in Gang zu bringen. Trotz großem Bemühen ist es Frau A. nicht möglich, meinen Klang neben dem ihrigen noch wahrzunehmen, zu sehr ist sie von dem eigenen Tun in Anspruch genommen. Der schneller werdende Atem zeigt an, dass Frau A. nicht länger spielen kann und darf. Deswegen gehe ich zum Leiervorspiel über. Ich spiele ein Stück in D-Dur und in einem leicht tänzerischen Dreivierteltakt. Als ich beim zweiten Mal Spielen meine Stimme dazunehme, fängt Frau A. an, begeistert mitzusingen, ihre Kurzatmigkeit außer Acht lassend. Die Tränen steigen ihr in die Augen.

Der Rückblick auf diese erste Musiktherapiesitzung zeigt, dass Frau A. ganz in der „Einatmung" lebt. Das pausenlose Tun, der übersteigerte Krafteinsatz, die enorme Anspannung, sowohl innerlich als auch äußerlich, das Nicht-wahrnehmen-Können, was von außen als Hilfe zur Verfügung gestellt wird, erinnert an jemanden, der sich selber kaum nachkommend den Berg hinunterrennt und dabei nicht merkt, dass der Körper wie auch die Seele überfordert werden.

Die Ziele für die Musiktherapie zeigen sich deutlich. Die „Ausatmung", im weitesten Sinne gemeint, muss neben der „Einatmung" wieder mehr Raum bekommen. Für die Therapie heißt das, Pausen auf verschiedenste Weise zu üben, um damit eine Entspannung und Lösung, Weitung und Ruhe herbeizuführen.

Wir legen also in den noch folgenden Musiktherapiesitzungen nach jeder aktiven Phase eine Ruhepause ein und versuchen, anstelle eines verbalen Kommentars dem Gespielten innerlich nachzuhören und unsere Aufmerksamkeit erst dann wieder auf den nächsten Schritt zu lenken. Dadurch werden der aktive und der rezeptive Teil innerhalb einer Therapiesitzung immer deutlicher unterschieden, d.h. Frau A. versucht dem vorgespielten Leierstück nur zuzuhören und die Musik innerlich lebendig werden zu lassen.

Im Spiel auf den Bordunleiern, also im musikalischen Spiel selber, üben wir als erstes den Wechsel: Frau A. lässt ihren Klang ertönen, dann hört sie, wie meiner erklingt, und macht dadurch selber eine Pause. Es braucht ziemlich viel Zeit, bis uns dies gelingt. Ist das Wechselspiel aber einmal da, bereitet es Frau A. einen großen Genuss.

Dann teilen wir dieses Wechselspiel in kleine Phrasen ein, indem wir eine Pause einbauen (_‾ _‾ | _‾ _ 𝄽). Jedesmal können wir dabei ein wenig ausatmen und entspannen.

Inzwischen hat sich Frau A.'s Spiel ganz allmählich von der zähen und stockenden Art in eine leichter strömende und luftige Art verwandelt, sodass der Nachklang immer mehr Raum bekommt. Je großzügiger und schwingender Frau A. spielen kann, desto wohltuender und befreiender ist es für sie.

Bald können wir versuchen einfache Rhythmen einzubauen, die in sich auch immer raffende und lösende Momente haben (z.B. ∪ ∪ —). Oder Frau A. kann alleine auf beiden Bordunleiern spielen, sodass eine von mir gespielte Melodie auf einer Tenorflöte dazukommen kann. Dabei wird das rein äußere Tun, wie es sich am Anfang dargestellt hat, zu einem innerlich gestalteten Tun, indem die Aufmerksamkeit immer mehr auf das musikalische Erleben selber gelenkt wird. Dieses Musikalische aber birgt in sich eine Ausgewogenheit zwischen Anspannung und Entspannung und wirkt deshalb so wohltuend auf jeden Menschen, insbesondere auf einen Patienten nach einem Herzinfarkt.

7. Musiktherapeutische Indikationen

In welchen Fällen ist Musiktherapie angezeigt? Was ist das Spezifische der Musiktherapie und nach welchen Kriterien wird sie verordnet?

Wenn wir den Reigen der Künste betrachten, so finden wir die Qualitäten der anderen Künste auch innerhalb der Musik vertreten:

- *Architektonisches* entdecken wir in der Betonung der Schwere, des Grundtones, des Akkordlichen, des Taktes, der Form;
- *Plastisches* begegnet uns im Motivischen, Rhythmischen, in der Atemphrasenbildung, in der Abrundung von Tonfolgen, wie im Tetrachord durch den Halbton;
- *Malerisches* lebt sich aus in den harmonischen Modulationen, in den Hell-Dunkel-Stimmungen verschiedener Tonsysteme, in den Klangfarben der Instrumente;
- *Sprachliches* ist vertreten durch die lautähnlichen Artikulationsarten auf den Instrumenten und durch die Aussagekraft thematischer Elemente.

Dadurch haben wir für den Einsatz der Musiktherapie vielfältige Möglichkeiten, die nicht auf einen Gesichtspunkt beschränkt bleiben.

Jedoch kann man *speziell Musikalisches* erleben in der Geste des Bindens und Lösens, die allen musikalischen Elementen innewohnt. *Binden und Lösen,* Verdichten und Weiten sind wie Einatmung und Ausatmung, Inkarnation und Exkarnation Urbewegungen der Musik.

So erwächst aus dieser musikalischen Geste heraus der Musiktherapie die Möglichkeit, alle im umfassenden Sinne rhythmischen Prozesse positiv zu beeinflussen. Unter rhythmischen Prozessen können wir alles verstehen, was in größeren und kleineren Zeiträumen sich wiederkehrend erneuert. Wir haben gesehen, wie die verschiedenen Wesensglieder unterschiedlichen Rhythmen unterliegen (s. Abb. 16, S. 40).

Es ergibt sich daraus, dass im weitesten Sinne die Musiktherapie für alle chronisch gewordenen körperlichen, seelischen und psychosomatischen Erkrankungen eingesetzt werden kann.

Eine menschenkundliche Diagnose, in welcher der Arzt das *prozessuale Geschehen* der Erkrankung verdeutlicht, ist dabei für die Indikation der Musiktherapie ausschlaggebender als allein die schulmedizinische Diagnose.[33] An eine solche Art lebendig erfasster Diagnose schließt die Musiktherapie mit ihren vielfältigen musikalischen und instrumentalen Möglichkeiten des Lösens und Bindens an, da die Krankheitsprozesse sich auch in diese beiden Gesten aufteilen lassen.

Es wird darum gehen, bei den zur Verfestigung und Verhärtung neigenden Krankheiten einen Lösungsprozess anzuregen, während Krankheitsprozesse mit einer einseitig sich auflösenden Tendenz in eine gegenteilige Gebärde geführt werden.

Es folgen einige Beispiele dieser beiden Krankheitstendenzen, die auf Musiktherapie ansprechen.

Beginnend mit den zur *Verhärtung* neigenden Erkrankungen wenden wir uns zuerst der Krebskrankheit zu. Wärmung und Atmung sind hier vordringliche Ziele der musiktherapeutischen Arbeit, in der z.B. Weite und Hülle gebende Instrumentalklänge mit dem atmenden Wechsel verinnerlichender und warm ausstrahlender Intervalle verbunden werden.

Auch bei den rheumatischen Erkrankungen erstrebt die anthroposophische Medizin die Anregung der Wärmeprozesse, indem sie die Entzündungen als Selbstheilungsversuch des Organismus ansieht. Die Musiktherapie arbeitet entsprechend daran, die Verfestigungen zu lösen, den Patienten von innen her in ein rhythmisches Schwingen zu bringen und zu durchwärmen. Wenn die Bewegungsfähigkeit eingeschränkt ist, wirkt der therapeutische Ansatz mit der Wärmequalität der eigenen Stimme oft sehr hilfreich.

Bei der Parkinson-Erkrankung können wir erleben, wie die zunehmende leibliche Erstarrung auch das seelische Erleben einkerkert. Die Musiktherapie regt den Patienten von innen her an und vermag bis in die äußere Bewegungsfähigkeit lösend zu wirken. Ausgehend von bewegten Vorspielstücken wird es darum gehen, den Patienten am Instrument allmählich selbst in ein schwingendes Spiel zu bringen.

In entsprechender Weise gehen wir auch auf andere Krankheiten ein, welche verhärtende Tendenzen zeigen.

Von der entgegengesetzten Gruppe der Erkrankungen, die nämlich zu einer einseitigen *Lösung* neigen, behandeln wir z.B. Entwicklungsstörungen bei Kindern. Hier wird versucht, das gelockerte Seelisch-Geistige eines Kindes nach und nach für seinen Leib zu interessieren. In ähnlicher Weise betrifft das ältere Kinder und Jugendliche, die an Anorexia nervosa erkrankt sind. Als Beispiel für eine innere Erkrankung können wir Diabetes in dieser Richtung einordnen.

Bei psychiatrischen Erkrankungen, z.B. der Psychose, kann es sich darum handeln, die scheinbar auseinandergefallenen Teile des Lebens- und Seelengefüges wieder zusammenzubringen. Bei manchen Depressionen liegt der Schwerpunkt der Behandlung darin, das Körpergefühl anzuregen und den Willen zu stärken.

Es gibt Krankheitsformen, die sowohl der einen wie der anderen Tendenz sich zuneigen können. Beispiele dafür sind chronisch entzündliche Darmerkrankungen, Schlafstörungen und Asthma.

Bei den chronisch entzündlichen Darmerkrankungen, wo sich seelische Erregungen zu direkt im Stoffwechselgebiet auswirken, ist es wichtig, die vermittelnde, ausgleichende Funktion des Rhythmischen Systems zu stärken. Bei Morbus Crohn steht das Beweglichmachen im Vordergrund, während bei der Colitis eine strukturgebende Therapierichtung angezeigt ist.

Bei den Schlafstörungen gibt es Einschlaf- und Durchschlafstörungen. Beide beruhen darauf, dass am Tage die Verbindung der Wesensglieder untereinander nicht stark genug ist. So zielen die therapeutischen Maßnahmen darauf, diese Verbindung besser herzustellen, wodurch auch das nächtliche Sich-lösen-Können besser möglich wird. Dies ist ein Beispiel dafür, wie manchmal im therapeutischen Handeln auch ein Umweg über den entgegengesetzten Pol vonnöten ist, um die rhythmischen Vorgänge ins richtige Maß zu bringen.

Versuchen wir die beiden Formen des Asthma zu begreifen und therapeutisch zu behandeln, so wird bei der einen Form, dem bronchitischen Typ, die aus dem Stoffwechsel kommende Dumpfheit, bei der anderen Form die überwache Tätigkeit des Nerven-Sinnes-Systems auffallen. Im ersten Fall werden wir die Dumpfheit aufzuhellen, im zweiten Fall die Überwachheit abzumildern und von der Mitte ausgehend den Patienten in die Gliedmaßen zu führen versuchen.

So ist die Musiktherapie im engeren Sinne speziell angezeigt, Störungen des *Rhythmischen Systems*, wozu auch diese drei letztgenannten Erkrankungsrichtungen sowie Störungen des Herz-Kreislauf-Systems gehören, positiv zu beeinflussen.

Die therapeutische Aufgabe setzt hier bei der musikalischen Harmonie an, die nicht ein Gegebenes, sondern immer ein Herzustellendes ist.

Musiktherapie kann speziell auf Organzusammenhänge einwirken oder mehr den seelischen Erlebnisraum und die gestalterischen Fähigkeiten des Patienten anregen. In jedem Falle aber werden Konzentration und Willenskraft in der Geistesgegenwart der zeitlich präzisen Gestaltung der Musik verlangt, wo selbst das bereits Geschaffene durch das Nadelöhr der Gegenwart neu hervorgebracht werden muss.

Gleichzeitig schlägt das musikalische Bewusstsein eine Brücke vom Jetzt jedes Augenblickes zum inneren Erlebnis der Ganzheit. Es vermag hinter und zwischen die Töne zu hören und das musikalische Kunstwerk in der inneren Überschau zu erleben; es eröffnet den Seelenraum eines neuen geistigen Zeitbewusstseins.

Diese speziellen Fähigkeiten der Musik lassen die Musiktherapie besonders in den Krankheitsfällen angezeigt erscheinen, wo auf *nichtsprachlicher Ebene* Verständnis, Erlebnisfähigkeit und Ausdruck gefördert werden sollen.

Das Tönende, Klingende wird Kommunikations-Mittel. Dies betrifft Krankheiten bei kleinen Kindern, z.B. Gedeihstörungen und Entwicklungsstörungen; Krankheiten bei alten Menschen, z.B. Apoplexie, Parkinson, Alzheimer; komatöse, beatmete und sterbende Patienten; Menschen aus der Heilpädagogik und Sozialtherapie, insbesondere auch Menschen, denen die Sprache fehlt; Patienten in kritischen Lebenssituationen, die sich im Wort (noch) nicht äußern können, wie schwere Formen der Depression, Ängste; und Menschen, deren soziales Gefühl und Verhalten gestört sind, wie beim Autismus.

In der Musiktherapie wird immer auch der *Hörprozess* angeregt. Gerade in unserer hektischen visuell orientierten Zeit ist dies von Bedeutung. Das Hören kann dann vertieft und zum Lauschen hin verinnerlicht werden und so zu einem inneren Zur-Ruhe-Kommen führen. Ruhe und Stille müssen oft mühsam wieder errungen werden. Gerade diese Elemente der Ruhe und des Lauschens können nachhaltige Wirkungen bis in die Persönlichkeitsfindung und die eigenständige Lebensgestaltung haben, wie bei vegetativen Befindlichkeitsstörungen, biografischen Krisen, in der Bewältigung lebensbedrohlicher Krankheitssituationen, bei Schmerzen und bei bestimmten Formen der Schwerhörigkeit.

Das mit der Hörfähigkeit eng verbundene *Konzentrationsvermögen* wird durch die Musiktherapie gestärkt, z.B. bei hyperkinetischen Kindern und bei Lernschwierigkeiten.

Des Weiteren sei erwähnt, wie die Musik auf alle *Bewegungsvorgänge* eine tragende, erleichternde, auch impulsierende Wirkung ausübt, z.B. bei Spastik und Multipler Sklerose.

Nicht angezeigt ist die Musiktherapie bei hochfiebrigen und bei akuten psychotischen Zuständen. Außerdem ist im Einzelfall zu beachten, dass durch die Therapie nicht Kräfte abgezogen werden, die der Organismus im Genesungsprozess braucht.

8. Der Übungsweg des Therapeuten

8.1 Voraussetzungen und Grundhaltung des Musiktherapeuten

Wenn ich eine Sache definiere, so bin ich mit ihr schon zu einem Ende gekommen. Ich habe einen Zaun gebaut, und meine weiteren Interessen und Untersuchungen dieser Sache werden sich nur noch innerhalb dieses Zaunes bewegen. Ebenso komme ich an ein Ende, wenn ich über einen anderen Menschen ein festes Urteil fälle, z.B. „er ist ein unzuverlässiger Mensch". Zwischen diesem Menschen und mir habe ich einen Zaun errichtet.

Für einen Therapeuten kann es niemals genügen, Definitionen und feste Urteile zu haben. Und einen Vorgang oder eine Sache mit einem Namen zu belegen, erlebt er als die äußerste Äußerlichkeit einem Prozess oder einem Wesen gegenüber. Auch die Fähigkeit, das eine vom anderen unterscheiden zu können, wie z.B. eine große Sexte von einer kleinen Sexte, oder die eine Krankheit von der anderen, kann ihn noch längst nicht zum Therapeuten befähigen. Was aber befähigt ihn tatsächlich dazu?

Den Beruf des Musiktherapeuten können wir angesiedelt sehen zwischen demjenigen des Musikers und demjenigen des Arztes. Auf dem Gebiet der Musik muss sich selbstverständlich ein Musiktherapeut profunde Fähigkeiten und Kenntnisse erworben haben; auf dem Gebiet der Medizin muss er ein angemessenes Wissen besitzen. Diese grundlegenden Kenntnisse sind aber noch nicht das Entscheidende. Das Entscheidende ist der *Umgang* damit. Dieser Umgang spielt sich einerseits bei der inneren Arbeit des Therapeuten, andererseits in der Praxis ab.

Einem auf anthroposophischer Grundlage arbeitenden Therapeuten wird es mehr und mehr zur Lebensgewohnheit, das genaue Gegenteil des Definierens zu praktizieren: Er stellt sich dem Arbeitsmaterial – in unserem Falle der Musik – sowie den Menschen in einer offenen Erkenntnishaltung gegenüber, die staunend aufnimmt, was das Wahrgenommene selber über sich ausspricht. Dies ist ein wichtiger Teil der „anthroposophischen Grundlage": eine unbefangene goetheanistische Entdeckerhaltung. – Wir erinnern hier an die so genannten Nebenübungen Rudolf Steiners[34], die nicht deswegen Nebenübungen heißen, weil sie unwichtig wären, sondern weil sie neben den anderen Tätigkeiten herlaufen und diesen eine bessere Qualität geben können. Es sind die sechs Übungen oder Eigenschaften:

1. *Klares Denken* beinhaltet logische, sinn- und sachgemäße Gedankenführung.
2. *Initiative des Handelns* lenkt die Aufmerksamkeit auf die Beherrschung des Willens und die Ausführbarkeit von vorgenommenen Handlungen.
3. *Kontrolle der Gefühle* erstrebt eine gelassene Seelenhaltung gegenüber den Schwankungen von Lust und Leid.
4. *Positivität* bedeutet, im Unvollkommenen und Hässlichen auch das darin verborgene Gute und Schöne zu entdecken und zu fördern.
5. *Unbefangenheit* heißt, mit seinem vorschnellen Urteil zurückzuhalten und offen zu sein für Unerwartetes.
6. Die regelmäßige Beachtung und Pflege dieser fünf Seelenqualitäten führt zur *Harmonisierung aller Eigenschaften* und vermag ein seelisches Gleichgewicht herzustellen.

Für die therapeutische Haltung sind die Eigenschaften der Positivität und Unbefangenheit ganz besonders ausschlaggebend. Sowohl der angehende wie auch der tätige Musiktherapeut befragt die musikalischen Elemente, mit denen er seit Jahren und Jahrzehnten selbstverständlich und vertraut umgeht, immer wieder neu: Wer bist du? Wie bewegst du dich? Was regst du in mir an? Was teilst du mir mit? Antworten auf meine Fragen werde ich nur erhalten, wenn ich mich in einen Prozess von gründlicher Arbeit einlasse, durch den ich mich während des Übens und Forschens mehr und mehr auch mit dem Gegenstand verbinde. Es ist wirklich vergleichbar mit dem stetigen Kennenlernen eines Menschen, wobei mir derselbe immer mehr und mehr die Geheimnisse seines Wesens offenbart. Das bedingt aber Nähe, Vertrautheit und Verbundenheit. Was letztendlich aus dem näheren Kennenlernen des Menschen oder eines Sachverhaltes resultiert, ist ein sozusagen praktisches Wissen darüber, was der andere vermag und was er braucht. Das heißt: Mein eigenes – therapeutisches – Handeln wird in dem Maße stimmig sein, als ich mich zuvor um eine Vertiefung bemüht habe. Es können plötzlich gute therapeutische Ideen auftauchen, die aber nicht aus dem Nichts kommen, sondern ein metamorphosiertes Erkenntnisbemühen sind. Die Vertiefung erstreckt sich über alle Elemente: von der Melodie über die Harmonien und Rhythmen bis zum Takt, von den Instrumenten bis zu den verschiedenen Tonsystemen und Stilarten usw. Es gibt kein Phänomen, das nicht interessant sein könnte, und wodurch sich nicht ein spezifischer Aspekt des geistig-seelischen Menschentums offenbart.[35]

8.2 Bewusstes Erleben des Musikalischen – so genannte „Phänomenstudien"

Einige Beispiele für Phänomenstudien seien herausgegriffen:

Es wird ein Ton wiederholt zum Erklingen gebracht, in ihn hineingelauscht, ihm Fragen gestellt: Wer bist du? Was willst du? Wie und wohin bewegst du dich? etc. Die Wiederholung dieser Übung zeigt, dass uns derselbe Ton nicht jeden Tag genau das Gleiche sagen will. Nach und nach jedoch kommt das Wesen des Tones immer deutlicher zur Erscheinung – dieselbe Übung mit einem anderen Ton zeigt, wie verschieden alle Töne voneinander sind, eine andere Sprache sprechen, ein ganz anderes Wesen offenbaren. So ist ein Ton z.B. ruhig und in sich zufrieden, während ein anderer sich unaufhörlich bewegt und auf der Suche nach einem Spielgefährten ist. – Es ist wichtig, hierbei die Töne selber sprechen zu lassen, und nicht den eigenen Verstand („das ist natürlich der Ton A") oder das subjektive Gefühl („diesen Ton mag ich nicht"), außer wenn man sich fragt: Was sagt mir dieses Gefühl?

Eine solche mögliche Übung möchten wir als Beispiel etwas ausführlicher darstellen. Eine Gruppe von Musiktherapeuten nimmt sich vor, einen bestimmten Ton zu studieren. Die eine Hälfte der Gruppe einigt sich auf den Ton E und wählt verschiedene Instrumente, auf denen dieser Ton erklingen soll. Die andere Hälfte der Gruppe weiß zunächst nicht, um welchen Ton es sich handeln wird. Es spielt dabei keine Rolle, ob Teilnehmer mit einem absoluten Gehör dabei sind, die den Ton sofort als „E" erkennen werden; alle versuchen sich gleichermaßen offen und unvoreingenommen zu verhalten. Nun erklingt zuerst der Ton auf einer Kantele, alle Saiten sind auf e, e' oder e" eingestimmt und durch das Darüberstreichen entsteht ein feines Klanggewebe aus den verschiedenen Oktaven des Tones E. Dann kommt der Ton auf einer wiederholt angeschlagenen Kupferröhre dazu, später auf einer Choroiflöte. Die Instrumente lösen einander auch ab. Es folgen Psalter, Leier und Tenorchrotta, die sich in den Klang hineinweben. Schließlich mündet alles in einen gesungenen Ton ein. – Wenn alles verklungen ist und man eine Weile in der Stille noch nachgelauscht hat, beginnen beide Gruppen damit, einander die Beobachtungen, Empfindungen und Erlebnisse mitzuteilen.

Die beschriebene Phänomen-Übung wurde in dieser Form auf einer Tagung durchgeführt, und die interessante Erfahrung, die von den meisten geteilt wurde, war die, dass man im Nachlauschen den Ton noch sehr stark anwesend fand, und zwar so, dass er sich befreit hatte von den verschiedenen instrumentalen Färbungen oder Oktavlagen. Der innerlich gehörte Nachklang war also kein Streich- oder Gesangston usw., sondern es war einfach der Ton E als solcher in seiner Eigenart, unabhängig von den Mitteln, die ihn erzeugt hatten. Eine ganz bestimmte innere Stimmung war anwesend, so konkret erlebbar wie der Charakter einer Persönlichkeit. Von den zahlreichen interessanten Beschreibungen dieses Tones sei eine Charakterisierung genannt: „Er geht in die Horizontale, ist breit und würdig. Er ist weit und dennoch in der Weite ganz ins Innere zurückwirkend. Und er wirkt vielfältig entfaltbar: wie Schichten von Licht und Wärme abwechselnd übereinander. Durch seine Würde und Größe wirkt er beruhigend, aber innerlich anregend, denn er entfaltet sich nicht nach außen, sondern differenziert sich nach innen hin." – Diejenigen, welche den Ton selber gespielt hatten, fanden, dass sie ganz neue Erfahrungen beim Spielen gemacht hätten; sie erlebten stark das schöpferische Moment des Vorganges und das Schöpferische im Anordnen des Experimentes. Man bekommt während des Spielens oder Zuhörens ganz neue Ideen, sowohl für weitere Experimente als auch in Bezug auf mögliche Kompositionen oder andere Anwendungen.

So hat man in dem ganzen Vorgang eine schaffende Tätigkeit, welche gleichzeitig Beobachtungsgegenstand ist.

Eine andere Art, sich über einen Ton zu unterhalten, wurde folgendermaßen versucht: Jemand denkt sich einen Ton und erzählt von seinen Erfahrungen mit ihm, z.B. dem Ton C, ohne ihn zu nennen: „Für mich ist er wie ein strahlendes Licht, sehr hell, sehr energisch, immer gleichmäßig kräftig strahlend, nie verglimmend. Er hat ein Zentrum und wirkt wie eine Säule durch mich hindurch; in diesem Zentrum ist es warm." – Die anderen versuchen, das geschilderte Erlebnis nachzuvollziehen, innerlich rege zu machen und so weit zu verdichten, bis ein Ton innerlich erklingt. Auf ein Handzeichen hin singen alle Anwesenden ihren gefundenen Ton – und in vielen Fällen kann eine Übereinstimmung gefunden werden.

Als weitere Übung kann ein Ton als Zentralton zwischen andere Töne gestellt werden, z.B. durch eine Quinte umspielt werden, und erhält so stärkere Lebendigkeit und innere Vielfarbigkeit. Wenn der Ton bei einer solchen Übung lange durchgehalten wird, kann er wie ein „Fenster" erlebt werden, durch welches man die anderen umspielenden Töne hindurchhört bzw. ihnen eine entsprechende Färbung gibt.

Es gibt eine weitere Möglichkeit, einen Ton in seiner Differenzierung zu erleben, nämlich durch seine Erhöhung (A-Ais) respektive Vertiefung (A-As). Durch das Kreuz wird der Ton drängender, straffer, spitzer und heller, durch das b dagegen weicher, dunkler und wärmer erlebt.

Eine andere Übung ist es, den gewählten Ton als Grundton einer Skala zu nehmen. Dabei kann man erstaunlicherweise feststellen, dass beispielsweise etwas vom Wesen des Tones C auch in der C-Skala zu spüren ist, von D in der D-Skala etc., dass also der Grundton die ganze Skala färbt und prägt. Wenn nun der Grundton den Hauptcharakter gibt, erhalten alle Töne innerhalb der Skala einen besonderen Charakter durch ihren jeweiligen Tonort und ihre Funktion. Bedeutend anders ist das Empfinden je nachdem, ob die Skala auf- oder abwärts gespielt wird. Entscheidend ist auch, ob sie in hoher, mittlerer oder tiefer Lage klingt.

Die alten Griechen erlebten eine Zusammengehörigkeit der sieben Grundtöne mit den *Planeten* und der zwölf chromatischen Töne mit dem *Tierkreis*. Heute können diese Verbindungen nur hörend und lauschend – im goetheanistischen Sinne – nachempfunden und so allmählich zur Gewissheit werden.

Oft ist das Intervall-Hören für den Einstieg in dieses qualitative, phänomenologische Hören einfacher als das Einzelton-Hören.

Als Musiktherapeut soll man ein so differenziertes Erleben entwickeln, dass man entscheiden kann, ob beispielsweise die Patientin oder der Patient eine große Sekunde vom C aus (C-D) oder von D aus (D-E) braucht; ob man die große Sekunde C-D oder die kleine Sekunde C-Des wählen muss; ob die Quarte nur aufwärts (C-F) oder nur abwärts (F-C) oder in beiden Richtungen erklingen soll.

Betrachten wir noch kurz ein anderes Element, den Rhythmus, dem wir uns erlebend und beobachtend zuwenden: (∪ —, — ∪, ∪ ∪ —, — ∪ ∪, — —)

Die verschiedenen Rhythmen, die aus der Begegnung der Längen und Kürzen zustande kommen, sind belebende und gestaltende Elemente jeder Musik. Indem wir uns mit einzelnen Rhythmen beschäftigen, erfahren wir ihre qualitativen Gesten: Wenn wir uns aus der gerafften Kürze in die Länge ausdehnen, fühlen wir uns gehoben, angeregt; wir verstehen, was ein „steigender" Rhythmus ist. Wenn wir uns aus der Breite wieder in die Kürze zusammenziehen, erfahren wir das beruhigende Element des „fallenden" Rhythmus. Aus solchem qualitativem Erlauschen gewinnnt der Musiktherapeut die Gewissheit, wie er die Rhythmen in der Therapie anwenden soll.

Auch die Pause gehört in dieses Kapitel. In der musikalischen Pause geschieht oft Entscheidendes. Gerade in der heutigen Zeit sind Pausen so wichtig. Aber auch das muss oft langsam wieder erübt werden: die Pause zu ertragen. In der Musiktherapie ist es eines der wirksamsten Mittel, die Pause seelisch zu erleben und von innen her ausfüllen zu lernen: im Nachlauschen oder im Vorlauschen.

Übungen, von denen hier die Rede war, können mit einer Gruppe, aber auch von einem Einzelnen durchgeführt werden. Sehr viel hat man davon, wenn man täglich ein bestimmtes Element „unter die Lupe nimmt". Auch wird man durch das Leben selber aufmerksam auf interessante Phänomene, wie z.B. durch das Spiel oder die Äußerungen des Patienten. Selbst die eigene musizierende Tätigkeit kann zum Beobachtungsgegenstand werden. Außerdem findet man bei entsprechender Aufmerksamkeit und Sensibilisierung interessante Phänomene der Behandlung musikalischer Elemente in der Musikliteratur.

8.3 Bewusster Umgang mit dem Instrumentarium

Liebe und Sorgfalt, die der Musiker bisher auf sein eigenes Instrument verwandt hat, lernt der angehende Musiktherapeut nun auf die Ganzheit des Instrumentariums auszudehnen. Die profunden Fähigkeiten auf einem Instrument, die als Voraussetzung für die therapeutische Ausbildung verlangt werden, kommen der Begegnung mit jedem weiteren Instrument zugute. Wer z.B. seit seiner frühen Kindheit Flöte oder Geige geübt hat, bringt qualitative Vorstellungen mit, wie er auch mit der Leier in einen Prozess der Vertiefung gelangen kann. Die neue Aufgabe beinhaltet, sich die Grundqualitäten aller Instrumentenarten, also Blasen, Streichen, Zupfen und Schlagen zu erarbeiten. Jedes Instrument wird gründlich auf seine spielerischen und musikalischen Möglichkeiten hin erforscht. Das bedeutet, sich auch mit der Kraft ihrer Einseitigkeiten so vertraut zu machen, als ob man sie am eigenen Leibe spürte (stauend, wölbend, zusammenziehend, weitend). Im Idealfall werden die Grundqualitäten der Instrumente erfassbar und handhabbar wie die Laute einer Sprache.

Da der Musiktherapeut ja nicht für sich selber spielen will, sollte er danach streben, seine instrumentalen Erfahrungen so weit zur Reife zu bringen, dass er sie, bildlich gesprochen, abpflücken und weitergeben kann.

Parallel zum Eintauchen in die Möglichkeiten und Einseitigkeiten eines Instrumentes bildet sich allmählich ein innerer Abstand, der es ermöglicht, die Stellung dieses Instrumentes im Ganzen zu erkennen. Eine weitherzige Haltung entsteht, die alle Instrumente in ihrer Eigenart umfasst.

Der anfangs so mühselig zu vollziehende Wechsel zwischen den Instrumenten wird mit der Zeit immer flüssiger werden, wenn z.B. von einer kleinen zu einer großen Flöte alle Fingerabstände erweitert werden müssen oder der Atem, der beim Krummhornspiel gestaut wird, bei der Kupferflöte plötzlich weich strömen soll. Diese Beweglichkeit kann als eine Verwandlungsfähigkeit erlebt werden, bei der man sich dennoch nicht zu verlieren braucht.

Vielmehr sind Sicherheit und Beweglichkeit im Instrumentalspiel die Voraussetzung dafür, dass der Therapeut auf musikalischer Ebene eine lebendige Beziehung zu dem Patienten aufzubauen vermag.

Mit zunehmender Erfahrung erlebt der Musiktherapeut, wie das eigene Spiel zum Wahrnehmungsorgan für den kranken Menschen werden kann. Er beobachtet beispielsweise, wie ein und dasselbe Musikstück bei verschiedenen Patienten unterschiedlich klingt, wie es sich entweder in der Grundstimmung verändert, wie einzelne Töne oder Intervalle in besonderer Weise zum Klingen kommen oder wie sogar der Klang des Instrumentes eine andere Qualität annimmt.

Lernt er sich zu sensibilisieren für solche Phänomene, so beginnt er sie mit dem Menschen, für den er gespielt hat, in Beziehung zu bringen. Er erfährt dann nicht nur etwas über dessen seelische Gestimmtheit, sondern vor allem über dessen Lebenskräftesituation. Klingt das Vorspiel auf dem Instrument rund und warm oder glasklar und durchsichtig oder matt und kraftlos? Reißt der innere Faden der Musik immer ab oder fließen die Töne leicht und beweglich? Tönt es heute weicher als gestern?

Innerhalb des lebendig Tönenden, in das Patient und Therapeut eintauchen, werden eine Summe von Qualitäten erlebbar, wie Licht, Wärme, Bewegungen und Strukturen. Wir haben es bei diesem Vorgang mit einem Resonanzphänomen im Ätherischen zu tun.[36]

Vor allem aber handelt es sich nicht um eine registrierende Wahrnehmung, sondern um ein *Für-wahr*-nehmen-Können dessen, was da ist, sodass sich der Kranke dadurch an- und aufgenommen fühlen kann.

8.4 Menschenkundliche Wahrnehmungen

Um in einem speziellen Krankheitsfall das Ungleichgewicht der Wesensglieder verstehen und durchschauen zu lernen, schult sich der Therapeut während der Ausbildung, aber auch fortgesetzt während seiner Tätigkeit, die besondere Ausprägung der Wesensglieder eines Patienten wahrzunehmen. Zwar handelt es sich dabei im strengen Sinne, außer beim physischen Leib, um übersinnliche Wahrnehmungen, dennoch sind einem goetheanistischen, anschauenden und vergleichenden Urteil viele Wege offen, diese Wahrnehmung zu üben.[37]

Eine Möglichkeit ist es, sich Fragen zu stellen nach der Qualität der Wesensglieder und ihrer Wirksamkeit.

Grundlegende Erkenntnisse, wie z.B. die, dass die Kräfte des Lebensleibes die Schwere des physischen Leibes in die Leichte zu heben vermögen, oder dass das beständige Strömen des Ätherleibes den zur Verhärtung neigenden Formkräften des physischen Leibes entgegenwirkt, führen zu entsprechenden Fragestellungen, die sowohl die einzelnen Wesensglieder wie auch deren Wechselwirkungen zu erfassen suchen.[38] So wird der physische Leib nach seiner Form und Festigkeit befragt. Wie ist die Form ausgeprägt? Hat der physische Leib zu viel oder zu wenig Festigkeit? An welcher Stelle gibt es Verhärtungen oder Erweichungen?

Die Fragen zum Ätherleib richten sich u.a. auf das Maß von Lebenskraft und -fülle, darauf, ob die Schwerekräfte zu viel oder zu wenig überwunden werden. Ist der Organismus lebendig durchströmt? Wie äußert sich das in der Haut, im Lebensgefühl?

Des Weiteren kann sich die Aufmerksamkeit auch auf die Wechselwirkung der Wesensglieder untereinander richten: Werden Lebenskräfte aus ihrer leibbezogenen Tätigkeit frei für das Seelenleben? Ist das Denken beweglich oder starr? Ist Fantasie vorhanden?

Diese Bemühungen um die Wesensgliederwahrnehmung gehören zur Schulung aller Kunsttherapeuten; für die Musiktherapeuten jedoch beginnen sie in Bezug auf die Musik lebendig zu werden. Das innere Durchtränktsein mit Musik verbindet sich mit den menschenkundlichen Wahrnehmungen zu einer musikalischen Wahrnehmung, sodass es im bloßen Anschauen eines Menschen möglich wird, ihn klingen zu hören.

Stellen wir uns vor, wir würden den *Spaziergänger* von Barlach auf diese Weise musikalisch erleben und skizzieren.

Der gedrungene, stämmige physische Leib tönt vielleicht wie ein kräftiger Akkord auf einem tiefen Grundton. Die in Gang und Bewegungen wahrnehmbare, gestaute Fülle der Lebenskräfte klingt wie das Vorherrschen eines aufsteigenden Quartintervalls, die positiv willensbetonte Seelenhaltung fügt dem einen auftaktigen Rhythmus und eine überwiegende Dur-Stimmung hinzu, der weitgreifende Blick, der die Aufrichte der ganzen Gestalt unterstreicht und eine stark anwesende Ichkraft fühlen lässt, wird innerlich hörbar wie ein Trompetensignal auf einer höheren Oktave des Grundtons.

Wenn wir uns solcherart mit einer musikalischen Wahrnehmung auf einen Menschen

Abb. 23: Ernst Barlach: Der Spaziergänger (Bronze)

konzentrieren, fällt auf, dass uns auf der beweglichen ätherischen Ebene und im Bereich des Seelenlebens viel mehr Musikalisches zuströmt als auf der physischen Ebene. So zeigt sich auch hier, wie Ätherisches und Astralisches für die Musiktherapie besonders wichtig sind. Gleichzeitig erfahren wir auf diesen beiden Ebenen sehr einprägsam, wie alle Wesensglieder auf die Wirksamkeit des Ich hinorientiert sind.

Selbstverständlich ist bei solchen Übungen zunächst die Tätigkeit des Übens wichtiger als das Ergebnis. Es entsteht kein Bild, das sich nicht mehr verwandeln könnte, da der Mensch selbst immer im Werden begriffen ist. Die Übung kann aber immer neu vollzogen werden im Vertrauen auf die Korrektur durch das Leben. Allmählich bildet der Therapeut daran Fähigkeiten aus, musikalisch immer individueller auf den Patienten einzugehen. Dazu gehört beispielsweise das Komponieren einer Vorspielmusik für einen bestimmten Menschen in einer speziellen Krankheitssituation.

DRITTER TEIL

THERAPIEBEISPIELE

9. Beispiel aus des Pädiatrie

9.1 Bericht des Arztes

Liz war ein vorher gesundes Mädchen, das dritte Kind der Familie; die Eltern ließen sich in ihrem 6. Lebensjahr scheiden. Die frühkindliche Entwicklung verlief normal, aber es fiel auf, dass Liz motorisch nicht aktiv war; sie war eher ängstlich auf diesem Gebiet. Mit 9 ½ Jahren war sie in einen sehr labilen psychischen Zustand gekommen, angeblich im Zusammenhang mit der schwierigen Situation der Familie. Zu der Zeit bekam sie eine Mittelohrentzündung, anschließend eine Rachenentzündung mit Verdacht auf eine Mitbeteiligung des Felsenbeins. Sie war hochfiebrig, und die Krankheit sprach weder auf Antibiotika noch auf Salizylsäure an. Knapp 3 Monate später entwickelten sich auch Entzündungen der Haut und der Gelenke. Zunächst klangen alle Symptome ab, flammten jedoch nach einem halben Jahr wieder auf. Liz wurde mit 10 Jahren in die Klinik aufgenommen. Sie entwickelte eine dramatisch verlaufende Krankheit mit Kachexie, völliger Appetitlosigkeit und immer wiederkehrenden Fieberschüben. Per exclusionem wurde die Diagnose gestellt auf eine systemische, juvenile, chronisch rheumatoide Arthritis (Morbus Still). Es folgte eine Behandlung mit schulmedizinischen und anthroposophischen Mitteln, u. a. mit einem Viscum-Präparat. Es wurden keine Cortison-Präparate gegeben.

Während des Klinikaufenthaltes wurde eine ausgeprägte umweltabhängige Konstitution des Mädchens festgestellt und außerdem eine große wechselseitige Abhängigkeit von der Mutter. Liz konnte nur wenig Eigenständigkeit und Ich-Kraft zeigen. Manchmal wirkte sie wie eine Zweijährige, manchmal auch wie eine „alte Kaiserin". Sie war sehr ängstlich gegenüber Schmerzen, der Zukunft und in Bezug auf ihre Krankheit. Positiv war ihre Liebe zu Geschichten und Märchen und ihr gutes Gedächtnis. Liz ist während und auch nach dem Klinikaufenthalt sehr intensiv mit anthroposophischen Therapien behandelt worden. Die Absicht dabei war, die bei dem Mädchen beobachtete unglaubliche Interesselosigkeit am eigenen Körper zu beeinflussen sowie sie zu einem besseren Realitätsbezug zu führen. Sie bekam außer Musiktherapie auch Massage, Heileurythmie und Maltherapie.

Nachgeschichte:
Im Laufe der Zeit hat sich die Krankheit völlig beruhigt. Es konnte verzichtet werden auf Steroide und Zytostatica.

Mit 14 Jahren war Liz voller Lebensmut und bereits viel selbstständiger geworden. Gewisse Lernschwierigkeiten waren noch vorhanden, namentlich in der Mathematik. Auch ihr soziales Verhalten verlief noch nicht reibungslos. Die Menarche war mit dem 13. Jahr eingetreten. Weder die Arthritis noch eine andere Auto-Immunkrankheit ist seither wieder aufgetreten.

9.2 Bericht der Musiktherapeutin

Die aktuelle Situation bei Therapiebeginn:

Die zehnjährige Liz ist seit 10 Wochen im Krankenhaus wegen einer Erkrankung des Auto-Immunsystems: Sie hat hohes Fieber, Gelenkentzündungen und wunde Hautpartien. Bei unserer ersten Begegnung liegt sie im Bett. Sie ist zart gebaut, sehr blass, hat langes krauses Haar. Sie liegt gelassen da, nur der Blick ist beweglich. Sie nimmt genau wahr, was in der Umgebung vor sich geht, aber interessant ist, dass sie in der Schule immer Mühe hat, das Wahrgenommene zu abstrahieren; sie kann z.B. nicht rechnen.

Vor Beginn der Musiktherapie hatte sie schon Physiotherapie, Heileurythmie und Maltherapie. Sie zeigte sich dabei überempfindlich für die Berührung der betroffenen Körperteile und meinte, sie könne nicht mitmachen.

Musiktherapeutische Diagnose:
Während des Verlaufs der musiktherapeutischen Arbeit zeigte Liz die folgende Charakteristik: Sie ist musikalisch, kann Melodie, Harmonie, Takt und Rhythmus gestalten. Am meisten jedoch ist ihr das Melodische vertraut: Schnell erfasst sie neue Melodien und kann im Kanon ihre Stimme durchhalten.

Als eigenes Musikinstrument hat sie die Geige gewählt: ein hoch klingendes Saiteninstrument, das sich besonders dazu eignet, Melodien erklingen zu lassen. Das Melodische mit seinem Bezug zum Nerven-Sinnes-Menschen tritt bei ihr in den Vordergrund. Ihr Atem ist oberflächlich, und die Stimme klingt ohne Kraft. Liz neigt zu schnellem oberflächlichem Spiel auf den Instrumenten und beachtet kaum die Klangqualität; sie hat wenig Neigung zum Hinein- und Nachlauschen. Der rhythmische Wechsel im Erleben von Innen und Außen ist verschoben zur Außenwelt hin; das Spiel verflüchtigt sich, die Seele löst sich etwas vom Leibe. Wenn Liz später dazu aufgefordert wird, zu einer einfachen Melodie im Takt zu gehen und den Rhythmus mitzuklatschen, fällt ihr das schwer. Dadurch entsteht der Eindruck, dass Takt und Rhythmus zwar vorstellungsmäßig bei ihr vorhanden, jedoch nicht mit ihrem Körper, insbesondere den Gliedmaßen, verbunden sind.

Erstes Therapieziel:
Als erstes Ziel für die Musiktherapie wird vom Arzt formuliert: Zurückzugreifen auf eine frühere Entwicklungsphase und eine aufnehmende, lauschende Seelenhaltung zu fördern, wobei sie anfangs wenig aktiv werden soll.

Verlauf der Musiktherapie:
Zur ersten Therapiesitzung wird Liz im Rollstuhl gebracht. Die Musik wird von einer Geschichte umrahmt, die sich in den nächsten Wochen entfaltet: Eine Prinzessin ist erkrankt – sie kann nicht mehr schlafen – ein Bursche darf versuchen, sie ungesehen mit seiner Harfe in den Schlaf zu spielen – die Prinzessin träumt von früheren Zeiten, schläft tief und wird gesund – ein Fest wird gefeiert, wo der Bursche die Tanzmusik spielt – sie heiraten und wohnen zusammen im Schloss.

Eine pentatonische Tonreihe, aus dem Quintintervall entstanden, der Bewusstseinslage früherer Zeiten bzw. derjenigen eines jungen Kindes entsprechend, wird gewählt. Sie wird ohne festen Rhythmus leise auf einer zart klingenden Leier vorgespielt, die mit ihren lang ausklingenden Tönen zum Lauschen anregt. Die offene, träumende Stimmung der Pentatonik kommt mit einem frei atmenden, nicht taktgebundenen Rhythmus am besten zur Geltung.

Ein Klangstab aus Messing wird auf die geöffnete Hand gelegt, siebenmal angeschlagen und jedesmal während des langen Nachklanges hin und her geschwungen wie eine Glocke. Ein hörendes, fühlendes Bewegen kann sich daran entfalten. Es ist der Ton D, welcher sich von allen Tönen besonders durch eine offene Beweglichkeit auszeichnet. Als letztes erklingt auf dem silberhellen Streichpsalter ein langer feiner gestrichener Ton zum wieder Wachwerden.

Das Kind ist zunächst abgelenkt durch alles, was es sieht, schaut um sich, fingert herum; sie möchte alles gerne selber tun. Wenn sie den Schlussstrich machen darf, „tupft" sie mit dem Bogen noch schnell etwas nach auf den anderen Saiten.

Bei der nächsten Therapiestunde fängt sie an zu gähnen. Sie kommt ins Lauschen und sitzt ruhig da. Sie spielt und schwingt dann selber den Klangstab und kommt in einen schönen Rhythmus, oft vergisst sie zu zählen. Danach kann sie den Schlussstrich auf dem Psalter auch wirklich als ein Zur-Ruhe-Kommen erleben.

Ein weiterer therapeutischer Schritt soll das Erleben verinnerlichen und vertiefen. Zwei akkordgestimmte Leiern (sie spielt die eine) begleiten abwechselnd ein Lied in Dur-Moll-Dur mit wiederholtem, ruhig schreitendem Metrum (— ∪ ∪ — —):

Akkordfolge:

Im Wechsel von Spielen und Zuhören kann die Atmung sich vertiefen. Die Moll-Stimmung hilft, das Erleben zu verinnerlichen. Das fallende Metrum verbindet das Erleben mit dem Wollen in beruhigender, ordnender Weise. Es ist dem Mädchen anfangs zuwider, mit den Fingern die Saiten zu berühren. Sie kommt aber mehr und mehr ins Erleben der Harmonie und überwindet dabei ihre Überempfindlichkeit. Sie greift tiefer in die Saiten und genießt den schönen Klang. Der tiefer werdende Atem gibt ihr mehr Freiheit zum Mitsingen, und wie von alleine wird auch ihre Stimme freier und klangvoller. Freudig fügt sie sich dem Wechsel von Tun und Lassen.

In dieser Phase der Behandlung senkt sich das Fieber, und Liz schläft wieder gut. Sie kommt nun, gestützt durch ein Laufgestell, selber zum Therapieraum.

Als nächstes kommt ein tief klingendes Streichinstrument dazu: Die Tenorchrotta soll jetzt unser Lied begleiten.

Die Saiteninstrumente haben einen Bezug zur Mitte des Menschen. Der Streichpsalter, auf dem Liz als Erstes spielte, befindet sich aber klanglich noch ganz nahe dem Kopfgebiet. Die Akkordleiern sprechen mehr die fühlende Mitte an. Die Tenorchrotta dagegen hat einen deutlichen Bezug zu Bauch und Beinen. Durch diese Reihenfolge wird das Kind aufgefordert, immer weiter vom Kopf in ihren Körper hinabzusteigen.

Eine fallende Quinte wird wiederholt gespielt und vermittelt das Gefühl, auf einem festen Boden anzukommen. Die charakteristischen, großen Armbewegungen beim Spielen der Tenorchrotta und der kontinuierliche Kontakt von Bogen und Saiten verbinden das Erleben mit dem Tun. Liz bemüht sich, ihre flüchtigen, zu lockeren Bewegungen zu intensivieren und gewinnt so einen fließenden Bogenstrich. Sie lernt, dem Instrument einen vollen warmen Klang zu entlocken.

Das Fieber des Mädchens bleibt jetzt abgesenkt, die Gelenke und die Haut schmerzen nicht mehr, und sie braucht keine Unterstützung mehr beim Gehen. Was ihr jetzt noch fehlt, ist der Appetit; sie isst kaum.

In der nächsten Therapieetappe kommt ein neues Lied dazu:

Die Melodie tanzt fröhlich im Zweiertakt mit punktiertem Rhythmus und springt jedesmal vom Boden des Grundtones weg, um desto fester wieder anzukommen. Die Gliedmaßen sollen nun kräftig in Bewegung kommen: Das Lied wird mit den Händen geklatscht, mit den Zehen getappt und schließlich sogar stehend gestampft. Liz gibt sich der fröhlichen Stimmung und dem munteren Rhythmus mit Freude hin und erobert aufs Neue ihre Bewegungsmöglichkeiten. Ihr Gesicht bekommt Farbe, und der Appetit kehrt zurück. Seit dem Beginn der Therapie sind 3 Wochen vergangen. Das Mädchen geht für einige Wochen nach Hause und kommt dann zu einer zweiten Behandlungsphase in die Klinik zurück.

Zweites Therapieziel:
Die weitere Behandlung setzt sich, neben der Konsolidierung der Konstitution ein neues, mehr pädagogisches Ziel: Kann das Kind dazu gebracht werden, die Wahrnehmungen so zu verinnerlichen, dass sie im Denken zur Abstraktion werden können? Jetzt geht es darum, die Musik nicht nur zu erleben und mitzubewegen, sondern sie auch mit dem Bewusstsein zu durchdringen.

Weiterer Verlauf der Musiktherapie:
Beim zweiten Klinikaufenthalt kommt eine neue Melodie zur Anwendung:

Diese freudig-geraffte und zugleich vorwärts schreitende Melodie wird gesungen. Dann werden Rhythmus und Takt unterschieden: Der Takt wird geschritten und der Rhythmus geklatscht. Das muss tüchtig geübt werden, zuerst getrennt, bevor es gelingt, beide gleichzeitig auszuführen und doch voneinander zu unterscheiden; immer wieder schlüpft das Eine ins Andere. Sobald es aber gelingt, kann Liz bis in die Gestalt hinein die ordnende und haltgebende Wirkung des Taktes erleben, der den lebendigen Rhythmusstrom trägt und gliedert.

Danach wird die Melodie erforscht. Bei jedem nächsten Ton wird gefragt: Ist er höher oder tiefer? Das Mädchen hört es ganz genau, muss sich aber anstrengen, das Höher- oder Tieferwerden mit der Hand in die Luft zu zeichnen. Dann wird versucht, dasselbe in die Füße zu bringen: Hoch = ein Schritt vorwärts, tief = ein Schritt rückwärts. Gegenüber der vorangegangenen Übung gibt es also eine doppelte Umstellung: Von oben-unten nach vornehinten und von den Händen zu den Füßen. Liz hat große Mühe damit. Das Xylophon wird als visuelle Hilfe dazugenommen. Aber Liz findet auch selber Hilfsmittel: Zuerst versucht sie, seitwärts zu stapfen, in gleicher Richtung wie das Spiel auf den Klangstäben, von links nach rechts; dann spielt sie die Stäbe, am unteren Ende stehend, das Instrument der Länge nach vor sich, und spielt jetzt in der Richtung vorne-hinten. Wenn sie dann wieder vornehinten mit den Schritten ausführt, wobei der Therapeut genau singt, was sie macht, gibt es großen Spaß bei jedem falschen Schritt.

So übte sie auf eine nicht abstrakte Weise, das äußerlich Wahrgenommene festzuhalten, im Inneren zu erarbeiten und in der Tätigkeit selber neu zu gestalten. Allmählich eroberte sie sich etwas von diesen Fähigkeiten.

Dieses Üben verlangte oft fast zu viel von Liz. Um sie nicht bis zur Erschöpfung anzustrengen, wird schließlich eine einfachere Übung gewählt, die helfen soll, ein sicheres Taktgebäude zu errichten, worauf sie sich im Musizieren stützen kann.

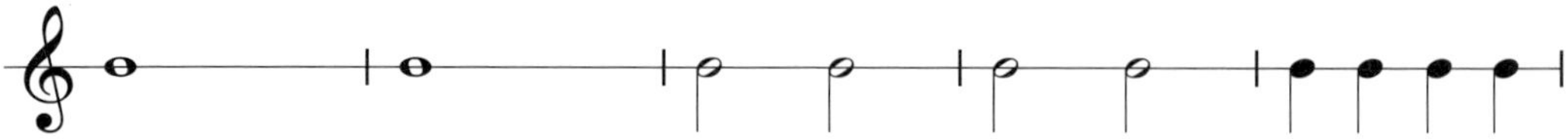

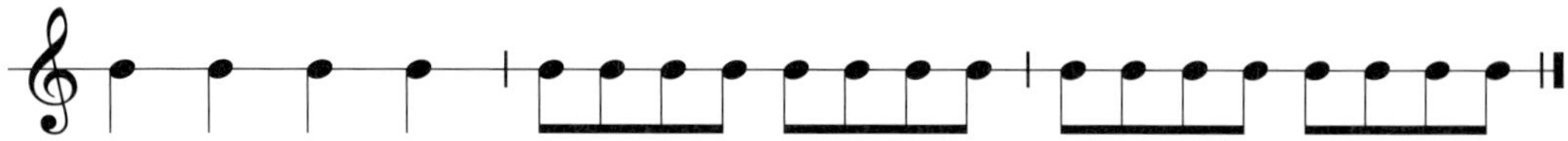

Die Übung wird mit Händen und Füßen ausgeführt oder auch auf den verschiedenen Chrottasaiten gespielt. Sobald die Einteilung der verschiedenen Zeitwerte gut einverleibt ist, gestaltet Liz selbstständig ihre Partie im Kanon mit dem Therapeuten. Die vorangegangenen Übungen gelingen jetzt tatsächlich schon etwas besser als zuvor.

Bei der letzten Sitzung bringt Liz ihre Geige mit, und es wird die ganze Geschichte, die sie mit Anteilnahme miterlebt hat, musikalisch noch einmal mit großer Begeisterung durchwandert. Seit Beginn der Musiktherapie sind 3 Monate vergangen. In dieser Zeit hat sie sich verändert von einem überempfindlichen, bewegungsängstlichen Kind zu einem freudig musizierenden und sich bewegenden Mädchen, das sich mutig mit ihren Schwierigkeiten auseinandersetzt. Sie ist fieberfrei geblieben und geht wieder in die Schule.

Rückblick auf den therapeutischen Weg:
Als Abstufungen im Therapieprozess waren zu unterscheiden:
- Sich-Lösen von ihrer gegenwärtigen Problematik durch Einleben in einen vergangenen Seinszustand
- Verinnerlichen der nach außen gerichteten Wahrnehmung
- Erwachen des fühlenden Miterlebens; Erleben einer Innenwelt, in welcher sie sich zu Hause fühlt
- ein aktives körperliches Mitgestalten, gegründet auf dem Gefühl, auf sicherem Boden zu stehen
- eine Auseinandersetzung mit der eigenen Problematik
- üben und nicht verzagen; selber aktiv suchen nach Wegen zur Überwindung der Hindernisse
- das Erleben einer neuen Harmonie im Körper und das Keimen neuer Entwicklungsstufen.

Wenn wir uns nun fragen, was bei Liz musiktherapeutisch wirksam gewesen ist, können wir auf verschiedenen Ebenen einen Weg unterscheiden, der sie Schritt für Schritt zu neuen Erfahrungen und neuen Fähigkeiten führte:

Da war zunächst der Weg vom Melos über die Harmonie zu Rhythmus und Takt, ein Weg, der vom Nerven-Sinnes-Gebiet über den mittleren Menschen zum Stoffwechsel-Gliedmaßen-System führt. Dem höheren Teil ihres Wesens wird dadurch ein Weg gezeigt, wie er sich richtig mit dem Leib verbinden kann, anstatt ihn durch Entzündungen zu zerstören.

Auch führte ein Gang durch Klang und Bewegung, teilweise parallel verlaufend mit dem ersten Weg: vom bloßen Zuhören über das Selber-Spielen bis zum unmittelbaren Benützen der eigenen Hände und Füße als rhythmische Instrumente; und von der offenen und schlichten Klangsphäre der Leier und der Messingklangstäbe über den volleren Klang der Akkordleiern bis zur anhaltenden Tonerzeugung des Singens und des Streichens. Schließlich war auch der Entwicklungsweg von der Vergangenheit in die Gegenwart von Bedeutung, welcher an die Zeit vor der Krankheit anknüpfte und noch einmal die Schritte verfolgte von der frühkindlichen Pentatonik zu dem das Seelenleben erweckenden Dur und Moll.

Zusammenfassung:
Es haben sich eine Fülle von musikalischen Mitteln, wie die Elemente der Musik und die Instrumente mit ihren Spielgebärden, durch welche die Elemente zum Klingen gebracht werden, gezeigt als Helfer im Heilungsprozess dieses Kindes:

1. Melodie	2. Zuhören	3. Leier/Messingstäbe
↓	↓	↓
Harmonie	Selber spielen	Akkordleiern
↓	↓	↓
Rhythmus/Takt	Hände und Füße als Rhythmusinstrumente	Singen/Streichen

4. Vergangenheit (Pentatonik) → Gegenwart (Dur/Moll)

10. Beispiel aus der Heilpädagogik

10.1 Bericht des Arztes zur Vorgeschichte

Bei dem beschriebenen Jungen handelt es sich um den Sohn aus einer außerordentlich schwierigen Ehe. Beide Eltern waren sozial weitgehend nicht angepasst. Er war ein unerwünschtes Kind. Während der ersten Lebensmonate wurde er schwerstens vernachlässigt und misshandelt, brutal geschlagen bis zu Frakturen an den Extremitäten und Lähmungen. Nach dem Spitalaufenthalt begann ein Seilziehen zwischen der Großmutter, der Schwester der Mutter und dem Vater. Schließlich wurde der Junge in einer Pflegefamilie aufgenommen. Alle Besuche der Verwandten riefen extreme Angstreaktionen bei ihm hervor.

Der Allgemeinzustand des Jungen ist folgendermaßen zu beschreiben: Er ist ein schmächtiges, zappliges, beziehungsgestörtes Kind. Durch Frühverwahrlosung liegt ein perinatal erworbenes POS (Psycho-organisches Syndrom) vor. Es besteht eine Beeinträchtigung der zwischenmenschlichen Beziehungsfähigkeit und damit eine Lernunfähigkeit. Wegen der schweren Verhaltensstörung wurde die Plazierung im heilpädagogischen Erziehungs- und Schulmilieu vorgenommen.

Seine Kindergarten- und Sonderschulzeit verbrachte der Junge in einer Pflegefamilie. Ein amtlicher Beistand übernahm die gesetzliche Verantwortung. Bereits im Kindergarten, in der Pflegefamilie und in der Sonderschule fiel der Knabe durch massiv gestörtes Verhalten auf. Einerseits war er antriebs- und interesselos, linkisch und unbeholfen, andererseits quälte er hinterlistig kleine Kinder und Tiere. Die kognitiven Voraussetzungen für eine Lern- und Förderungsmöglichkeit waren potenziell vorhanden.

Erscheinungsbild bei Therapiebeginn:
Als der Junge 16-jährig in die sozialtherapeutische Heimgemeinschaft zur beruflichen Vorbereitung aufgenommen wurde, zeigten sich alle zuvor beschriebenen Symptome. Sein einziges Interesse galt Flugzeugen; er imitierte den Motorenlärm und schaute immer nur Flugzeugbilder an. In der Gruppe und der Werkstatt plagte er die Schwächeren und blieb somit abseits.

Seine äußere Erscheinung war geprägt durch eine schlanke, hagere Gestalt mit einem alten Gesicht. Er hatte blonde, lockige Haare. Sein Händedruck war schwach, seine Gangart schleppend und schlacksig. Drehende Handbewegungen ahmten wohl Flugzeugpropeller nach? Er hatte ein nervöses Zucken im Gesicht.

Schulisch hatte er sich einige grundlegende Fähigkeiten erworben: Er kannte die Uhr, schrieb einfache Briefe und rechnete mit einfachen Zahlen.

10.2 Musiktherapeutischer Behandlungsverlauf

Bei Bewegungsübungen in der Gruppe stellte sich der Junge immer als Beobachter auf und tat nicht mit. Er musste deshalb einzeln gefördert werden.

Die Musiktherapie begann mit einer Phase der Vorbereitung auf die Instrumente. Kurze Zeit spielte er Pauke. Dann sollte er zuhören lernen. Die Therapeutin führte ihn in einen blauen Raum und ließ ihn Leiertöne hören. In den ersten Stunden erhielt er dabei stehend ein blaues Tuch über den Kopf; nur so, indem die verinnerlichende und beruhigende Qualität der Farbe Blau bewusst einbezogenen wurde, konnte er sich wirklich lauschend konzentrieren. Später hörte er sitzend, wie die Therapeutin für ihn von hinten auf der Leier die Melodie folgenden Liedes spielte:

A. Künstler

Dieselbe Phrase wiederholte sie auch einen Ganzton tiefer,

dann wieder wie zu Anfang. Erst saß er gelangweilt auf seinem Stuhl, allmählich begann er zuzuhören. Sie spielte und sang das a′ zu der ursprünglichen Melodie, dann sollte er hören, was beim zweiten Mal passiert. Er war musikalisch und hörte den Unterschied:

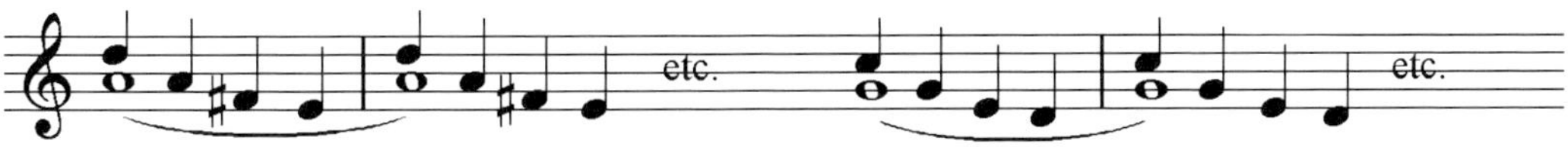

Mit den beiden betonten Tönen konnte nun ein Wechselgesang beginnen:

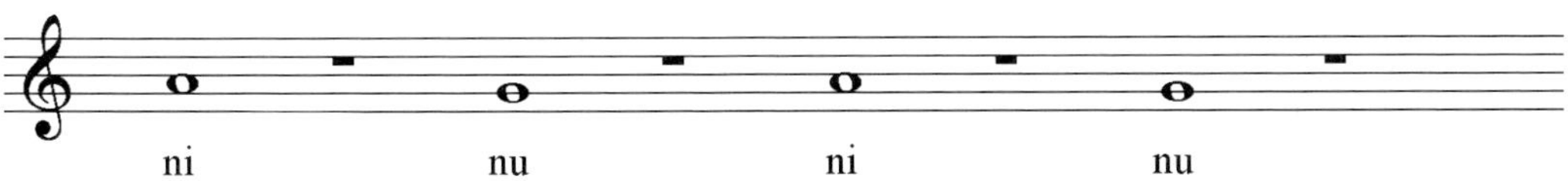

Diese beiden Töne wurden mit zwei Vokalen gesungen, die sich durch die Helligkeit stark unterscheiden, danach auf Instrumenten gespielt: Klangspiel, Intervallflöte, Bordunleier. Alles spielte er erst hart und kurz – aber interessiert. Immer war es nötig abzuspüren, wie lange er durchhalten konnte und wann er einen Wechsel des Instrumentes brauchte. Diese *erste Phase* dauerte recht lange, bis ein gegenseitiges Kennenlernen und ein lauschendes Miteinander-Kontakt-Aufnehmen stattfinden konnte.

Es folgten Instrumental-Übungen auf Metallstäben am Klangtisch, später auf der Leier: drei Töne in die Helle, drei Töne in die Dunkelheit.

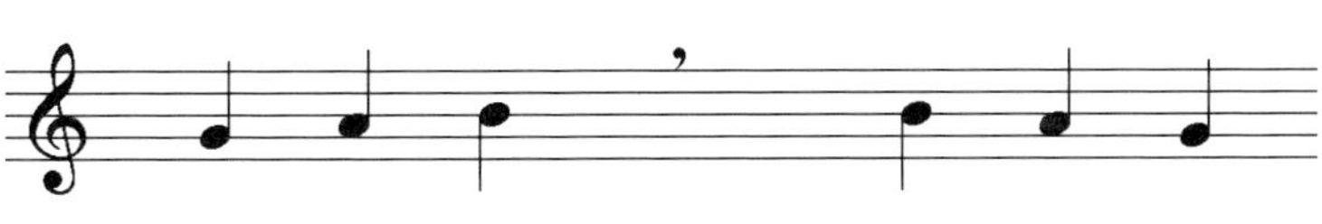

Er spielte aufwärts, das andere Instrument antwortete abwärts. Wenn er antworten sollte, spielte er die ersten Töne nach; er konnte nicht selbstständig eine Tonfolge spielen. Diese Übung geschah auch singend, dabei fiel auf, dass sie ihm am Instrument leichter gelang als beim Singen. Die Objektivität des Instrumentes half ihm.

Allmählich, im Laufe eines halben Jahres, gelangte er zu einer größeren Selbstständigkeit. In rhythmischen, melodischen und Dur-Moll-Übungen auf Bordunleiern wurde ihm ein neues Eintauchen in die Musik möglich. Wenn das Wechselspiel auf zwei verschiedenen Instrumenten stattfand, gelang die Eigenständigkeit besser, während er am gleichen Instrument noch länger in der Nachahmung verharrte. In dieser *zweiten Therapiephase* wurde die instrumentale Fähigkeit erübt, frei auf verschiedenen Instrumenten zu spielen.

Die *dritte Phase* verlangte von ihm ein starkes Engagement im Seelischen. Es ging nun darum, auf einem Instrument zu üben und in einen Lernprozess einzutauchen. Er wurde gefragt, welches Instrument er spielen wolle, und konnte wählen zwischen Klangtisch, Choroiflöte, Krummhorn und Leier.

Er entschied sich für die Leier. Jedesmal, wenn er während der Therapiestunde am Instrument tätig war, wurde er rosiger im Gesicht, war engagiert und nahm sich vor, auch in der Zwischenzeit zu üben. Sobald die Therapiestunde beendet war, war auch sein Vorsatz vergessen.

Die Übungen auf der Leier fanden anfangs weit auf Distanz sitzend statt, dabei konnte er besser ins Lauschen kommen. Erst allmählich war es für die Therapeutin möglich, sich ihm direkt gegenüber zu setzen.

Nach einem Jahr konnte die eigentlich therapeutische *vierte Phase* beginnen.[39] Nun waren weniger Vorübungen nötig. In jeder Stunde jedoch wurden die Anfangsübungen durchlaufen, immer wurde auch das Improvisieren einbezogen. Im Laufe der Zeit dauerten die Anfangsübungen immer kürzer und es konnte direkter auf den inneren therapeutischen Prozess zugegangen werden:

Auf der Pauke, weit von der Therapeutin und der zweiten Pauke entfernt stehend, musste er starke Rhythmen selbstständig durchhalten, sich willensmäßig engagieren.

Daran schlossen sich auf der Leier gespielte Lemniskatenübungen an, die sich um den Mittelton e' herum ausweiteten und wieder zusammenzogen:

Er hatte die Aufgabe, den Mittelton zu pauken. Diese Übung zielte auf die Stärkung seiner Persönlichkeit. Außerdem begleitete ihn der melodische Verlauf jeder einzelnen Lemniskate in der ersten Hälfte der Übung von den helleren zu den dunkleren Tönen. Diese Richtung wurde verstärkt, indem die Übung auch tiefer gesetzt wurde, erst zum Mittelton d′, dann zum a. Der Junge wurde dadurch aus dem Bereich der hellen Töne allmählich in die Tiefe geführt, das bedeutet aus dem Vorstellungsbereich in die Gefühls- und Willenssphäre.

Später lernte er, die auf die tiefste Stufe versetzte Lemniskatenübung alleine auf der Leier zu spielen. Um den Ton a führte er sie selbstständig aus und war in der Lage, die aufsteigenden Intervallschritte in die entsprechend gespiegelten absteigenden zu verwandeln.

Nach einer Weile fragte er nach dem harmonischen Zusammenklang, er wollte am liebsten hören, wie es klingt, wenn man gleichzeitig nach beiden Seiten spielt. Vom gemeinsamen Anfangston aus entfernen sich beide Stimmen in entgegengesetzter Richtung, bilden miteinander ein Intervall, kehren zum Einklang zurück, um sich erneut zu trennen und im lange ausgehaltenen letzten Ton wiederzufinden:

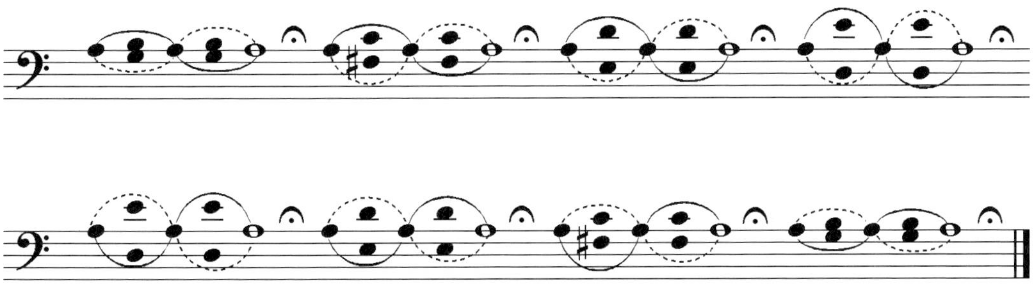

Der Text seines ersten Liedes wurde jeweils am Ende der Musikstunde gesprochen: „Liebend lerne, wirkend werde und zum Sterne wird die Erde.“ (Angelus Silesius)

10.3 Ärztlicher Abschlussbericht

Besonders durch die Musiktherapie, zu der er stets eine gute Beziehung hatte, wurde der Junge ruhiger, entspannter und sozial besser zu integrieren. Im ersten Jahr erhielt er wöchentlich dreimal eine halbe Stunde Musiktherapie, in den weiteren Jahren nur noch zweimal in der Woche. Hauptsächlich durch die intensive Wirkung der Musik konnte der noch sehr verhaltensgestörte Knabe drei Jahre in der Heimgemeinschaft verbleiben.

Er lernte sich mehr und mehr zu konzentrieren. Seiner Umwelt öffnete er sich sowohl in

Bezug auf seine Interessen wie auch im Zwischenmenschlichen. Auch konstitutionell veränderte er sich: Er wurde weicher und die Blässe im Gesicht verschwand. Als Folge entwickelte er sowohl schulische wie auch handwerkliche Fähigkeiten (tätig in Weberei und Schreinerei), sodass er 19-jährig in ein Wohnheim entlassen werden konnte und anschließend eine Lehre als Hilfselektriker absolvierte.

Seine Freizeit verbringt er gerne in der Heimgemeinschaft. Er ist ein freundlicher junger Mann geworden.

11. Beispiel aus der Inneren Medizin

11.1 Musiktherapeutische Behandlung

Die 26-jährige Patientin wird in der Weihnachtszeit in unsere Klinik eingewiesen. Diagnose: Allergisches Asthma bronchiale, depressive Entwicklung bei infantil abhängiger Persönlichkeitsstruktur. Sie leidet seit vier Jahren – und seit dem letzten Sommer verschärft – an Bronchitiden, asthmatischen Beschwerden, trockener Rhinitis im Zusammenhang mit Infekten; weiter klagt sie über Druck- und Völlegefühl im Bauch mit krampfartigen Schmerzen im Oberbauch.

Frau C. ist unverheiratet, von Beruf Familienpflegerin. Sie liebt offensichtlich ihren Beruf und strahlt eine natürliche Mütterlichkeit aus; aber sie wird – wie sie selbst berichtet – durch ihr starkes Engagement seelisch und körperlich kräftemäßig überfordert, insbesondere in Fällen, wo einer Familie die Mutter wegstirbt. Als Kind hatte sie sehr früh Verantwortung für jüngere Geschwister übernehmen müssen, weil die Mutter aufgrund des frühen Todes des Vaters alkoholkrank wurde; eine Anerkennung durch die Mutter war ihr dabei immer versagt geblieben.

Die musiktherapeutische Behandlung während ihres stationären Aufenthaltes stand ganz im Zusammenhang mit den therapeutischen Anwendungen der in unserer Klinik gehandhabten anthroposophisch erweiterten Medizin, auch mit Arztgesprächen und Heileurythmie. Der Beitrag, den die Musiktherapie zum Krankheits- bzw. Heilungsverlauf geben konnte, und die dabei gemachten Erfahrungen erscheinen uns aber als so charakteristisch, dass sie einen Einblick in die Wirkung von Musiktherapie geben können.

Frau C. hatte zunächst Musiktherapie dem Arzt gegenüber abgelehnt. Als Musiktherapeut merkte ich nichts von dieser Ablehnung. Ich fand bei meiner ersten Begegnung mit der Patientin und beim ersten Musikversuch – einmal rein bildhaft-gefühlsmäßig gesprochen – ein körperlich wie seelisch merkwürdig verquollenes Wesen vor: sulfurisch-rothaarig, adipös, die Sprache schnupfig verklebt und verhalten, lautlich ungeformt und kaum verständlich. Zwei wässrig-hellblaue, eigentlich groß wirkende Augen schauen nach außen divergierend wie in die Weite (ich habe diesen Blick oft bei Skandinaviern gefunden); sie strahlen aber Wärme aus und haben sogleich meine Sympathie.

Ich gebe Frau C. bei der ersten (halbstündigen) Behandlung eine kleine Sopranleier im Umfang g - a″ in die Hand und bitte sie, einmal mit dem Mittelfinger der rechten Hand über alle Saiten zu gleiten und einen Klang im Charakter strömenden Wassers zu erzeugen. Sie versucht es sehr willig, aber es kommt fast kein Klang zustande; dabei drückt sie genügend in die Saiten hinein. Ich selber müsste es geradezu üben, meinen Finger so durchgebogen auf die Saiten zu legen, dass derart wenig vom Saitenklang hörbar wird; die Fingerkuppe dämpft gleichzeitig ab, was sie anreißt. Das erlebe ich äußerst selten bei Patienten; die meisten bekommen bei dieser Anfangsübung doch irgendeinen Klang zustande, wenn auch oft sehr matt und ängstlich säuselnd oder auch hart und verhakt. Einen klangvoll tragenden Strom von Tönen zu erzeugen, so wie ich es gerne für den Einstieg in die Therapie haben möchte, ist Frau C. also ganz unmöglich – auch nicht durch Tipps, die ich bezüglich Finger-, Hand-, Armhaltung dann gebe und die bei anderen Patienten manchmal Wunder wirken.

Auch eine zweite Übung, bei der beim Drübergleiten über die Saiten die Töne jetzt nicht verströmen, sondern einzeln bedächtig-bedeutsam aufleuchten sollen wie Perlen, kommt in der gewünschten charakteristischen Gestaltung nicht einmal annähernd zustande; der Charakter bleibt eigenartig zwischen luftig-matt und klebrig. Um Frau C. in Bewegung zu bringen und dadurch vielleicht etwas mehr Klang hervorzulocken, lasse ich auch einmal das Gleiten über die Saiten beschleunigen, dann auch rhythmisch zu einer von mir gespielten Melodie hin- und herstreichen; aber es bleibt immer der gleiche, äußerst matte, verklebte Klang.

Wir gehen zum Xylophon über und improvisieren in einem Motiv, das wir uns gegenseitig zuspielen. Frau C. ist anfangs noch zaghaft im Schlag; aber der trockene, kernige Ton des Holzes lässt nicht verkleben, sofern der Schlegel elastisch zurückfedert – und das hat Frau C. doch bald heraus. Eine rhythmische Bewegtheit beginnt durch ihren schweren Körper hindurchzugehen, manchmal wie ein Zucken, manchmal wie ein Tanzen, aber in die Leichte tendierend. Das intensiviert sich, als wir an die langen, hängenden Kupfer-Klangröhren herangehen und mit ausholendem, waagerechtem Schlag spielen. Nach einigen rhythmischen Vorübungen kommen wir in längere improvisierte „Atemphrasen" hinein, die die variierbare rhythmische Grundlage

haben, also eigentlich das physiologische Verhältnis 1 : 4 von Atem zu Puls musikalisch spiegeln.[40] Frau C. macht das große Freude, sie tanzt geradezu mit und kann einen solchen rhythmisch-melodischen Atembogen – der von manchen Patienten zunächst recht mechanisch nachgeahmt wird – durchaus musikalisch erfüllen und durchführen.

Bei der zweiten Behandlung, drei Tage später, erscheint eine ganz andere Frau C. Die in der ersten Behandlung angelegten Leierübungen sind erstaunlich viel besser und strömen und klingen zum ersten Mal; und das steigert sich von Behandlung zu Behandlung. Es ist, wie wenn Frau C. durch ihre massige Physis seelisch mehr und mehr durchkäme – einerseits in den bedächtig „leuchtenden" Tönen unserer zweiten Leierübung, dann aber auch in allen rhythmischen Übungen, die sie wie zur Unterstützung unbewusst mit kleinen, knappen Beinbewegungen begleitet.

Beim Übergehen vom strömenden Wasser-Gefühl der ersten Leierübung zu den „leuchtenden Perlen" der zweiten Übung, kommen wir aus dem Gefühl heraus auf Hans Christian Andersens Märchen von der kleinen Seejungfrau zu sprechen: wie die kleine Nixe mit fünfzehn Jahren auftaucht aus dem Wasser, das sie bisher umhüllt und getragen hat, wie sie jetzt die Lichter und Sterne sehen kann, aber eben auch „auf dem Trockenen sitzt". Frau C. kennt das Märchen und hat es gut behalten und gegenwärtig. (Wenig später erfahre ich vom Arzt, dass dieses „Auftauchen" aus der Kindheit ein wesentlicher Punkt innerhalb der Lebensproblematik von Frau C. ist.) Schwer fällt es ihr noch, beim bedächtigen Perlenlassen der Töne den Arm im Abwärtsgleiten schwer und gelassen genug sinken zu lassen, sodass wirklich ein Faden durch die festen glänzenden Perlen gezogen wird, der sie trägt und zusammenhält.

Ich kann hier nur die wichtigsten Ereignisse aus den zwölf Behandlungen mit Frau C. berichten. Wir begannen jedes Mal mit Übungen auf der Leier und arbeiteten uns bis zur „Licht- und Lausch-Sphäre" durch, die wir etwa von der Mitte des Leibes bis über den Kopf hinauf fühlen können.[41] Wir endeten jedes Mal mit Schlaginstrumenten, zuletzt nur noch mit den Klangröhren, die mehr die Gliedmaßen-, Bewegungs- und Willens-Sphäre aktivieren. Wir suchten aber in jeder der beiden Sphären das auf, was den Atem betrifft. Das ist in der rhythmischen Bewegungs-Sphäre die Atemphrase. Dabei suchte ich auch immer wieder Raffungselemente, die Konzentration erfordern, mit in den rhythmischen Atemfluss einzubringen. Darin tat sich Frau C. anfangs recht schwer, übte aber gerne daran und brachte es schließlich zu ziemlicher Sicherheit.

In der Licht- und Lausch-Sphäre der Leier suchten wir das Quintintervall auf, das nach musiktherapeutischer Erfahrung ganz den Atem betrifft.[42] Man kann Patienten, die keinerlei musikalische Erfahrung oder musikkundliche Kenntnisse haben, die Quint als melodisches Intervall aus dem Atemgefühl heraus selber finden lassen, wenn man mit ihnen die musikalischen Grundelemente und Grundempfindungen genügend durchgeübt hat und sie dadurch entsprechend musikalisch sensibilisiert sind. In der Behandlung von Frau C. war das zunächst die fallende, „ausatmende" Quint, die wir in verschiedenen rhythmisch-melodischen Zusammenhängen und Variationen uns immer wieder vornahmen und musizierend abspürten. Dann aber auch die steigende, „einatmende" Quint. Es wurde uns dabei immer deutlicher bewusst, dass Atmen ja niemals nur Luft-herein und Luft-hinaus ist, sondern immer auch Seele: seelisches Öffnen, Fragen, Staunen im Einatmen und seelisches Schließen, Antwort-Empfangen, befriedigtes Zur-Ruhe-Kommen im Ausatmen.

In der letzten Behandlung war unsere Arbeit an der Quintempfindung dann gerade reif dafür, dass wir die „Quint-Frage" (G-d) durch Oktavverlegung des d in die „Quart-Frage" (G-D) verwandeln konnten. Die Stimmung des kindlichen, offenen Staunens wird damit zum mehr verinnerlichten Erwägen:

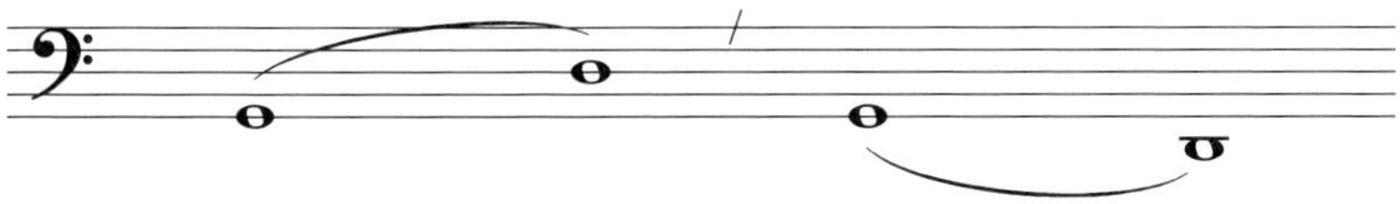

Entsprechend wandelten wir die fallende Quint (G-D) als Gefühl des kindlichen vertrauensvollen Antwort-Empfangens in die steigende Quart (G-c) als sehr selbstbewusste Eigenantwort:

Nach aller vorausgegangenen hörend-meditativen Vorarbeit wurde das offensichtlich doch zu einem wichtigen Erlebnis für Frau C., welches aus ihrer – laut Diagnose – „infantil abhängigen Persönlichkeitsstruktur" wegweisend herausführt; die kleine Nixe des Märchens muss noch vollends auftauchen, um ihr eigenes Leben ergreifen zu können.

11.2 Epikritische Stellungnahme des behandelnden Stationsarztes

In der stationären Behandlung der oben beschriebenen Patientin stand für mich als Arzt zunächst die medikamentöse und physikalische Therapie der allergisch-asthmatischen Erkrankung im Vordergrund. Hierbei konnte schon im Laufe von drei Wochen auf jegliche allopathische antiasthmatische Medikation verzichtet werden.

Die Therapie der konstitutionellen Einseitigkeiten – extremes Übergewicht, lymphatisch verlegter Nasen-Rachenraum, Infektanfälligkeit und massiv gestörte Wärmeregulation – muss selbstverständlich länger angelegt sein, ließ aber bereits beginnende Besserung beobachten.

In Bezug auf die seelische Seite der komplexen und langdauernden Erkrankung konnte in der fünfwöchigen Therapie vor allem durch die übende Musiktherapie – wie beschrieben – und die Heileurythmie ein wesentlicher Fortschritt erzielt werden: Die Patientin sah erstmalig für sich einen Weg aus dem Zustand nur hilfsbedürftigen Eingeengtseins durch Schwäche und Krankheitssymptome in Richtung auf die Möglichkeit, übend ihre Situation selber anzugehen und dabei Veränderung aktiv zu erleben; die ersten Schritte dazu konnte sie tun. Dies ist umso bemerkenswerter, als eine vorausgegangene psychoanalytisch orientierte stationäre Psychotherapie der Patientin in Bezug auf die Bewältigung ihrer Krankheit nicht weiterhelfen konnte.

Es muss aber betont werden, dass die stationäre Behandlung – so positiv ihr Verlauf auch war – nur als Beginn einer längerfristigen, umfassenden Therapie der konstitutionellen und seelischen Krankheitsproblematik verstanden werden kann.

12. Beispiel aus der Inneren Medizin

12.1 Menschenkundliche Gesichtspunkte zur Krebserkrankung

Das gehäufte Auftreten der Krebskrankheit in der heutigen Zeit ist ein Symptom unserer einseitig durchtechnisierten, materialistisch gesinnten Zivilisation.[43] Für die Problematik dieses Krankheitsgeschehens lassen sich gerade im musikalischen Bereich therapeutische Hilfen entdecken.

Das Lösen und Binden des Seelisch-Geistigen in Bezug auf den Leib findet in der Musik einen besonderen Ausdruck, was u.a. in den weiten und engen Intervallen bzw. in hohen und tiefen Tonlagen zum Ausdruck kommt. Dieses Lösen und Binden ist bei dem krebskranken Menschen in erheblicher Weise gestört, insofern als die höheren Wesensglieder nicht genügend mit dem Leib korrespondieren. Das zeigt sich in einer gestörten Durchwärmung des Organismus. Die Musiktherapie kann hier ausgleichend wirken, indem sie die Möglichkeiten der Musik ausnutzt, die oberen Wesensglieder in die unteren hineinzuführen. Dies gelingt besonders durch den atmenden Wechsel zwischen der auf die Außenwelt bezogenen Quint und der innerlich empfundenen Terz, verstärkt durch die entsprechenden Instrumente. So kommt eine atmende Bewegung zustande, durch welche die auseinanderklaffenden Wesensteile erneut in ein Wechselspiel treten. Die geistigen Kräfte, welche wir in ihrem Abglanz als innerlich erwärmende Begeisterungskräfte erleben, können so den Organismus wieder ergreifen.

Auf der Ebene der Lebenskräfte haben wir es bei der Krebskrankheit mit Wucherungskräften, d.h. mit Wachstumskräften, die dem Organismus fremd sind, zu tun. Damit einhergehend entstehen „Löcher" im Lebensorganismus, also Körperpartien, die nicht individuell durchlebt sind. In diesem Fall kann das formende und stärkende Quarterlebnis die eigenständigen Formkräfte des Lebensorganismus anregen.

Andererseits bietet die verinnerlichende und erhebende Qualität der Musik die Möglichkeit, den Anschluss an die göttlich-geistigen Mächte wieder zu gewinnen. Im krebskranken Menschen werden dadurch diejenigen Teile des Geistigen wieder befreit und in gesunder Weise eingegliedert, die zuvor infolge des Sich-Zurückziehens der höheren Wesensglieder im Organismus zurückgelassen und gefesselt wurden.

Krebs kann verstanden werden als Sinnesorganbildung an falscher Stelle. Rudolf Steiner vergleicht die Ohrbildung mit dem Karzinomprozess: „Das Ohr ist eine Geschwulst im Innern des Menschen, aber eben ins Normale hin ausgedehnt."[44] Da das Ohr für die Musikwahrnehmung ein geistiges Ohr werden muss, verhilft ein umfassendes Musikerleben dem Menschen dazu, die höheren, geistigen Welten zu empfinden. Indem nun in der Musiktherapie die eigentlich spirituelle Aufgabe des Ohres nach Kräften gefördert wird, wirkt sie direkt dem Krankheitsprozess, der sich als Ohrbildung an falscher Stelle zeigt, entgegen.

12.2 Beispiel einer musiktherapeutischen Krebs-Behandlung

Frau F. ist eine scheue, zurückhaltende Persönlichkeit mit einem Mamma-Karzinom und multiplen Metastasen in Lymphknoten, Knochen und Haut. Sie ist dünn, sehr kraftlos und äußerst empfindsam und empfindlich. Sie ist 50 Jahre alt, hat als geschiedene Frau drei Kinder alleine großgezogen und betreut ihre betagte, dominante Mutter.

Frau F. fand leicht Zugang zu den kleinen Saiteninstrumenten. Sie ließ ihre Finger mit Behutsamkeit und großer Vorsicht über die Saiten gleiten, im Beginn mein Spielen ängstlich beobachtend und nachahmend. Sie wurde schnell mutiger, sodass sie aus dem musikalischen Üben bald Gewinn haben konnte.

In der Musiktherapie übten wir zuerst an dem atmenden Wechsel von Quinten und Terzen, von Dur und Moll auf Kantelen und Bordunleiern. Sie konnte dabei immer ruhiger und tiefer atmen und war dann bereit, wenige Töne zu singen, die vorwiegend im unteren Bereich der Tonskala gewählt wurden.

Diese musiktherapeutischen Übungen beschäftigten uns vor allem während ihres ersten klinisch-stationären Aufenthaltes. Dabei wurde an diesen Elementen vertiefend gearbeitet, sodass die Töne immer lockerer, atmender, bewusster, wärmer und runder gespielt und gesungen werden konnten. Die Patientin liebte dabei insbesondere die ganz individuell für sie komponierte Musik, die sie in jeder Therapie-Stunde von hinten vorgespielt bekam. Diese Töne trösteten sie oft auch abends vor dem Einschlafen, wenn sie sie vor ihrem inneren Ohr wieder erklingen ließ.

Nach gut zwei Monaten war die Patientin wieder in der Klinik, diesmal extrem geschwächt, abgemagert, weinerlich – sie hatte einen absoluten Tiefpunkt erreicht. Da sie nicht mehr gehen konnte, brachte ich ihr ein kleines Saiteninstrument auf das Zimmer, das so leicht ist, dass es auch im Bett gespielt werden kann. Dabei wählte ich dieses Mal die Pentatonik für die Patientin wegen ihrer erschwerten Atmung. Die Pentatonik wirkt durch ihren quintenhaften, weiten Aufbau erleichternd auf die Atmung.

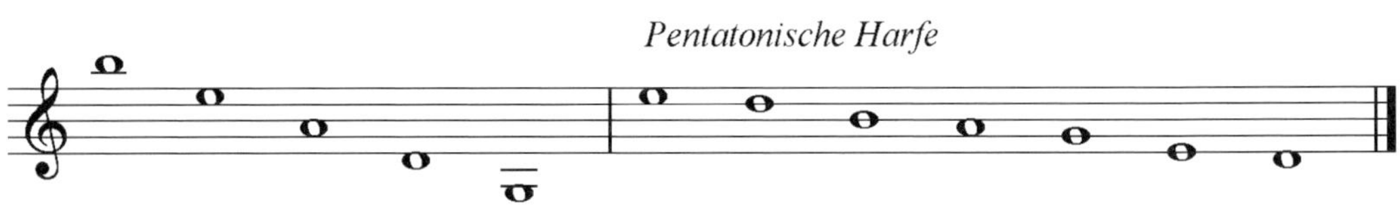

In den folgenden musiktherapeutischen Behandlungen übten wir am lauschenden Spiel, allein und zu zweit, versuchten, den Tönen nachzulauschen und kamen zu der Frage, wo sie denn hingehen. So kamen wir durch empfindendes Lauschen zu einem Erahnen der geistigen Urheimat aller Töne.

Bei Frau F. wirkte die kleine pentatonische Harfe wie ein Rettungsring: Es gehe ihr zwar schlecht, aber sie habe jetzt einen inneren Halt und Inhalt gefunden. Das neue Instrument gebe ihr so viel entspannte Stunden und sie würde selbst nachts spielen, wenn sie Mühe mit dem Atmen habe und nicht einschlafen könne. Sie schlafe über den zarten Tönen nach einer Weile ein.

Zu ihrer individuellen Musik, die ich ihr auf der Altleier vorspielte, fand sie einen Text: „Alle meine Wege führen hin zu Dir."

Die spontane Freude von Frau F. an der kleinen pentatonischen Harfe bewegte ihre Kinder dazu, ihr ein eigenes Instrument zu schenken. Frau F. freute sich wie ein Kind über dieses Geschenk und komponierte gleich mit den gegebenen sieben Saiten ein Dankeslied für ihre Kinder.

Frau F. wurde zu diesem Zeitpunkt aus der Klinik entlassen. Sie starb einige Monate später, nachdem sie kurz vor ihrem Tode in einem inspirierten Musikerleben, laut ihrer Aussage, die Harmonien der Sphären wahrgenommen hatte.

So hat sie dieses verlorengegangene Erleben der höheren, geistigen Welten doch erreicht und somit – in einem gewissen Sinne – die Krebskrankheit besiegt.

13. Beispiel aus der Psychiatrie

13.1 Musiktherapeutischer Behandlungsverlauf

I. Diagnose

44-jährige Patientin, stationäre Behandlung über einen Zeitraum von 8 Monaten. Dysthymia mit Panikattacken und Somatisierungsneigung bei Persönlichkeitsstörung mit histrionischen Zügen.

II. Biografische und medizinische Aspekte im Hinblick auf das Therapieziel

Zur Vorgeschichte:
Der Vater der Patientin ist Krankenpfleger, zu ihm besteht seit Jahren kein Kontakt mehr, die Mutter ist Schwesternhelferin. Die Eltern trennten sich, als die Patientin 5 Jahre alt war. Zur alleinerziehenden Mutter bestand immer ein schwieriges Verhältnis. Die Patientin besuchte nach ihrem Hauptschulabschluss eine Haushaltungsschule, absolvierte dann die Ausbildung zur Krankenschwester, später die Ausbildung zur Sozialpädagogin sowie die Zusatzausbildung zur Suchtkrankentherapeutin.

20-jährig heiratete die Patientin; als sie 24 bzw. 25 war, wurden die beiden Töchter geboren. Im Alter von 29 Jahren trennte sie sich von ihrem ersten Ehemann, heiratete 37-jährig ein zweites Mal. Acht Monate nach der Hochzeit suizidierte sich der zweite Ehemann.

Die Patientin war durchgehend berufstätig, zunächst als Krankenschwester, später als Sozialpädagogin. Aufgrund zunehmender seelischer Erschöpfung reduzierte sie seit drei Jahren ihre Arbeitstätigkeit.

Vor zwei Jahren ging die Patientin eine neue problematische Partnerbeziehung ein. Aktuell besteht eine Ablösungsproblematik gegenüber den beiden Töchtern.

Seit vielen Jahren leidet die Patientin unter hingezogenen depressiven Verstimmungen mit Ängsten und Derealisationszuständen, wobei sie zeitweise ihre Problematik mit Alkohol zu lösen versuchte.

Aktueller Aufnahmeanlass:
Aufgrund ihrer schweren körperlichen und seelischen Erschöpfung, erheblichen Konzentrations- und Gedächtnisstörungen sowie der depressiv-apathischen Grundstimmung mit weitgehender Handlungsunfähigkeit sah die Patientin sich am Ende ihrer Möglichkeiten.

Psychischer Befund bei Aufnahme:
Die 44-jährige freundlich zugewandte, im Kontakt eher zurückhaltend schüchterne Patientin spricht leise mit etwas gepresster Stimme. Bei allseitiger Orientierung und klaren Bewusstseinsverhältnissen wirkt sie hinsichtlich Auffassungsgabe, Aufmerksamkeit und Intelligenz unauffällig, in der Konzentration etwas vermindert. Der Denkablauf schwankt formal zwischen assoziativen Gedankengängen und zeitweilig auftretenden Blockierungen in

unstrukturierten Situationen, wobei sich kein Hinweis für Wahnerleben ergibt. Sie klagt über Gedächtnisschwierigkeiten. Der affektive Kontakt ist herstellbar mit jedoch zeitweilig deutlich eingeschränkter Schwingungsfähigkeit. Der Antrieb ist leicht herabgesetzt, im Willensbereich besteht wenig Beharrlichkeit. Anamnestisch beschreibt die Patientin Derealisationszustände mit Orientierungslosigkeit und Auftreten von Panik- und Angstzuständen. Es fällt ihr schwer, alleine zu sein. Es besteht keine Gefährdung.

Indikation für Musiktherapie:

Kurzatmigkeit, kraftlose Sprechstimme
Störung des Schlaf-Wach-Rhythmus
Beziehungsstörung und Abgrenzungsproblematik als rhythmisches Problem
Seelische Leere und depressive Verstimmung
Interesse für Musik

Musiktherapeutische Behandlungsmaßnahmen:
Einzeltherapie 2 x wöchentlich 30 Minuten, Improvisationsgruppe 1 x wöchentlich 60 Minuten, während der zweiten Hälfte der Behandlungszeit zusätzlich Gruppentherapie mit Singübungen und Leierspiel, jeweils 2 x wöchentlich 60 Minuten.

Weitere therapeutische Maßnahmen:
Heileurythmie, Bothmer-Gymnastik, Krankengymnastik, Plastizieren, Zeichnen, Schnitzen, Gartenarbeit, Massage, anthroposophische Medikamente, psychotherapeutische Gespräche.

III. Ersteindruck, Wahrnehmungsbild

Die Patientin ist mittelgroß, schlank und von Zigarettenduft umweht. Ihr Gang macht einen geschmeidigen, aber kraftlosen Eindruck. Die Haare sind bedeckt von einem turbanähnlich gebundenen Tuch. Aus dem fein geschnittenen blassen Gesicht blicken die Augen ängstlich und fragend. Die Sprechstimme klingt leise, tief, etwas kurzatmig.

IV. Kunsttherapeutisch diagnostische Betrachtung und Auswertung

Beschreibung der Phänomene:
Die Patientin berichtete, sie leide darunter, nicht singen bzw. nur falsch singen zu können. Doch war sie in der Lage, falsche Töne, die von anderen gesungen wurden, wahrzunehmen. Vonseiten der Eltern wie auch der Lehrer habe sie schon seit früher Kindheit Maßregelungen erhalten, statt der falschen Töne doch lieber den Mund zu halten. Dieses wiederholte Erlebnis übte auf das Selbstvertrauen der Patientin nachhaltig eine verletzende Wirkung aus. – Später folgten verschiedene Versuche für eine musikalische Betätigung, z.B. Unterricht in Klavier- und Blockflötenspiel, ohne dass sie jedoch dabei einen inneren Bezug zur Musik entwickeln konnte.

Die Patientin hatte eine deutliche Vorstellung von dem, was sie in der Musiktherapie wollte bzw. nicht wollte. So wurde das Spiel auf der eher sanft klingenden Leier – ein der Patientin bereits bekanntes Instrument – zunächst abgelehnt. Von der Tenorchrotta fühlte sie sich ebenfalls nicht angesprochen. Der Klang des tiefen gestrichenen Tones war ihr zu dicht.

In ihrer verborgenen Sehnsucht nach Musik schien die Patientin nach einer gesanglichen Tonäußerung zu verlangen. Der Vorschlag, zunächst mit Atem- und Singübungen zu beginnen, wurde gut aufgenommen.

In dem der Patientin möglichen Tonumfang, der kaum einen Quintraum in tiefer Lage umfasste, schien die matt und hauchig klingende Stimme orientierungslos zu schwimmen, ohne die Tonhöhe der einzelnen Töne zu treffen. Die Stimme des mitsingenden Therapeuten wurde als Stütze erlebt, die Halt und Orientierung gab. Die Atmung wirkte flach und unrhythmisch. In der Ausatmungsphase konnte nicht losgelassen werden, sodass der Atem kaum hinunterströmte. Die Einatmung verlief eher hastig. Der Unterkiefer und die Nackenpartie waren sehr verspannt. Ein betont vokalisches Singen ermüdete die Patientin schnell und erschwerte ihrer Stimme zusätzlich die Orientierungsmöglichkeit.

Die Verwendung von vorwiegend konsonantischen Übungsreihen zeigte dagegen eine erfrischende Wirkung. Sobald die für die Konsonantenbildung erforderliche formende Tätigkeit der Gesangsorgane (Kiefer-, Zungen- und Lippenmuskulatur) durch ein lockeres Federn der Bauchmuskulatur, gleich einer schwingenden Membran, unterstützt wurde, fiel es der Patientin plötzlich viel leichter, die Töne zu treffen und sich stimmlich zu orientieren. Der Versuch, durch ein möglichst nasales Singen einiger Silbenfolgen mit dem Doppellaut *ng*[45] den Klangstrom im Sinne einer Klangführungsübung aus der Schwere (Ausdruck der Schwermut) in die Leichte zu heben, führte bei der Patientin zu einer zunehmenden Verkrampfung der Stimme.

Bei rhythmischen Bewegungsübungen, die vor allem in der Improvisationsgruppe praktiziert wurden, zeigte sich ebenfalls die bereits erwähnte rhythmische Schwäche.

Zusammenfassende Auswertung:
Die Unzulänglichkeiten, die die Patientin an ihrer Singstimme erlebte, können mit den Schwierigkeiten, die ihre eigene Persönlichkeitsfindung betreffen, in Beziehung gebracht werden. Ist doch beim Singen das vollkommenste Verhältnis von Mensch und Musik hergestellt, indem der Mensch selber zum Instrument wird und den Tönen am unmittelbarsten persönlichen Ausdruck verleiht.

Zeigte sich im Umgang mit dem musikalisch-rhythmischen Bereich erhebliche Unsicherheit, deutet dies auf eine Schwäche des Bewegungssystems, des Trägers der Willenskräfte, sowie der gesamten Leibesfunktionen, die nur durch die Kraft des Rhythmus ihr Leben entfalten können. Die Schwierigkeiten der Patientin, die Töne richtig zu treffen, kann letztlich mit dieser angeführten Rhythmusschwäche in Zusammenhang gesehen werden: Die Tonbildung selber baut physiologisch auf der tragenden Kraft des Rhythmus auf. Erst eine rhythmisch geführte, möglichst tief verankerte Atmung schafft den Boden, auf dem sich der Ton gründen kann, um sich dann im durchseelten Klang zu entfalten.

Die Konsonantierungsübungen, die eine starke Formkraft bis in die Bauchmuskulatur erfordern, wirken sich insbesondere auf eine tiefere Verankerung der Atmung aus. Dieser Ansatz gab der Patientin die Ausgangsbasis für ihre Tonbildung.

Die Klangführungsübungen, die eine stark konzentrierende Wirkung auf die Kopfregion ausüben, lösten eine Verkrampfungstendenz der Stimme aus, ein Hinweis auf eine geringe Belastbarkeit der Vorgänge des im Kopf lokalisierten kognitiven Funktionszentrums: Die Patientin litt unter ausgeprägter Konzentrations- und Gedächtnisschwäche.

Das vokalische Singen, das dem Ton seinen eigentlichen seelischen Ausdruck verleiht, ergreift besonders den Brustbereich und steht am unmittelbarsten mit dem Gefühlsleben in Verbindung. Die Orientierungslosigkeit der Stimme bei vokalischen Übungen kann in Beziehung gebracht werden zu der Problematik des von Panikattacken erfüllten Seelenlebens der Patientin.

V. Therapieziel

1. Aktivierung der musikalisch rhythmischen Fähigkeiten zur Unterstützung der Lebenskräfte, die durch jeden rhythmischen Prozess gestärkt und erhalten werden.
2. Stärkung der Persönlichkeitsfindung durch Gesangstherapie: Die Suche nach dem Gesang kann als Selbstheilungsimpuls der Patientin angesehen werden und wurde deshalb aufgegriffen. Es scheint aber notwendig, hierbei von speziellen atemvertiefenden Konsonantierungsübungen auszugehen, die die Patientin für die Tonbildung benötigte. – Singen hat unmittelbar mit den gemütsbildenden Kräften zu tun, die vom mittleren, rhythmischen Funktionszentrum, also den Vorgängen von Atmung und Blutzirkulation getragen werden und dadurch eine Harmonisierung des Seelenlebens bewirken.
3. Der aus dem Unbewussten im Übermaß aufsteigenden Seelendynamik soll durch ein bewusstes Ergreifen der im musikalischen Hörvorgang geweckten Sinnesqualitäten ordnend und verobjektivierend entgegengewirkt werden.

VI. Therapieverlauf

Zunächst wurde die Patientin darauf aufmerksam gemacht, dass wir beim Singen selber das Instrument sind, das den Ton zur Erscheinung bringt. Die innere und äußere Haltungsfrage gewinnt so an Bedeutung. Unsere Knochen sind als Resonanzkörper zu verstehen, und indem wir unsere Gestalt spannen und loslassen, werden wir vergleichsweise zur schwingenden Saite.
Die folgenden Übungen entstammen der Schule der schwedischen Sängerin und Gesangstherapeutin Valborg Werbeck-Svärdström.[46]

Beschreibung des Therapieweges mit Gesang, der mit der Patientin gegangen wurde:

Übung 1 (alle Übungen werden mit Klavierbegleitung harmonisch unterstützt):

a) Ausgehend von einer geraden Sitzhaltung, ohne den Rücken anzulehnen, versuchten Patientin und Therapeut, den Oberkörper leicht loszulassen wie bei einer seufzenden Gebärde. Der Bewegungsimpuls sollte dabei, physiologisch betrachtet, von der Lenden- und Beckenmuskulatur ausgehen.
b) Der Vorgang wiederholte sich nun klingend: Es wurde ein Ton angesummt, z.B. ein tiefes a. Dort schien sich die Patientin mit ihrer Stimme wohlzufühlen. Von dem gesummten Laut m erfolgte die stimmlose Weiterführung des Ausatmungsstromes mit der Lautfolge pf-t, also m-pf-t. Diesen Vorgang begleitete die bereits beschriebene Seufzergebärde.

Den Einstieg in den Ton bildete so der tastende, schmeckende Laut m, mit dem verströmenden pf gelangt die Intensität des Ausatmungsstromes zum Höhepunkt. Bei dem Laut t ist der Nullpunkt erreicht und zugleich der Wendepunkt für die sich anschließende Einatmungsphase: Indem sich das Rückgrat von unten her aufrichtet, erlangt die Gestalt wieder ihre volle Senkrechte. Dabei sollte der Mund leicht geöffnet bleiben und die Zunge am Zungengrund verweilen. Vorbild ist ein staunender Gesichtsausdruck. – Wenn die Übung richtig gelingt, wird damit eine durchaus zu begrüßende Gähnreaktion eingeleitet.

Diese Übung wurde zur Vertiefung des Atems eingesetzt, der den Klangstrom trägt. Druck und Menge der Luft spielen dabei keine Rolle, auch sollte der Wechsel von Ein- und Ausatmungsbewegung möglichst nicht bemerkt werden. Ziel ist einzig und allein das gleichmäßige Strömen des Atems. Deshalb wird diese Übung auch als „Atemvergessübung" bezeichnet.

Frau G. hatte Schwierigkeiten, die klingende Ausatmungs- und Loslassphase mit der stummen Einatmungs- und Aufrichtephase in ein rhythmisches Gleichmaß zu bekommen. Vorstellungsbilder von rhythmischen Vorgängen in der Natur und im Kosmos – z.B. den Erscheinungsformen des Wassers oder vom Lauf der Sonne – konnten das Üben erleichtern, bis sich der befreiende Moment einstellte: Es strömt.

Durch die starke Anspannung der Kieferpartie war eine Gähnreaktion zunächst nicht möglich. Erst ab der dritten Stunde setzte diese ein, dann aber so heftig, dass eher konzentrierende, zusammenziehende Übungen gefragt waren als Halt gegen das „Zerfließen" im Gähnen.

Eine günstige Auswirkung hatte in dieser Beziehung die leicht veränderte Lautkombination
Übung 1a. nimininiminim-pf-t.

Die Silbenfolge nimininiminim sollte deutlich und in möglichst raschem Tempo ausgeführt werden. Dies gelang der Patientin mit der Zeit immer besser.

Übung 2. (ebenfalls in sitzender Haltung auszuführen):

a) Der Laut m wird zum Erklingen gebracht, in Sekundschritten den Quintraum durchschreitend.

b) Ausführung mit dem Doppellaut gr (Zungen-r).
Bei dieser Übung hat man es mit einem horizontalen Bewegungsablauf zu tun. Mit jedem Sekundmotiv neigt sich das Becken leicht nach hinten, und die Bauchmuskeln werden angezogen. In der Pausenphase schwingt das Becken wieder nach vorne zurück, und die Bauchmuskeln lösen sich. Die staunend geöffnete Mundhaltung gilt dabei in gleicher Weise wie bei Übung 1.

Das Loslassen des Kiefers und die dadurch ermöglichte Vertiefung des Atems bewirkte bei Frau G. ein ganz neues Körpergefühl, das jedoch zunächst von Angst vor einer unbekannten Dimension begleitet war.

Übung 3, Lippen-r (zwischen jedem Motiv erfolgt Stampfen mit den Füßen):

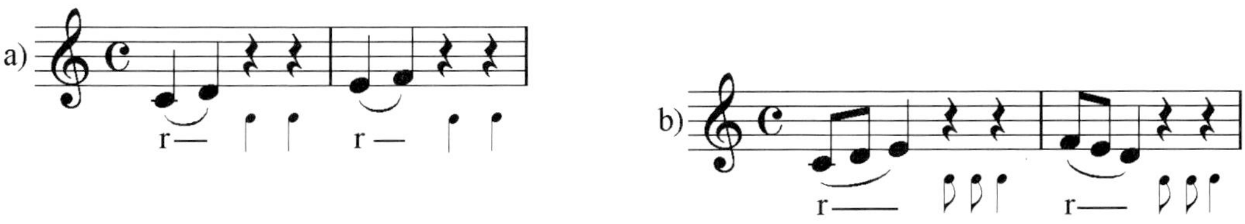

Mit dem Lippen-r, das noch weiter an der Peripherie ansetzt als das vorangegangene Zungen-r, gelang es Frau G., ihre Stimme so weit aus der Versenkung zu heben, dass auch höhere Töne, z.B. bis c″, gesungen werden konnten.

Übung 4 (am besten im Stehen mit lockeren Knien ausführen):

a) Das Spannen (auf die Silbe jam) und Lösen (auf die Silbe be) der Bauchmuskulatur erfolgt in stärkerem Maße als bei Übung 2. Die Loslassphase sollte in Gleichstellung von Unterkiefer (staunend geöffnete Mundhaltung) und Bauchmuskulatur geschehen.
b) Bei dieser erweiterten Ausführung werden die Silben jo-ho-ho mit einer leicht nachfedernden Bauchmuskelbewegung begleitet, ähnlich wie beim Lachen. Je besser Frau G. der rhythmische Zugriff und das leichte Federn der Bauchmuskeln gelang, desto mehr Sicherheit gewann sie beim Treffen der Töne.

Übung 5 - 7:
Bei diesen Übungen ging es vor allem darum, die verschiedenen Konsonanten im Silbenrhythmus deutlich zu erfassen, was eine besondere Formkraft der Lippen- und Gaumenmuskulatur verlangt. Das fiel Frau G. zunächst nicht leicht.

a)

b)

c)

(wurde zu Anfang auf einem Ton geübt)

Durch ein bewusstes Wahrnehmen des physiologischen Ablaufes bei der Bildung der Laute versuchten wir zu entdecken, dass bei den Silbenfolgen der Übungen 6 und 7 immer ein Weg von innen nach außen erfolgt, einmal über die Konsonantenfolge s-d-m und zuletzt durch die Konsonanten j-m-n, bzw. g-l-d.

Übung 8: „Da pacem Domine" *M. Franck*

a) Die Melodie wurde auf die Silbe no gesungen,
b) auf Text gesungen,
c) der Therapeut sang alleine und schritt mit der Patientin zusammen in ruhigem Zweier-Schritt das Metrum,
d) Therapeut und Patientin schritten und sangen beide.

Frau G. zeigte beim Schreiten zunächst große Unsicherheit – vor allem, wenn es bei Pausenmomenten galt, den Schritt als ein vom Rhythmus der Melodie unabhängiges Kontinuum weiterzuführen. Als es durch wiederholtes Tun doch möglich wurde, gelang das Singen zur großen Überraschung besser.

Obwohl bei den Singübungen Fortschritte gemacht wurden, konnten diese von der Patientin zunächst nicht erlebt werden, und so blieb sie mit sich selbst unzufrieden. Es fiel ihr nicht leicht, sich in den Musiktherapiestunden zu öffnen, und sie war der Ansicht, dass es besser sei, einem anderen Patienten ihren Platz zu überlassen.

Zurückgekehrt von der ersten Besuchsreise nach Hause zur Belastungserprobung nach 2 ½-monatiger Behandlungsdauer, wandelte sich dieses Bild: Frau G. äußerte, sie spüre, wie der Umgang mit der Musik ihr inneren Halt zu geben vermag. Es entstand die Frage nach dem Erlernen eines Instrumentes, zu dem eine innere Beziehung aufgebaut werden kann. Die Patientin hatte von zu Hause eine Geige mitgebracht, die früher von der Tochter gespielt worden war, und wollte lernen, dieses Instrument zu spielen. Zur gleichen Zeit entwickelte Frau G., durch einen Mitpatienten angeregt, Interesse für die Altleier, und die Geige trat wieder in den Hintergrund.

Die Leier verhalf dazu, nun der Stimme eine Orientierung zu geben, und vermittelte zugleich einen seelischen Hörraum. – Die Singübungen wurden 2 x wöchentlich in einer Gruppentherapiestunde fortgeführt.

Beschreibung des Übungsweges mit der Leier, der mit der Patientin gegangen wurde:
(Die ersten 4 Übungen beziehen sich auf einen von H. Ruland entwickelten Übungsweg, dargestellt in *Musik als erlebte Menschenkunde*.)[47]

Übung 1: Der linke Arm umschließt das fast senkrecht auf dem Schoß stehende Instrument. In strömender Gleitbewegung streicht ein Finger der rechten Hand in flüssigem Tempo und leicht federndem Druckkontakt über die Leiersaiten. Dabei wird versucht, in einem wie atmenden Auf- und Abwärtsgleiten der Hand ein rhythmisches Wechselspiel zwischen den Spielern zu gestalten. Die rasch aufeinander folgenden Töne erscheinen wie in ein „Klangmeer" untergetaucht.

Übung 2: Nun gleitet der Finger im langsamen Tempo auf- und abwärts über die Saiten, sodass die einzelnen Töne dabei perlend aufklingen und in Bezug auf eine dunklere und hellere Tonlage unterschieden werden können.

Frau G. gelang eine flüssige Spielweise, doch zunächst ohne einen vollen Klangcharakter zu erreichen. Während Übung 1 eine mehr schlafend-träumende Empfindung vermitteln konnte, war bei Übung 2 für Frau G. eher ein aufweckender Klangcharakter wahrnehmbar.

Übung 3: Die Verbindung der beiden ersten Übungen führte zu einem einfachen Duospiel:

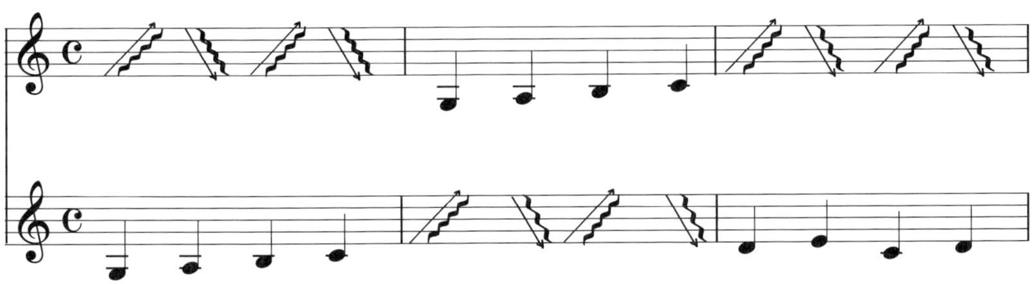

Der erste Spieler (Therapeut) beginnt mit 4 langsam perlend gespielten Tönen, wie bei Übung 2. Zeitgleich erklingt zu jedem Ton vom zweiten Spieler (Patient) ein Klangstrom in abwechselnder Auf- und Abwärtsführung, wie bei Übung 1. Nach jeder Vierer-Periode wechseln die Rollen der Spieler.

Als die Patientin mehr Sicherheit gewonnen hatte, konnte die Länge der Perioden variiert werden, um dann wieder zu dem Grundmaß von 4 Perioden zurückzukehren.

In einem nächsten Schritt versuchten wir, die anfangs in geradliniger Stufenfolge gespielten Motive durch eine frei improvisierte Melodik abzulösen. Im weiteren Therapieverlauf blieb das Zurückgreifen auf diese Übung wichtig, da sie der Patientin eine besonders gute Einstiegsmöglichkeit ins Leierspiel vermittelte.

Übung 4:

a) Tonleiterspiel im Rhythmus kurz-kurz-lang in C- dur und a - moll mit freier Begleitstimme durch den Therapeuten.

b)

Bei diesen Melodien bildet die C-dur-Tonleiter die Basis.

Die Patientin konnte im Kanonspiel ihre Stimme halten, wenn der Therapeut diese gleichzeitig mitsang, später gelang es ganz selbstständig.

Übung 5: Dieser Übungsschritt befasste sich mit den TAO-Tönen h' a' e' d'.[48] Damit verbunden war eine Umstellung der Spieltechnik durch das zusätzliche Einbeziehen der Finger der linken Hand.

Auf den Silbenrhythmus von selbst ausgedachten Reimen improvisierten Patientin und Therapeut 2- und 3-Tonlieder. Frau G. war überrascht und erfreut über ihre Einfälle, die sie sich nicht zugetraut hatte.

Übung 6:

a) Der Ton d′ erklingt in der Rhythmusperiode  im Sinne eines wiederkehrenden Bassmotives (Ostinato). Patientin und Therapeut spielen gemeinsam.
b) Während die Patientin ihr Spiel in derselben Weise fortführt, spielt der Therapeut dazu im gleichen Rhythmus in der dorischen Tonleiter eine Melodiefolge, die sich innerhalb einer Rhythmusperiode zum Quintton a′ erhebt und sich in der darauf folgenden wieder zum Grundton d′ senkt.
c) Ostinato- und Melodiespiel werden zwischen Patientin und Therapeut wechselseitig ausgetauscht.

In dem durchgehaltenen Bassmotiv konnte sich Frau G. in ihrer lebenslangen Suche nach einem tragenden Kontinuum wiederfinden, und es gelang, die Melodiebewegung in freier Improvisation immer vielfältiger zu gestalten.

Durch regelmäßiges Üben kam Frau G. relativ schnell ins Leierspiel hinein. Die bisher sparsamen Notenkenntnisse vertiefte sie, indem sie aus eigenem Impuls alle Übungen und Lieder auf- bzw. abschrieb.

Beim Notenlesen jedoch zeigte Frau G. nach wie vor eine Blockade. Die dafür notwendige Bewusstseinstätigkeit überforderte die Patientin, sodass ihr kein von der Empfindung begleiteter Ausdruck in der Melodiegestaltung mehr möglich war. Eine rhythmisch taktliche Struktur war ebenfalls nicht erkennbar.

Übung 7: Es wurden Tanzmelodien aus verschiedenen Ländern gespielt mit unterschiedlichen Taktarten 2-er-, 3-er-, 4-er-, 5-er-Takt. Im Vordergrund stand dabei das Erüben von Takt und Rhythmus durch die Bewegung: Klatschen, Laufen, Taktieren.

Übung 8: „Flamme empor“

M. Praetorius

a) Therapeut und Patientin übten das Erfassen der Tonhöhe mit Hilfe der Bewegung durch Vorwärts- und Rückwärtsschreiten der melodischen Linie.
b) Der Therapeut versuchte, die Melodie aus dem melodisch rhythmischen Kraftfeld zu entwickeln, einmal ausgehend von der Kraft der Prim, der Tiefe, als Gegensatz zur Kraft der Oktav als Höhe und Licht. Auf diese Weise gelang es, die Melodie nicht aus den Noten, sondern aus dem melodisch-rhythmischen Kraftfeld entstehen zu lassen.

Mit dem 5. Behandlungsmonat war Frau G. so weit mit dem Leierspiel vertraut, dass sie in der Leiergruppe mitspielen konnte (2 x wöchentlich). Das Zusammenspiel bedeutete eine Herausforderung, bis sich Frau G. von dem Zusammenklang immer mehr getragen fühlte.

Nach einem weiteren Monat griffen wir in den Einzelstunden, auch auf Wunsch der Patientin, das *Singen* wieder auf. Zu den bereits beschriebenen Übungen, die sich vor allem mit Konsonanten beschäftigten, trat jetzt das vokalische Element hinzu, vorbereitet durch Übungen mit dem Doppellaut ng, sog. Klangführungsübungen.[49]

Frau G. hatte es schwer, den hellen und leichten Klangcharakter des ng-Lautes zu ergreifen, und begann, sich dabei vor allem im Kehlkopfbereich zu verspannen. Wenn wir eine Silbenfolge mit einem punktierten Rhythmus wählten, z.B. ringa-riam, konnte die Verkrampfung der Stimme verhindert werden, noch unterstützt durch eine begleitende Pendelbewegung der Arme, die auf Taktbetonung etwa in Hüfthöhe vor- und zurückgeschwungen wurden. Die Beine sollten dabei eine lockere Schrittstellung einnehmen.

Übung 9:

Ganz anfänglich gelang es Frau G., den Klangstrom aufwärts zu führen und mit der Stimme einen lichteren, leichteren Klangcharakter zu erreichen. Die folgenden Vokalübungen zielten auf Klangerweiterung.

Während durch die Plastizität der Konsonanten versucht wurde, die Klanghülle, das Gewand des Tones zu bilden, sollte er jetzt im vokalischen Ausdruck ganz hervortreten können, seelische Aussage vermittelnd.

Übung 10 (Dur-Tonalität):

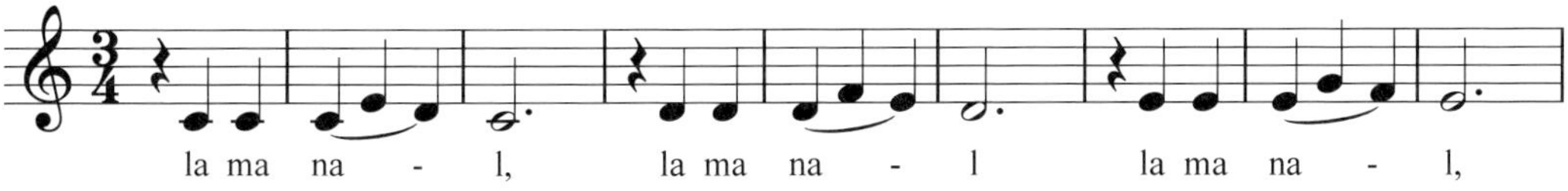

und zurück.

Wie durch drei verschiedene Tore, entsprechend den Konsonanten l, m, n, bahnt sich der Klangstrom im Vokal A seinen Weg. In der Melodik erscheint das Terzintervall als zentrale Aussage.

War der bisherige therapeutische Übungsweg im Wesentlichen von einer nachahmenden Tätigkeit der Patientin bestimmt, konnte jetzt daran gearbeitet werden, die Töne, die inzwischen selbstverständlicher zu Verfügung standen, aus einem persönlich empfundenen Seelengestus eigenschöpferisch zu gestalten.

Der Umgang mit dem Terzintervall übte in dieser Beziehung auf Frau G. eine besonders anregende Wirkung aus und gab Veranlassung, die obige Übung auch auf der *Leier* spielen zu wollen.

Betrachtet man den spezifischen Charakter eines jeden Intervalls, so wird mit dem Terzintervall wohl am direktesten die Gemütsseite in uns angesprochen. Die Terz ist bestimmend für den Dur- bzw. Mollcharakter der Musik, indem sich durch die Dur-Terz eine in die Welt hinausströmende Seelengeste ausdrückt, mit der Moll-Terz eine verinnerlichende Geste.

Übung 11 (Moll-Übung):

Frau G. konnte sich von der durch das aufsteigende Moll herbeigeführten inneren Dramatik ergreifen lassen und erlebte eine positiv konzentrierende Wirkung dabei.

Am besten gelangen Frau G. die Vokalübungen mit dem Vokal A. Dieser ist als Grundvokal des Gesangs zu bezeichnen, indem er die offene Kehlkopfstellung als Grundhaltung des Sängers darstellt. Diese Haltung ist zugleich Ausdruck einer staunenden Seelengeste, die für ein richtiges Singen von grundlegender Bedeutung ist. So wie wir im Staunen die äußere Wahrnehmung in uns aufnehmen und verinnerlichen, entspricht dem Vokal A eher ein mollhafter Charakter.

In dem Vokal O offenbart sich der seelische Ausdruck von Bewunderung. In dieser, die Welt umschließenden Geste zeigt sich ein durhafter Charakter. Singübungen mit dem Vokal O bewirkten eine schnelle Erschöpfung bei der Patientin, die sich in Gähnanfällen äußerte, vor allem, wenn dieser Vokal auf eine Länge am Silbenende auftrat, und die Melodie sich in ausstrahlender Dur-Tonalität bewegte.

Im Umgang mit dem vokalischen Element benötigte Frau G. also zunächst die Betonung der verdichtenden, mollhaften Seite, was die positive Auswirkung der Übungen mit dem Vokal A bewies, um in einem weiteren Schritt aus freier seelischer Schwingungsfähigkeit auch die durhafte Seite ergreifen zu können.

Übung 12: Kunstlied von Franz Schubert „Schlafe, schlafe holder süßer Knabe"

a) Die Melodie wurde zunächst auf die Silbe nja geübt.
b) Textgesang als Versuch der Verbindung von Vokalklang und konsonantischer Lautgebung, Patientin und Therapeut singen gemeinsam zur Klavierbegleitung.
c) Die Patientin versucht, die Melodie alleine mit der Klavierbegleitung zu singen.

VII. Therapie-Ergebnis

Rückblickend betrachtet bildete während unserer musiktherapeutischen Arbeit der Umgang mit rhythmischen Vorgängen einen Schwerpunkt, häufig unter Einbeziehung des Bewegungselementes. So konnte auf dem rhythmischen Gebiet eine Sicherheit entstehen, die sich als tragende Qualität auf das Lebensgefühl der Patientin auswirkte.

In der Gesangstherapie war es möglich, durch eine tiefere Verankerung des Atems die Fähigkeit zur Tonfindung zu veranlagen. Es vergrößerte sich der Umfang der Stimme sowie die Leichtigkeit bei der Klangführung. Vor allem mit dem Schubert-Lied gelang es ansatzweise, den Tönen Aussagekraft zu verleihen. Die Tatsache, erstmalig in ihrem Leben singen zu können, zeigte eine positive Wirkung auf das bisher sehr schwache Selbstwertgefühl der Patientin.

Während sich der musikalische Prozess beim Singen in der Richtung von innen nach außen vollzog, fand mit dem Hinzutreten des selbsterzeugten Tones am Instrument eine Umwendung von außen nach innen statt, die sich anregend auf die Willensbildung auswirken konnte. Die verobjektivierende Ebene des Instrumentes im Gegensatz zum Gesang ermöglichte nun, Erfahrungen zu sammeln im bewussten Wahrnehmen der musikalischen Vorgänge im melodischen, rhythmisch-taktlichen sowie harmonischen Bereich. Dadurch konnte das Gefühlsleben der Patientin ordnend und strukturierend beeinflusst werden.

Zum Zeitpunkt der Entlassung nach 8°-monatiger Behandlungsdauer hatte sich der akute seelische und körperliche Erschöpfungszustand der Patientin weitgehend gebessert.

Stimmungsschwankungen waren nach wie vor vorhanden, jedoch weniger ausgeprägt. Die Somatisierungserscheinungen traten nur noch selten auf. Die Belastbarkeit war aber noch nicht so groß, dass ein Wiedereinstieg in den Beruf möglich schien. Die Patientin beantragte eine Zeitrente.

Bei weiterer ambulanter psychotherapeutischer Betreuung gelang bisher die Alltagsbewältigung zu Hause. Die musikalische Betätigung wird fortgesetzt. Die Patientin hat sich eine eigene Altleier angeschafft und nimmt Unterricht, außerdem singt sie regelmäßig in einem kleinen Chor gregorianische Gesänge und überlegt, zusätzlich in einen Kirchenchor einzutreten.

VIII. Der Therapie-Prozess

Der Ansatz für die musiktherapeutische Behandlung erfolgte ganz auf der musikalischen Empfindungsebene und nicht aus einem theoretisch gedanklichen Konzept. Allerdings ist es für den Therapeuten notwendig, diese Empfindungsebene in eine klare und formulierbare Anschaulichkeit zu heben. Die beschriebenen Übungswege, den Gesang wie das Leierspiel betreffend, sind vom Therapeuten jeweils aus der augenblicklichen Wahrnehmung der Therapiesituation entwickelt worden. Die Voraussetzungen dazu schafft sich der Therapeut durch das Studium der musikalischen Grundelemente in ihrer Beziehung zu dem gesamten Menschenwesen auf leiblicher, seelischer und geistiger Ebene.

Es stellt sich nun die Frage, ob bei diesem künstlerisch entwickelten Therapieverlauf prozessuale Gesetzmäßigkeiten zu finden sind. Tatsächlich zeigen sich bei näherer Betrachtung bestimmte Stufen verschiedener therapeutischer Qualität. – Ich beobachtete bei dem gesangstherapeutischen Weg mit der Patientin eine *erste Phase*, wo sie nur aufnahm und kennen lernte, verdeutlicht durch Gesangsübung 1, eine so genannte Atemvergessübung. Hier war das zentrale Erlebnis „es strömt".

Mit den Übungen 2 und 3 gelangten wir zu einer *zweiten*, mehr reaktiven *Phase*, die musikalisch im pulsierenden Rhythmus und der Pausengestaltung ihren Ausdruck fand.

Diese Phase der reaktiven Aufnahme rief als *dritte Phase* eine aktiv verwandelnde Aufnahme hervor: Mit den konsonantischen Übungen 4, 5, 6 und 7 wurde vor allem der Gestaltungswille der Patientin herausgefordert, bis schließlich mit dem Lied „Da pacem Domine" ein willensmäßiges Ergreifen des Metrums in Unabhängigkeit von der rhythmusgebundenen Melodie möglich wurde. Damit war es der Patientin gelungen, das Aufgenommene ganz zu ihrem Eigenen zu machen.

Dieser Schritt kann als *vierte Phase* betrachtet werden.

Etwa zur selben Zeit waren die anfänglichen Selbstzweifel gegenüber der Musiktherapie überwunden, und es tauchte der Wunsch auf, ein Instrument spielen zu lernen, die Altleier. Beim Umgang mit diesem erwählten Instrument zeigte sich ein ähnlicher Vorgang in vier Stufen, wie er für das Singen bereits geschildert wurde.

Zu Anfang stand wieder eine *erste Phase* der reinen Aufnahme: Das in Leierübung 1 (Übungsweg mit der Leier) beschriebene „Klangmeer" mit den rasch fließenden Tönen, die schlafend-träumende Empfindung vermittelten. – Mit den langsam perlenden Tönen (Übung 2) wurde durch die wachere, bewusster wahrnehmbare Klangqualität eine *zweite* reaktive Stufe erreicht, die sich durch den Wechsel der vorangegangenen Spielarten (Übung 3) zur aktiv verwandelnden Aufnahme steigerte (*dritte Phase*).

Das Ganzheitserlebnis, vermittelt durch das Tonleiterspiel (Übung 4) sowie die Selbstständigkeit beim Halten der Stimme im Kanonspiel, entspricht der als *vierte Phase* beschriebenen Fähigkeit, sich etwas zu eigen zu machen.

Führte der bisherige Weg durch vier Stufen im Wesentlichen zur Verinnerlichung und damit zur Erweckung von Eigenaktivität, zeichnet sich in drei weiteren Schritten eine nach außen führende Richtung ab. Zunächst folgte eine *fünfte Phase* der Konsolidierung. Bei den Übungen mit der Leier konnte die Spieltechnik durch die zusätzliche Verwendung der linken Hand vervollkommnet werden. Die zeitweilige Reduzierung des Tonmaterials auf die Töne h, a, e, d führte zu einer Intensivierung des Hörerlebens.

Sechste Phase: Mit den Übungen 5 und 6 entstand melodischer Reichtum beim Erfinden von Variationsmotiven. Auch konnte jetzt Sicherheit gewonnen werden im Ergreifen verschiedener Taktarten, eine Stufe der Entfaltung.

Siebte Phase: Indem wir versuchten, bei dem Lied „Flamme empor" die Melodie aus dem melodisch-rhythmischen Kraftfeld der Intervalle zu entwickeln, um dadurch die Töne aus einem inneren Erlebnis heraus spielen zu können, klang eine letzte Phase an, die sich charakterisieren lässt durch die Möglichkeit, etwas aus sich zu erzeugen.

Im abschließenden gesangstherapeutisch erfolgten Behandlungsverlauf war eine parallele Entwicklung zu den drei wieder nach außen gerichteten Phasen zu beobachten, die für die Leier bereits beschrieben wurden.

Die Klangführungsübungen wirkten entsprechend der *fünften Phase* der Konsolidierung. Die Klangerweiterung kann in Beziehung zur *sechsten Phase* der Entfaltung gesehen werden. Gelang der Patientin beim Üben des Schubert-Liedes ein erster Ansatz eigener Aussage, so zeigt sich darin schließlich die *siebte Phase* des eigenschöpferischen Gestaltens.[50]

13.2 Epikritische Bemerkung des behandelnden Arztes

Bei der über 8 Monate währenden Behandlungszeit handelte es sich für diese Patientin um den ersten konsequent durchgeführten psychiatrisch-psychotherapeutischen Therapieversuch unter stationären Bedingungen. Leitlinie für die Behandlung war nicht so sehr die vordergründig erscheinende depressive Verstimmung (Dysthymia), sondern vielmehr die zugrunde liegende histrionische Persönlichkeitsstörung. Insbesondere die anthroposophisch-medikamentöse Behandlung – Psychopharmaka waren nicht nötig – zielte darauf ab, leiblich und seelisch stärkere Abgrenzung gegenüber der Außenwelt konstitutionell zu veranlagen, gleichzeitig die Bewusstseinsprozesse im oberen Menschen zu verstärken, im Gleichgewicht zu den Verdauungs- und Stoffwechselvorgängen des unteren Menschen. Durch die nacheinander stattfindenden Bewegungstherapien Heileurythmie, Bothmer-Gymnastik und Krankengymnastik wurde ein ähnliches therapeutisches Ziel verfolgt. Durch das zu Beginn der Behandlung angesetzte therapeutische Plastizieren und dann durch das Zeichnen sollten die seelischen Strukturkräfte verstärkt werden. Die später einsetzende Arbeit in der Holzwerkstatt und schließlich im Garten sollten den Übergang herstellen von einer rein künstlerisch-therapeutischen Betätigung hin zu einer mehr lebenspraktischen Willensaktivität.

Die fast von Anfang an bis zuletzt durchgeführte Musiktherapie in Einzelbehandlung und später auch in Gruppen war für den objektiven Behandlungsverlauf und auch für das persönliche Erleben der Patientin von zentraler Bedeutung. Die Musiktherapie konnte den seelischen Innenraum öffnen und befreien, insbesondere durch Rhythmisierung und Vertiefung des Atems. Insofern war es möglich, dass die Patientin mit Hilfe der Musik seelisch neu zu sich fand und in den gegen Ende der Behandlung dichter werdenden psychotherapeutischen Gesprächen Boden gewann für die nüchterne Erkenntnis ihrer eigenen Situation und Planung der weiteren Zukunft. Außerdem wurde die Voraussetzung geschaffen, dass die Patientin nach Entlassung selbstständig die Musik weiter pflegen und damit einen stützenden Lebensinhalt finden kann.

Schlusswort

Wir übergeben dem Leser dieses Buch wie eine Partitur, aus welcher Musiktherapie herausklingen möge, wenn das Interesse an dieser noch sehr zukünftigen Therapieform der toten Schrift einen lebendigen Puls und Atem zu entlocken vermag. Musik tönt aus dem Innersten des Menschen. Der Mensch selbst ***ist*** Musik. Und so kompliziert und vielfältig ein Mensch ist, so umfassend sind die Möglichkeiten, mit Musik den krankmachenden Einflüssen entgegenzutreten.

Aus diesem Reichtum konnte hier einiges an Grundlagen und Beispielen dargestellt werden. Wir verstehen sie wie Motive und Themen einer noch ungeschriebenen zukünftigen Symphonie.

Anhang

1. Anmerkungen und ergänzende Literatur

(Die Schriften und Vorträge Rudolf Steiners erscheinen innerhalb der Gesamtausgabe = GA im Rudolf Steiner Verlag, Dornach/Schweiz.)

Elemente der Musiktherapie und ihre Beziehung zum Menschen:

1 Siehe Rudolf Steiner: *Das Wesen des Musikalischen und das Tonerlebnis im Menschen,* GA 283. – Besonders die Vorträge am 7., 8. und 16. März 1923 vermitteln für Musikpädagogen eine Grundlage. – Siehe auch Hermann Pfrogner: *Lebendige Tonwelt,* Verlag Langen-Müller, München 1976; in diesem Werk sind musikwissenschaftlich interessante Einzelheiten zu den verschiedenen musikalischen Kulturen und Epochen zu finden.

2 Arthur M. Abell: *Gespräche mit berühmten Komponisten,* G. E. Schroeder Verlag Garmisch-Partenkirchen 1962. (Titel der Originalausgabe: *Talks with Great Composers,* Philosophical Library, New York.)

3 Armin J. Husemann: *Der musikalische Bau des Menschen – Entwurf einer plastisch-musikalischen Menschenkunde,* Verlag Freies Geistesleben, Stuttgart 3. Aufl. 1993. In dieser wichtigen Arbeit wird beispielsweise die Beziehung der Quint zur Lunge oder der Terz zum Herzen, und zwar über deren entsprechendes Zahlenverhältnis, nachgewiesen.

4 Herkunft von privater Abschrift.

5 Rudolf Steiner: *Eurythmie als sichtbarer Gesang,* GA 278. Die Seitenzahlen beziehen sich auf die Ausgabe Dornach 1975.

6 Eine exakte Unterscheidung der Intervallqualitäten sucht Ernest Ansermet in seiner Schrift *Die Grundlagen der Musik im menschlichen Bewusstsein,* Piper tb, München 1965, zu treffen. Er spricht davon, dass man die psychische Bedeutung der einzelnen auf- und absteigenden Intervalle in Beziehungen der Positionsspannungen zum Ausdruck bringen könne. Diese werden durch die Polaritäten aktiv/passiv und extrovertiert / introvertiert sowie durch unterschiedliche Stärkegrade gekennzeichnet (S. 222 ff.).

7 Rudolf Steiner: *Kunst im Lichte der Mysterienweisheit,* GA 275.

8 Siehe Anm. 1, GA 283.

9 Siehe Anm. 6. Interessant ist eine Aussage von Ansermet über die Oktave: „Da die aufsteigende Oktave die existenzielle Richtung der Wahrnehmungszeitlichkeit ist, besteht kein Zweifel, dass sich das musikalische Bewusstsein durch eine *aufsteigende* Richtung seine Beziehung zu seinen zeitlichen Positionen *in die Zukunft* signifiziert und dass es sich, in *absteigender* Richtung, die Beziehungen zu seiner Vergangenheit signifiziert." (S. 155)

10 Johann Wolfgang Goethe an Christian Heinrich Schlosser, 5. Mai 1815.

11 Welche Konsequenzen sich für ein musik*pädagogisches* Handeln aus der Kenntnis der musikalischen Elemente heraus ergeben, möge der interessierte Leser erfahren durch Wolfgang Wünsch: *Menschenbildung durch Musik – Der Musikunterricht an der Waldorfschule,* Verlag Freies Geistesleben, Stuttgart 1995. – Ebenfalls empfehlenswert ist

die von Gerhard Beilharz herausgegebene Sammlung von Aufsätzen unter dem Titel *Erziehen und Heilen durch Musik,* Verlag Freies Geistesleben, Stuttgart 1989 (Nr. 8 der Schriftenreihe *Heilpädagogik aus anthroposophischer Menschenkunde*).

12 Eine sehr interessante Unterscheidung von Rhythmos und Tonos als einer Urpolarität innerhalb der Musik trifft Heiner Ruland in seinem überhaupt lesenswerten Buch *Musik als erlebte Menschenkunde* (Praxis der Musiktherapie, hrsg. von V. Bolay und V. Bernius, Band 9, Gustav Fischer und Bärenreiter Verlag, Stuttgart/Kassel 1990). Nach Rulands Forschung sind der „Tonos"-Seite zugeordnet: Licht, Lauschen, Anhalten, Staccato, Pianissimo, hohe Töne, helle Klangfarben u. a.; dem „Rhythmos" dagegen: Kraft, Bewegung, Leben, Legato, Forte, tiefe Töne, dunkle Klangfarben u. a.

13 Siehe Anm. 1. Der Hörvorgang wird von Rudolf Steiner vor allem im Vortrag am 7. März 1923 betrachtet. Auch in zahlreichen anderen Vorträgen behandelt oder streift Rudolf Steiner das Problem des Hörens, z.B. im Vortrag am 31. Dezember 1919 in *Geisteswissenschaftliche Impulse zur Entwicklung der Physik,* GA 320.

14 Siehe Anm. 1, GA 283.

15 Siehe auch unter Anm. 1. Zum Thema „Tonsysteme" siehe auch:
– Heiner Ruland: *Die Neugeburt der Musik aus dem Wesen des Menschen.* Künstlerische und therapeutische Aufgaben einer erneuerten Musikkultur, Novalis Verlag, Schaffhausen 1987, sowie *Ein Weg zur Erweiterung des Tonerlebens,* Basel 1981.
– Anny von Lange: *Mensch, Musik und Kosmos. Anregungen zu einer goetheanistischen Tonlehre.* Band I: Novalis-Verlag, Freiburg 1956; Band II: Verlag Die Kommenden, Freiburg 1960.
Ebenfalls zum Thema „Tonsysteme", vor allem aber auch zur Frage des Grundtones c, sei das Buch von Maria Renold empfohlen: *Von Intervallen, Tonleitern, Tönen und dem Kammerton c = 128 Hz,* Verlag am Goetheanum, Dornach 3. Aufl 1998.

16 Der Metamorphose-Gedanke, ein Anliegen, man könnte fast sagen die Lebensgrundlage Goethes, wird konsequent von Wilhelm Dörfler angewendet auf die verschiedenen Gebiete der Musik in seinem Werk *Das Lebensgefüge der Musik,* drei Bände, Verlag am Goetheanum, Dornach 1992, 1994 und 1998.

17 Im Vortrag am 29. Dezember 1914 – in *Kunst im Lichte der Mysterienweisheit,* GA 275 – werden in der Musik, welche im Zusammenhang mit den anderen Künsten und deren menschenkundlichen, das heißt wesensgliedermäßigen Bezügen besprochen wird, die Gesetze des Ich erkannt. Rudolf Steiner: „Die Musik enthält also die Gesetze unseres Ich, aber nicht so, wie wir sie im gewöhnlichen prosaischen Leben ausleben, sondern hinuntergedrückt ins Unterbewusste, in den Astralleib hinein, gleichsam das Ich unter die Oberfläche des Astralleibes untergetaucht und dadrinnen, in den Gesetzmäßigkeiten des Astralleibes, schwimmend und wogend."

Musikalische Zusammenhänge im menschlichen Organismus:

18 Walther Bühler: *Das Pentagramm und der Goldene Schnitt als Schöpfungsprinzip*, Verlag Freies Geistesleben. Stuttgart 1996. Das Zitat findet sich auf S. 188.
19 Siehe Anm. 3.
20 Rudolf Steiner: Vortrag am 27. Oktober 1922; in *Physiologisch-Therapeutisches,* GA 314, S. 120.
21 Rudolf Steiner: Vortrag am 20. Juli 1923; in *Rhythmen im Kosmos und im Menschenwesen,* GA 350.
22 Zeitschrift *Der Merkurstab.* Beiträge zu einer Erweiterung der Heilkunst, 50. Jahrgang, Heft 6, 1997, S. 334.
23 Gunther Hildebrandt: „Über den Tagesgang der Atemfrequenz", *Zeitschrift für Klinische Medizin,* 1953, 150, S. 433 – 444; sowie „Die rhythmische Funktionsordnung von Puls und Atmung", Zeitschrift *Angewandte Bäder- und Klimaheilkunde,* 1960, 7, S. 533 – 615. Ferner Comroe: *Physiologie der Atmung,* Schattauer-Verlag Stuttgart/New York 1968. Und Rudolf Steiner am 20. Juli 1923, siehe Anm. 21.
24 Siehe Anm. 22, S. 331.
25 Rudolf Steiner: Vorträge am 30. und 31. Dezember 1919, in *Geisteswissenschaftliche Impulse zur Entwicklung der Physik,* GA 320.
26 Rudolf Steiner: *Von Seelenrätseln,* Kap. IV/6, GA 21.
27 Pschyrembel: *Klinisches Wörterbuch,* Verlag de Gruyter, 258. Auflage, Berlin 1998 (Stichwort Liquordruck).
28 Siehe Anm. 25.
29 Thomas McKeen: *Wesen und Gestalt des Menschen,* darin den Aufsatz „Anatomie des Ohres und das Hören", Verlag Freies Geistesleben, Stuttgart 1996.

Die Instrumente in der Musiktherapie:

30 Rudolf Steiner: Vortrag am 18. August 1924, in *Die Kunst des Erziehens aus dem Erfassen der Menschenwesenheit,* Torquay 1924, GA 311. – Die Bedeutung, ein Instrument zu spielen, wird am Beispiel von Flöte und Geige besprochen: „... man sollte die Kinder veranlassen, möglichst früh zu fühlen, wie das ist, wenn das eigene musikalische Wesen nun hinüberfließt in das objektive Instrument. ... Da fühlt der Mensch seinen Organismus vergrößert. Vorgänge, die sonst im Organismus drinnen sind, werden auf die Außenwelt übergeleitet." – Maria Schüppel hat nach diesen Gesichtspunkten ein Instrumentarium für die Musiktherapie ausgearbeitet und später in den Lehrplan der musiktherapeutischen Berufsausbildung integriert.
31 Rudolf Steiner: „Des Menschen Äußerung durch Ton und Wort", Vortrag am 2. Dezember 1922; in *Das Wesen des Musikalischen und das Tonerlebnis im Menschen,* GA 283. –Vom Gesichtspunkt des Musikalischen aus ist der menschliche Körper ein Musikinstrument. „Ja, auch die äußeren Musikinstrumente können Sie im Grunde genommen dadurch begreifen, dass Sie sie in ihren Formungen, ob Sie schließlich die Violine oder ein anderes Instrument nehmen, irgendwie konsonantisch durchschauen, sie gewissermaßen als aus den Konsonanten heraus gebaut anschauen. Wenn man vom Konsonantischen spricht, hat man eigentlich im Gefühl immer etwas, was an die Musikinstrumente

erinnert. Und die Gesamtheit, die Harmonie alles Konsonantischen stellt eigentlich die Plastik des menschlichen Organismus dar."

32 Rudolf Steiner: Vortrag am 8. März 1923; in GA 283, siehe Anm. 1. Melodie, Harmonie, Rhythmus sind hier in Beziehung zu Denken, Fühlen, Wollen und den Instrumentengruppen dargestellt.

Musiktherapeutische Indikationen:

33 Bettina Kegel: Unveröffentlichter Aufsatz nach einem Vortrag in Kassel am 23. November 1997.

Der Übungsweg des Therapeuten:

34 Diese sechs Übungen sind in verschiedenen Werken Rudolf Steiners zu finden:
– *Wie erlangt man Erkenntnisse der höheren Welten?,* GA 10, Kap. „Über einige Wirkungen der Einweihung". Die Übungen werden hier genannt: 1. Gedankenkontrolle, 2. Kontrolle der Handlungen, 3. Ausdauer, 4. Duldsamkeit, 5. Unbefangenheit/Vertrauen, 6. Gleichmut.
– *Anweisungen für eine esoterische Schulung,* GA 245, Kap. „Allgemeine Anforderungen" und Stunde am 6. Juni 1907: 1. Aneignung eines klaren Denkens (Gedankenkontrolle), 2. Initiative des Handelns, 3. Erhabenheit über Lust und Leid (Gleichmut), 4. Positivität, 5. Unbefangenheit, 6. Gleichgewicht.
– *Die Geheimwissenschaft im Umriss,* GA 13, Kap. „Die Erkenntnis der höheren Welten".

35 Begeistern kann es den Musiktherapeuten, wenn er bei Rudolf Steiner Folgendes findet: „Es lässt sich das Musikalische nicht anders erleben, wenn man es bewusst erleben will, als anthroposophisch." Vortrag am 8. März 1923; in GA 283, siehe Anm. 1.

Bewusster Umgang mit dem Instrumentarium:

36 Heiner Ruland: „Grundlagen der Musiktherapie", Aufsatz im *Merkurstab,* 49. Jhg., Heft 5, Sept./Okt. 1996. In diesem Artikel wird die Bedeutung der verschiedenen Ätherarten (Lebens-, Klang-, Licht- und Wärmeäther) für die Musik dargestellt. – Bei den in unserem Buch beschriebenen Resonanzphänomen handelt es sich um wahrgenommene Qualitäten, die durch den Klangäther übertragen werden.

Menschenkundliche Wahrnehmungen:

37 Rudolf Steiner: Vortrag am 30. April 1924; in *Die Entstehung und Entwicklung der Eurythmie,* GA 277a.
– Vortrag am 10. April 1924; in *Die Methodik des Lehrens und die Lebensbedingungen des Erziehens,* GA 308.
– Vortrag am 24. April 1924; in *Meditative Betrachtungen und Anleitungen zur Vertiefung der Heilkunst,* GA 316.

38 Paul von der Heide: *Therapie mit geistig-seelischen Mitteln,* Verlag am Goetheanum, Dornach 1997.

Zweites Therapiebeispiel:

39 Hans-Heinrich Engel: „Grundsätzliche Gesichtspunkte zu einer musikalischen Therapie vom geisteswissenschaftlichen Standpunkt", Aufsatz in *Erziehen und Heilen durch Musik* (siehe Anm. 11). Es werden in diesem Aufsatz vier Stufen des Therapieverlaufes unterschieden.

Drittes Therapiebeispiel:

40 Gunther Hildebrandt „Das Zentrum des rhythmischen Systems" in *Dokumentation Arbeitswissenschaft,* hrsg. von Th. Hettinger, Band 24, 1988, S. 41 ff.
41 Heiner Ruland: *Musik als erlebte Menschenkunde,* S. 57 ff. Siehe Anm. 12.
42 Heiner Ruland „Quint und Terz als musikalische und musiktherapeutische Agentien", in Zeitschrift *Beiträge zu einer Erweiterung der Heilkunst,* 35. Jg., Heft 2, März/April 1982, S. 65 ff.

Viertes Therapiebeispiel:

43 Hans-Richard Heiligtag (Hrsg.): *Krebs,* Falkenbücherei, Niederhausen (CH) 1990. – Markus Treichler: „Die Krebserkrankung heute"; in *Der krebskranke Mensch in der anthroposophischen Medizin,*Verlag Freies Geistesleben, Stuttgart 2. Aufl 1993.
44 Rudolf Steiner: Vortrag am 3. April 1920; in *Geisteswissenschaft und Medizin,* GA 312.

Fünftes Therapiebeispiel:

45 Der ng-Laut steht nach Valborg Werbeck-Svärdström zwischen Vokal und Konsonant und ist in der deutschen Sprache interessanterweise in den Worten *singen* und *klingen* enthalten. Wenn es gelingt, den Klangstrom mit dieser Lautkombination zu verbinden, kann das Klangliche in seiner größtmöglichen Isoliertheit und Reinheit erscheinen. Nach der Gesangsschulung von Frau Valborg Werbeck-Svärdström, beschrieben in *Die Schule der Stimmenthüllung* (siehe Anm. 46), liegt in der Trennung von Klang- und Lautwelt für die Schulung des Sängers eine Notwendigkeit, um ihn so real wie möglich an den Klangstrom, das ureigenste Element seines Singens, heranzuführen.
46 Valborg Werbeck-Svärdström: *Die Schule der Stimmenthüllung,* Verlag am Goetheanum, Dornach 5. Aufl. 1994.
47 Siehe Anm. 12.
48 Rudolf Steiner: *Eurythmie als sichtbarer Gesang,* GA 278. – Im Vortrag am 23. Februar 1924 werden die TAO-Töne besprochen.
49 Siehe Anm. 45.
50 Siehe auch Marianne Altmaier: *Der kunsttherapeutische Prozess,* Verlag Urachhaus,

Stuttgart 1995. – In diesem Werk werden sieben Stufen unterschieden und ausführlich dargestellt, die im Therapieprozess durchlaufen werden.
Weitere Literatur zu diesem Therapiebeispiel:
– Andreas Rohen: *Menschenkundliche Überlegungen zur Kunsttherapie mit besonderer Berücksichtigung der Schule der Stimmenthüllung,* Stuttgart 1986.
– Heiner Ruland*: Die Neugeburt der Musik aus dem Wesen des Menschen.* Siehe Anm. 15.
– Siehe auch die beiden Buchangaben unter Anm. 1.

2. Grundlegende und weiterführende Literatur, auf die im Text nicht verwiesen wurde

(Artikel in Zeitschriften werden hier nicht berücksichtigt)

Bissegger, Monica / Reinhold, Susanne: „Musiktherapie“, in *Die Behandlung von Magersucht - Ein integrativer Therapieansatz,* Verlag Freies Geistesleben, Stuttgart 1998.

Bort, Julia: „Die Musik in der heilpädagogischen Praxis“, in *Natura,* 2. Jahrgang, Heft 1, 1927 (Nachdruck Natura Verlag, 1981).

Buddemeier, Heinz: Das Hören, Schriftenreihe *Soziale Hygiene,* Merkblatt 152, Verein für Anthroposophisches Heilwesen, 1996.

Clotscher-Vreeken, Marijke: *Musiktherapie, Erfahrungen aus der anthroposophisch orientierten musiktherapeutischen Praxis.* 1. Grundlagen; 2. Therapiebeispiele. SAMO Bilthoven (NL), 1994.

Engel, Hans-Heinrich: *Musikalische Anthropologie.* Medizinische Sektion am Goetheanum, Dornach 1999.

Goethe, Johann Wolfgang: *Tonlehre,* 1810.

Jacobs, Rita: „Musiktherapie. Ein Beitrag aus anthroposophischer Sicht“, *in Helfen und Heilen durch Kunst,* Lebenshilfen 11, Stuttgart 1989.

König, Karl: „Musiktherapie in der Heilpädagogik“, in Teirich, H. R. (Hrsg.): *Musik in der Medizin,* Stuttgart 1958.

Knierim, Julius: *Zwischen Hören und Bewegen,* Edition Bingenheim, 1988.

Lievegoed, B. C. J.: *Maat - ritme – melodie. Grundlagen für eine therapeutische Anwendung musikalischer Elemente,* Dissertation 1939, Niederlande.

Muche, Felicitas: *Die Musiktherapie – eine Kunst unserer Zeit,* 1976.

– *Die Quint ist der Mensch. Beitrag zu einer fundierten Musiktherapie mit musikalischen Beispielen.* Band I: *Das Auge* (1979); Band II: *Das Ohr* (1960); Band III: *Das Herz* (1981). Verlag Freie Ausbildung, 83250 Marquartstein, Streunthalerweg 12.

Maurer, Marlise: „Musiktherapie“, in Heiligtag, Hans-Richard (Hrsg.): *Krebs,* Falkenbücherei, Niederhausen (CH) 1990.

Oberkogler, Friedrich: *Heilende Kräfte der Musik. Geisteswissenschaftliche Aspekte zur Musiktherapie,* Novalis-Verlag Freiburg 1978.

Pfrogner, Hermann: *TAO – Ein Vermächtnis,* Novalis-Verlag, Freiburg 1986.

– *Die sieben Lebensprozesse. Eine musiktherapeutische Anregung,* Verlag Die Kommenden, Freiburg 1978.

– *Die drei Lebensaspekte,* Novalis-Verlag, Schaffhausen 1989.

Pflüger-von Bültzingslöwen, Freda: *Ton und Tonus. Die harmonisierende Kraft der 14 Töne zweier Siebentonleitern auf die 12 Lebensströme (Meridiane).* Ein Beitrag zur Musiktherapie auf anthroposophischer Basis. Freiburg 1996, Eva Becker, Karlstr. 48, 79104 Freiburg.

Reinhold, Susanne: Musiktherapie für Sterbende; in Treichler, Markus (Hrsg.): *Den Sinn des Todes fassen,* Verlag Urachhaus, Stuttgart 1996.

– Anthroposophische Musiktherapie. Eine Hinführung. Schriftenreihe *Soziale Hygiene,* Merkblatt 157, Verein für Anthroposophisches Heilwesen, 1997.

Treichler, Markus: *Mensch – Kunst – Therapie. Anthropologische, medizinische und therapeutische Grundlagen der Kunsttherapien.* Verlag Urachhaus, Stuttgart 1996.
– *Das Therapieangebot in der anthroposophischen Medizin. Menschengemäß aus Tradition und Innovation.* Verlag Johannes M. Mayer, Stuttgart 1998.
Visser, Carolien: *Musiktherapeutische Erfahrungen,* Verlag am Goetheanum, Dornach 1997.
Walter, Hilma: „Die Bedeutung der Musik für die Heilkunst", in *Natura,* 2. Jahrgang, Heft 1, 1927 (Nachdruck Natura Verlag 1981).

3. Verzeichnis der Ausbildungsstätten für anthroposophische Musiktherapie

Musiktherapeutische Arbeitsstätte e.V.
gegründet 1963 von Maria Schüppel
(Leitung: Peter Fausch)
Kladower Damm 221
D-14089 Berlin

Pentagramm Akademie für medizinische
und musiktherapeutische Qualifikationen
(Leitung: Rita Jacobs)
Alfredstraße 37
D-20535 Hamburg

Orpheus Schule für Musiktherapie
p. A. Marlise Maurer
Ankerstraße 14
CH-3006 Bern

Academie „de Wervel"
Choisyweg 2
NL-3701 TA Zeist

4. Autorennotizen

Monica Bissegger, geboren 1960; Ausbildung zur Lehrerin und Berufstätigkeit in der Schweiz; Musiktherapiestudium auf anthroposophischer Grundlage in Berlin; seit 1990 Musiktherapeutin an der Filderklinik.

Marijke Clotscher-Vreeken, geboren 1952 in Eindhoven (NL). Seit 23 Jahren musiktherapeutisch tätig in verschiedenen Arbeitsfeldern: Heilpädagogik, Therapeutikum, Privatpraxis, mit Spezialinteresse Musiktherapie bei somatischen Krankheiten. Lehrtätigkeit an verschiedenen therapeutischen Ausbildungen. Veröffentlichung über Musiktherapie. Seit 5 Jahren tätig in Norwegen mit Schwerpunkt Psychiatrie.

Wendy van Driesten, geboren 1941 in Gouda (NL). Cello-Studium am Conservatorium und anschließende Orchestertätigkeit in Rotterdam. Langjährige Unterrichtspraxis. Ausbildung zur Musiktherapeutin an „de Wervel“ in Zeist. Musiktherapeutische Tätigkeit im stationären und ambulanten Bereich, Dozentin für Musiktherapie an der Ausbildung „de Wervel“. Inzwischen zusätzlich tätig am anthroposophischen Kindertherapeutikum in Utrecht.

Rosmarie Felber, geboren 1956 in Bern. Ausbildung zur Lehrerin, Tätigkeit als Musikpädagogin. Studium der Musiktherapie bei Maria Schüppel in Berlin. Seit 1986 in Stuttgart tätig. Studium der Eurythmie und Heileurythmie. Selbstständige therapeutische und künstlerische Arbeit in Eurythmie und Musik.

Viola Heckel, geboren 1958 in Castrop-Rauxel. Musikstudium an der Alanus-Hochschule Bonn/Alfter mit Abschlussdiplom im Hauptfach Blockflöte. Ausbildung zur Musiktherapeutin an der Musiktherapeutischen Arbeitsstätte, Berlin. Seit 1987 Musiktherapeutin an der Friedrich-Husemann-Klinik, Buchenbach bei Freiburg (anthroposophisch orientierte Fachklinik für Psychiatrie und Neurologie). Daneben Gastdozentin an Ausbildungsinstituten für Musiktherapie sowie Konzerttätigkeit.

Marlise Maurer, geboren 1957. Studium der Heilpädagogik und der Musiktherapie in Schottland, Holland und Berlin. Sechs Jahre Musiktherapeutin an der Lukas-Klinik in Arlesheim. Seit 1995 eigene Praxis in Bern. Seit 1997 Leitung der Orpheus-Schule für Musiktherapie, Bern. Verschiedene Kurse im In- und Ausland.

Susanne Reinhold, geboren 1944 in Wien. Besuch der Waldorfschule und Musikstudium mit dem Hauptfach Violine in München. Orchestertätigkeit in Deutschland und Holland. Musiktherapie-Ausbildung in Bosch en Duin (NL) und Abschluss an der Musiktherapeutischen Arbeitsstätte Berlin. Seit 1981 musiktherapeutisch tätig an der Filderklinik.

Heiner Ruland, geboren 1934 in Aachen. Studium der Schulmusik mit Hauptfach Cembalo in Freiburg i. Br. 1963 bis 1974 Musiklehrertätigkeit an der Waldorfschule Benefeld. Musikalisch-anthroposophische Forschungsarbeit, Veröffentlichungen und Vortragstätigkeit. Kompositionen im erweiterten Tonsystem. Seit 1976 Musiktherapeut an der Klinik Öschelbronn.

Johanna Spalinger, geboren 1926 in Arlesheim (CH), aufgewachsen in Dresden. Studien in Medizin, Germanistik, Kunstgeschichte und Schulmusik in Jena, Heidelberg und Lausanne. 1948 bis 1967 Mithilfe beim Aufbau heilpädagogischer Heime (Bussigny und St. Prex am Genfer See). Sozialtherapeutisches und musiktherapeutisches Wirken in Ittigen (Bern) und seit 1973 in der Camphill Dorfgemeinschaft Stiftung Humanus-Haus, Beitenwil (Bern). Mitbegründerin und Lehrerin der Freien Musikschule, Mitglied der Choroi-Foundation für neue Musikinstrumente, Aktiv-Mitglied des Schweizerischen Verbandes für Musiktherapie. Mithilfe beim Aufbau einer heilpädagogischen Schule und Ausbildung in Rumänien. Gründungsmitglied der Orpheus-Schule für Musiktherapie, Bern.

GESANGSTHERAPIE

Einleitung

Die grundlegenden Forschungen des im Vorwort genannten Arbeitskreises für Gesangstherapie wurden zu einem großen Teil von Thomas Adam, teilweise auch von Helga Lausmann ausformuliert. Darauf fußt die vorliegende erweiterte Darstellung, die von Andrea Stückert im intensiven Austausch mit Dr. Gisela Rösch erarbeitet wurde.

Während sich die anthroposophische Musiktherapie – wie ja schon ausführlich dargestellt wurde – in der Praxis u. a. der verschiedenen Arten von Instrumenten bedient, arbeiten die anthroposophischen Gesangstherapeuten vorwiegend mit der Stimme und setzen nur gelegentlich zur Unterstützung einige wenige Instrumente mit ein.

Das dem Menschen ureigenste, unverwechselbarste Instrument ist die menschliche Stimme. Gesang ist eine musikalische Ausdrucksform, die dem Menschen seit ältesten Zeiten seines Daseins zu eigen ist. Noch heute gibt es viele Völker, für die Musik ohne Gesang unvollständig erscheint.

Im Gesang offenbart sich das Seelische des Menschen am meisten. Deshalb braucht es auch solch große Überwindung, vor anderen Menschen zu singen; man gibt sich selbst preis, fühlt sich schutzlos, vielleicht sogar ausgeliefert. Dabei wird oft eine große Sehnsucht zu singen erlebt.

So eng der Gesang mit dem Menschen verbunden ist, so ist er doch heute durch unsere negativen Zivilisationserscheinungen sehr bedroht. Das beginnt schon in der Kindheit: Wie viele Kinder singen noch unbeschwert und fröhlich, wie es ihrer Natur eigentlich eigen ist?

Ursachen dafür sind sicherlich in der akustischen Umweltverschmutzung (Straßenlärm, Kaufhausmusik, ständige „musikalische" Berieselung in Haus und Umgebung, Walkman, Discomusik, Massenveranstaltungen der Rock-, Pop-, Technoszene mit extremen Lautstärken, die bis zur Ohnmacht führen können etc.) zu suchen, aber auch im heute fehlenden gesellschaftlichen Selbstverständnis im Umgang mit dem Singen.

Empirische Untersuchungen zeigen, dass der traditionelle Vermittlungsprozess des Singens in vielen Familien nicht mehr stattfindet, sondern dass die intime emotionelle Erfahrung der Mutter-, Vater- oder Geschwisterstimme durch die Begegnung mit Lautsprecherstimmen ersetzt wird und dass die Bereitschaft und Lust, sich mit der Stimme auszudrücken, sich heute bei Kindern und Jugendlichen vornehmlich an der Intonations- und Artikulationsweise von Popstimmen orientiert.[1]

Andererseits weiß jeder, der sich heute mit Gesang beschäftigt, dass „intensives Singen zumeist mit positiven psychischen und körperlichen Reaktionen verbunden ist".[2]

Wer einmal das Leuchten auf dem Gesicht eines Menschen erlebt hat, dem von Kindheit an gesagt wurde „Du kannst nicht singen", und der es nun mit Hilfe des Therapeuten geschafft hat, Töne oder gar ein Lied zu singen, der bekommt eine Ahnung davon, dass dem Gesang eine zentrale Rolle im therapeutischen Bereich zukommen muss aufgrund seiner den ganzen Menschen heilsam durchströmenden Wirkungen: Da lösen sich Verkrampfungen äußerer und innerer Art, brechen seelische Krusten auf, kommt ein Selbstheilungsprozess des Körpers in Gang. Ist ein Mensch krank, so fühlt er sich „verstimmt", wie ein Instrument mit überspannten oder schlaff hängenden Saiten. Und gelingt es ihm dann, einige Töne zu singen, so erlebt er tief innerlich, was es bedeutet zu tönen, wie Atem und Wärme seinen Körper durchklingen und dabei gleichzeitig Freude, Zuversicht und Selbstvertrauen in seiner Seele erwachen.

Spricht man von Heilsingen bzw. Gesangstherapie, so denkt ein unvoreingenommener Leser zuallererst an das Behandeln von Stimm- oder Atemstörungen im Sinne der Logopädie, da hier ihre Wirkung am meisten einleuchtet. Will man verstehen, weshalb auch Heilerfolge im organischen, physiologischen und psychologischen Bereich erzielt werden können, so ist dies nur einsehbar, wenn man, wie dies in der anthroposophischen Medizin und Kunsttherapie geschieht, davon ausgeht, dass ein Organ – hier der Kehlkopf – nicht für sich allein, sondern in Wechselbeziehung zum gesamten menschlichen Organismus steht.

So liegt das hier vorgestellte Arbeits- und Forschungsgebiet der Gesangstherapeuten in erster Linie im Bereich der Wechselwirkungen von menschlichem Organismus, gesanglicher Lautbildung und kosmischen Kräften. Diese Beziehungen äußern sich in der Wirkung von Klang und Ton auf den Menschen.

Die menschenkundlichen Grundlagen der musikalischen Elemente wurden schon im vorangehenden Teil über Musiktherapie ausführlich behandelt. Sie behalten selbstverständlich ihre Gültigkeit für jede Art der Musikausübung. Was für das Singen neu hinzukommt, sind menschenkundliche Zusammenhänge, die speziell die Gesangstherapie betreffen und für das Verständnis der nachfolgenden Therapiebeispiele notwendig sind.

München, im Februar 2002 *Andrea Stückert*

ERSTER TEIL

GRUNDLAGEN

1. Grundlagen der Gesangstherapie

1.1 Zur Geschichte der Gesangstherapie

Am Anfang des 20. Jahrhunderts kam es bei vielen Sängern zu konkreten Fragen in Bezug auf das sich seit dem 19. Jahrhundert herauskristallisierende Virtuosentum:

Durfte nur derjenige singen lernen, der dazu begabt war? Oder war es nicht ein pädagogischer Impuls, den es zu ergreifen galt, darauf hin zu arbeiten, dass alle Menschen singen lernen durften? Im Zuge der Arbeiterbewegung und Reformpädagogik zu Beginn des Jahrhunderts entstanden so Gruppierungen wie z.B. die des Wandervogels. Fritz Jöde, der die Jugendmusikbewegung ins Leben rief, hatte schließlich den starken pädagogischen Impuls, den Gesang und auch die Instrumentalmusik ins Volk zu tragen und „der ganzen Jugend den Zugang zum Kulturgut der alten Meister zu ermöglichen".[3] Durch sein Wirken entstanden die ersten „Musikschulen für Jugend und Volk" (Titel einer programmatischen Schrift Jödes von 1924).

Eine weitere, immer wiederkehrende Frage war die nach der Qualität des Singens: Die Sängerin Olga Hensel beschreibt in ihrem Buch *Die geistigen Grundlagen des Gesanges* den Werdegang und die Bedeutung des Gesangs von frühesten Zeiten bis zur Neuzeit. Sie schildert die immer größer werdende Verflachung des Gesanges und kommt zu dem Schluss: „Der Gesang wird eine bloß ästhetische Angelegenheit und schließlich der völligen Mechanisierung ausgeliefert. Seine hohe Aufgabe ist vergessen."

In der allgemeinen Frage- und Aufbruchstimmung zu Beginn des 20. Jahrhunderts, wo in allen Bereichen, auch in der Kunst, nach neuen Wegen gesucht wurde (z.B. W. Kandinsky, F. Marc, P. Klee in der Malerei; A. Schönberg, A. Webern, A. Berg in der Musik), traten einige Menschen aufgrund solchen Suchens an Rudolf Steiner heran mit der Frage, ob es eine geistige Ebene gibt, die der irdischen Welt mit all ihren Erscheinungsbildern zugrunde liegt.

Durch solche Gespräche und Anfragen kam es auf der Grundlage der geisteswissenschaftlichen Forschungen Rudolf Steiners zur Beleuchtung und Befruchtung der verschiedensten Gebiete wie der Kunst (Malerei, Bildhauerei, Architektur, Musik, Eurythmie, Sprache), Religion, Philosophie, Naturwissenschaft, Pädagogik, Medizin, Landwirtschaft und des sozialen Lebens. Zahlreiche Einrichtungen der verschiedensten Lebensbereiche fußen heute auf diesen Erkenntnissen, arbeiten und forschen auf dieser Basis weiter.

Olga Hensel, welche diese Zeit intensiv miterlebte, schildert den Beginn dieses neuen Forschens in Bezug auf den Gesang mit den Worten:

„Wohin wir blicken, sehen wir einen Umschwung. ... Sogar in den Zeitungen des Alltags ist es spürbar. Das Wort ‚Geist', früher nur im theologischen Sinne gebraucht, erfährt eine ungeheure Ausweitung; es wird, mit dynamischer Kraft erfüllt, zum Angelpunkt des Weltalls ... Jedem Menschen (muss es so) ergehen, der sich auf die Suche nach dem wahren Menschen in sich und dem anderen begibt. Ihm wird zum erschütternden Erlebnis: das, was du siehst, hörst, greifen kannst, das ist nur ein Teil, das ist nicht der ganze Mensch. Nur mit einem inneren Sinn kannst du ihn erfassen, sein wahres Wesen ist übersinnlich, im Sinnlichen sich darlebend ... So wird auch der singende Mensch dazu gedrängt, sich zu fragen: was ist der Gesang, jene Form, in der das Musikalische und das Sprachliche miteinander verbunden sind? Was bin ich als Instrument? ... Neu lauscht der Singende (nun) dem Gesang. Neu und rätselhaft erscheint ihm alles: Ton, Melodie, Harmonie, Laut, Wort und Sprache. Alles vom Rhythmus geordnet und im Gesang verbunden."[4]

Im Wesentlichen sind es drei Gesangsschulen, die heute auf der Grundlage des anthroposophischen Gedankengutes arbeiten und dieses zur Grundlage ihrer Forschungen im Bereich der Gesangspädagogik und Gesangstherapie machen:

1. Die Schule von Gracia Ricardo, später weitergeführt von Berty Jenny und Edith Dietrich, heute vertreten durch Dina Winter; die grundlegenden Forschungen dieser Arbeit sind niedergelegt in dem Buch *Singing and the Etheric Tone*.[5]
2. Die Schule von Maria Führmann, die durch Frau Tilla Hoffmann der Öffentlichkeit bekannt wurde und heute vor allem durch Dr. Gisela Rösch weitergeführt wird; ihre Forschungen legte Frau Führmann in dem Buch *Die Praxis des Gesanges* nieder.[6]
3. Die *Schule der Stimmenthüllung* von Frau Valborg Werbeck-Svärdström[7], welche Jürgen Schriefer mit der Aufgabe betreute, diese Schule weiterzuführen; dessen Einsatz ist es zu verdanken, dass heute Menschen in der ganzen Welt nach dieser Schule arbeiten.

Die meisten der heute tätigen anthroposophischen Gesangstherapeuten arbeiten auf der Grundlage der letztgenannten Gesangsschule. Deshalb sollen hier noch einige Bemerkungen zum Werk Frau Valborg Werbeck-Svärdströms folgen:

Schon seit 1905 arbeitete Frau Werbeck, die zu ihrer Zeit eine berühmte schwedische Sängerin war, an einer Methode, die eigene Stimme von den Abnützungserscheinungen durch die üblichen Gesangstechniken immer wieder zu heilen. Diese Anfänge wurden später von ihr unter ständiger Anregung und Bestätigung Rudolf Steiners zu einem allgemein gültigen Übungsweg ausgebaut.

„Durch eine persönliche Unterredung konnte ich Rudolf Steiner kennenlernen ... Tauchten konkrete Fragen und Schwierigkeiten auf ... so durfte ich mir ... bei Rudolf Steiner Rat holen ... Zu meinem großen Erstaunen musste ich bald bemerken, dass die Probleme, mit denen ich rang, bei ihm ganz aus seiner Arbeit heraus schon gestellt waren, und manchmal entwirrte er durch einen einzigen Satz den verworrenen Knoten. So ging es mit vielen meiner Fragen ... Kurz, es war für mich eine ganz andere Art des Arbeitens!"[8]

Frau Werbeck beschreibt ihre Arbeit in der Einleitung zu ihrem Buch *Die Schule der Stimmenthüllung* folgendermaßen:

„Alles Arbeiten, alles Mühen um die so genannte Stimmbildung – es ist im Grunde genommen nichts anderes als ein Loslösen, ein Hinwegräumen der Hüllenhindernisse, welche die Stimme, wie man dies heute im Sprachgebrauch ganz richtig ausdrückt, nicht ‚herauskommen' lassen wollen. Und hier begegnen wir dem Kardinalirrtum unserer heutigen Gesangspädagogik: die menschliche ‚Stimme' braucht keine ‚Bildung', sie ist da, fertig, vollendet, als ein im Ideellen klingendes Wesen, aber sie wartet auf – Befreiung! Wir müssen Stimmbefreiung, besser noch Stimmenthüllung und nicht Stimmbildung sagen."

Aus der Zusammenarbeit mit Rudolf Steiner entwickelte Frau Werbeck eine Menschenkunde des Gesangs, welche die Grundlage für ihr pädagogisches Schaffen in den 20er und 30er Jahren bildete und den Boden abgab für die mit großer Intensität betriebene Erforschung der heilenden Wirkungen des Gesangs in den späteren Jahren.

Gemeinsam mit mehreren Ärzten, besonders aber mit Dr. Eugen Kolisko, der als Schularzt an der Waldorfschule in Stuttgart tätig war, betreute Frau Werbeck eine große Zahl von Patienten.[9]

Im letzten Abschnitt ihres Lebens, den sie in ihrem Haus in Eckwälden verbrachte, war Frau Werbeck fast ausschließlich Therapeutin: Das jahrzehntelange Arbeiten am eigenen Organismus hatte in ihr ein neues Wahrnehmungsvermögen erzeugt, eine Art Einfühlen, Einhören in die menschliche Physiologie. Die Übung der Selbstlosigkeit gegenüber dem geistigen Hintergrund der Kunst wurde zur Fähigkeit, therapeutische Einfälle in dem Bereich zu empfangen, der ihr zum ureigensten Element geworden war: Ton, Laut und Atem waren – wie man im Nachfolgenden sehen wird – ein unerschöpfliches, reiches Feld.

Die Schulung der eigenen Stimme ist bei allen auf der Grundlage der Anthroposophie arbeitenden Gesangstherapeuten das entscheidende Rüstzeug für die Arbeit in der Therapie. Und so entwickelten sich im Laufe der Jahre die verschiedensten Wege und Ansatzpunkte im therapeutischen Arbeiten, die auch zu unterschiedlichen Bezeichnungen geführt haben:

Gisela Friebe († 2002) in Kassel arbeitete z.B. seit Jahrzehnten heilsängerisch und verfügte über einen reichen Erfahrungsschatz im Bereich der Heilpädagogik, aber auch beim Behandeln von Stimmbandknötchen und organischen Störungen.

Arnold Dorhout-Mees in Holland nennt seine therapeutische Arbeit „Klang-Atem-Therapie". Sein Anliegen ist es, die Atmung und den Klang mit Hilfe der Konsonanten aus einem zu starken Gebundensein an das Organische zu befreien. Durch die intensive konsonantische Arbeit wird der physische Leib durchgearbeitet, Atmung und Klang können diesen immer freier durchströmen und dadurch heilend auf den ganzen menschlichen Organismus zurückwirken.

Frau Edith Dietrich in Pforzheim († 1997) erarbeitete mit ihren Schülern und Patienten einen gesanglichen Weg, der ganz aus dem Erleben und Erforschen der Vokale seinen Anfang nahm und von den heute weiterforschenden Schülern fortgeführt wird.

Frau Dr. Gisela Rösch beschäftigt sich auf der Grundlage der Arbeit von Maria Führmann intensiv mit der Wirkung der einzelnen Töne und Laute, besonders der Vokale auf den menschlichen Organismus.

Schließlich gibt es einen Kreis von Gesangstherapeuten im Ruhrgebiet, die wie Thomas Adam und Helga Lausmann stärker im Bereich der Wirkung von Konsonanten auf die einzelnen Körperregionen sowie der Wechselwirkung der einzelnen Kopfbereiche mit dem ganzen menschlichen Organismus forschen.

Fritz Jäger in Wuppertal entwickelte seit Ende des Zweiten Weltkrieges seinen eigenen Weg als anthroposophisch forschender Sänger und Stimmtherapeut. Als über Neunzigjähriger behandelt er heute noch vor allem Kehlkopf- und Stimmbandprobleme mit großem Erfolg (siehe dazu auch das Therapiebeispiel Nr. 4, S. 162).

Die Reihe der auf ihre Weise individuell arbeitenden Gesangstherapeuten ließe sich noch weiter fortsetzen und ergibt schon aus den bis jetzt genannten ein buntes, vielfältiges Mosaik. Wichtig aber ist dabei eines: Sie alle haben die aus der Anthroposophie heraus kommenden Erkenntnisse zur Grundlage ihres eigenen Forschens gemacht, und alle haben das gleiche Ziel: mit Hilfe des Gesanges gemeinsam mit dem individuellen Patienten einen Weg zu gehen, der diesen in seinem Gesundungsprozess helfend begleiten kann.

1.2 Der singende Mensch als klingende Säule

Fast jeder Mensch hat es wohl schon irgendwann einmal erlebt, dass es ihm beim Hören von Musik so ging, als würde ihm – aber im positiven Sinn – „ein Schauer über den Rücken laufen". Besonders beim Gesang kann dieses Erlebnis eintreten. Und doch kann gerade hier auch das Gegenteil vorkommen: Ist die Stimme des Sängers rauh, ist sie verklemmt oder schrill, so möchte man sich am liebsten aus dem Raum flüchten, um sich zu schützen. Wenn schon allein das Hören von Musik, speziell von Gesang, eine solche Reaktion hervorrufen kann, wie erst wirkt dann der Gesang beim Singenden selbst auf seinen ganzen Organismus? Legt man die Hand während des Singens an den Kehlkopf, den oberen Brustkorb oder auch den Nacken, so kann eine feine Vibration wahrgenommen werden. Nach entsprechendem Üben und auch je nach Verfassung kann sich diese Wahrnehmung über den ganzen Rücken nach unten bis hin zum Becken ausdehnen. Man spürt dann den Verlauf der Tonschwingung bis in die Beine und Füße, ja sogar bis unter die Fußsohlen. Es ist ein erfrischendes, belebendes Gefühl, das dabei den ganzen Körper durchströmt. In der anthroposophischen Menschenkunde spricht man von vier verschiedenen Wesensgliedern des Menschen (siehe die entsprechenden Ausführungen im Teil über Musiktherapie). Und so ist es in diesem Fall der Lebens- oder Ätherleib, in dem und mit welchem wir diese Belebung erfahren können.

Rudolf Steiner beschreibt die Bedeutung des Ätherleibes für das Singen folgendermaßen: „Es wird sich ergeben für die Gesangspädagogik der Grundsatz, dass man ein Bewusstsein hervorrufen muss bei dem Singen-Lernenden von dem Anteil, den der Ätherleib dabei hat: gleichsam von dem fortwährenden Überleiten der Töne auf den Ätherleib. Erst dann, wenn diese Anteilnahme des Ätherleibes beim Singen wirklich in Betracht gezogen werden wird, wird auch jener Umwandlungsprozess eintreten, der mit Bezug auf die Gesangspädagogik notwendigerweise aus unseren Prinzipien heraus erfolgen muss. Praktisch gesprochen wird sich das darin zeigen, dass die Gesangslehrer und -lehrerinnen den Schüler immer mehr dahin bringen werden, weniger mit Bewusstsein zu verbinden das Gefühl in den physischen Organen, dafür aber mehr Bewusstsein zu entwickeln in dem, was gewissermaßen diesen physischen Organen anliegt. Der Singende muss ein Gefühl haben, nicht so sehr von der

Bewegung der Organe, sondern von dem, was die Luft in ihm und um ihn in ihrer Bewegung tut. Eine Emanzipation des bewussten Erlebens des Tones in der Luft von dem Erleben des Tones im Organe ist dasjenige, was aus dem richtigen Erkennen der geisteswissenschaftlichen Grundsätze in der Gesangspädagogik folgen wird."[10]

Auf der Grundlage dieser Aussagen lässt sich eine Art Urbild erstellen: der menschliche Leib als gewissermaßen klingendes Instrument, der singende Mensch als schwingend-klingende Säule. Die altitalienischen Gesangsschulen nannten diesen Zustand „Statue": ein äußerlich ruhiges Stehen wie das einer Statue, aber ein lebendiges Strömen im Inneren des Menschen.

Eine zeitgemäße Gesangsschule, die solchen Grundlagen gerecht werden will, wird deshalb eine Möglichkeit suchen, die Stimme aus der Gebundenheit an die körperliche Substanz zu befreien.

Im immer differenzierteren Hineinhören und Erforschen der eigenen Stimme ergibt sich ein Weg, auf dem die in jedem Menschen verborgenen schöpferischen Fähigkeiten freigesetzt werden können. Alles Tönende erscheint in diesem Sinne als Offenbarung des von Valborg Werbeck-Svärdström so genannten Urklanges. Sie drückt dies in ihrem Buch wie folgt aus:

„In dem Maße, in dem es einem gelingt, sein Körperinstrument für den Klang durchdringlich zu machen, in demselben Maße erscheint der Ton schön oder unschön. Schön klingt der Ton, wenn nichts von dem Körperhaften ihn an dem Hinausströmen, Hindurchströmen hindert. Unschön klingt er, wenn er in seinem Hinausschwingen ‚festgehalten', ‚aufgefangen' wird. Hat man aber diesen urtümlichen Tatbestand der ‚Stimme' erkannt, dann weiß man um das Primat der aus dem Unhörbaren heraus sich manifestierenden Stimme, und es kehrt sich bei solcher Erkenntnis einfach die Einstellung des Materialismus um: Nicht das Stofflich-Organische erzeugt den Ton, sondern die sinnlich unhörbare Stimme erzeugt ihn auf der Grundlage des Stofflich-Organischen.

Hat man aber diese Wahrheit an sich selbst erfahren, so beginnt man konsequenterweise auch die therapeutischen Wirkungen eines richtigen Singens zu begreifen, und versteht, dass die Stimme als solche niemals ‚krank' werden kann, sondern dass ihr sogar Heilkräfte innewohnen müssen."[11]

Dies ist den anthroposophischen Gesangspädagogen und Gesangstherapeuten als Ziel gleichermaßen wichtig. Denn durch die Bedingungen der Lebensführung und technisierten Umwelt kommt es heute bei vielen Menschen z.B. zu Durchblutungsstörungen und Verspannungen in der Schulter- und Nackenregion, zu Verhärtungen im Bereich des Zungengrundes einerseits und zu Erschlaffungen des Gaumensegels andererseits, zu Verkrampfungen in der Zwerchfellregion und zu wenig Muskeltonus im Bauchraum. Doch mit diesem Urbild vor Augen kann der Gesangstherapeut im individuellen Abspüren der Situation des Patienten einen Weg entwickeln, der auf dieses Ziel hinführt.

1.3 Atem und Stimme

Im Atemholen sind zweierlei Gnaden:
Die Luft einziehen, sich ihrer entladen;
Jenes bedrängt, dieses erfrischt;
So wunderbar ist das Leben gemischt.
Du danke Gott, wenn er dich presst,
Und dank ihm, wenn er dich wieder entlässt.

J. W. Goethe: West-östlicher Diwan

In diesen Worten Goethes drückt sich eine zentrale Haltung dem Atem gegenüber aus, die für die anthroposophisch tätigen Gesangstherapeuten, aber auch für viele andere Richtungen, z.B. Menschen, die sich auf der Grundlage der Eutonie[12] mit dem Singen beschäftigen, selbstverständlich geworden ist.

So versuchen Gesangspädagogen und -therapeuten das Bewusstsein des Menschen niemals direkt auf die Atmung zu richten, sie also nicht willkürlich zu beeinflussen, sondern durch den künstlerischen Prozess mittelbar anzuregen. Voraussetzung dazu ist eine seelische Öffnung im Sinne von Staunen, Freude etc., die es möglich macht, den Atem wie von außen zu empfangen und die Luft wieder abzugeben. Ein zu tiefes Eingreifen des Bewusstseins in die Lebensprozesse der Atmung, das auf Dauer verhärtend wirken würde, kann dadurch vermieden werden.

Frau Werbeck beschäftigt sich im 8. Kapitel ihres Buches[13] ausführlich mit der Atmung in einer für unsere heutige Zeit angemessenen Weise und schildert aus ihrer therapeutischen Erfahrung die Gefahren solch einer Verhärtung folgendermaßen:

„Wenn man, ohne zu singen, den Atem an sich zum Gegenstand des Beobachtens und Übens macht, gibt man sich in Wirklichkeit den physiologischen Vorgängen hin, die sich innerhalb des Körperlichen abspielen ... (Dies) ruft jedoch im Organischen Veränderungen hervor ... Solche Schäden können sich auf mannigfaltige Weise offenbaren: Im günstigsten Falle verhärten sie langsam, aber stetig die ganze Gesangsorganisation des Menschen, sowohl die Klangorganisation (Kehlkopf, Ohr usw.) als auch die lautformenden Organe (Zunge, Kehldeckel usw.), bis die Tätigkeit des Singens wie das ‚Wälzen eines Steines' empfunden wird, d.h. der Sänger erlebt seinen Zusammenbruch."

Dagegen wird eine richtige Atmung erreicht, „wenn es uns im Singen gelingt, den einheitlichen Rhythmus des Atmungsprozesses durch entsprechende Bewegungen an der Luft so zu verstärken, dass der Gesamtprozess nach und nach von sich aus die Kraft bekommt, den Lungenatmungsprozess wiederum in seinen ureigenen Rhythmus aufzusaugen, in sich mit aufzunehmen und einzugliedern ... Bewegungen können wir nur durch die Hilfeleis-tungen unseres Muskelsystems ausführen ... Wir sollten Atemübungen so machen, dass wir singend ganz bestimmte Muskeln, die primär der Physiologie des Atmungsvorganges zugeordnet sind und deshalb unmittelbar auf das Ein- und Ausatmen einwirken, in Bewegung setzen, und zwar in solche Bewegungen, die einen ausgesprochenen rhythmischen Charakter haben."

Interessant ist in diesem Zusammenhang auch die Tatsache, dass Vorstellungshilfen, die ein seelisches Öffnen bewirken, gleichzeitig auch eine Tiefstellung des Kehlkopfes und die sonstigen physiologischen Voraussetzungen zum Singen erreichen können. Denn diese sind nicht mit dem gewöhnlichen Atmen gegeben. Normalerweise schließen sich die Stimmlippen während des Ausatmungsvorganges und öffnen sich während der Einatmung. Doch nur das ständige Aneinanderschwingen der Stimmlippen beim Singen bewirkt einen schönen Klang. Sonst ist die Stimme verhaucht, es kommt zuviel Luft in den Ton. Will man das verhindern, indem man versucht, die Lautstärke anzuheben, so äußert sich das in einer gepressten Stimme. Der Sänger muss bei seiner Tätigkeit ständig die Kunst fertigbringen, im Ausatmen zu singen und gleichzeitig einen Zustand zu erzeugen, der dem der Einatmung gleicht, damit sich die Stimmlippen schwingend berühren können. Deshalb ist manchmal ein Hinweis auf die Vorstellung hilfreich, den Ton beim Singen einzusaugen. So reagieren die Stimmlippen und der gesamte Kehlkopfapparat in für das Singen positiver Weise auf Imaginationen, die in eine staunende, öffnende und lösende Stimmung hineinführen. Genauere Ausführungen dazu finden sich in dem Buch von Gisela Rohmert *Der Sänger auf dem Weg zum Klang.*[14]

1.4 Schwere und Leichte

Einen weiteren Gesichtspunkt für das richtige Umgehen mit der Atmung im Singen finden wir bei Frau Führmann. Sie weist auf einen Rosenkreuzer-Spruch hin, den Rudolf Steiner in einem Vortragszyklus[15] erwähnt und der ihr zum Zentrum ihres pädagogischen und therapeutischen Arbeitens geworden ist:

„Licht strömt aufwärts,
Schwere lastet abwärts"

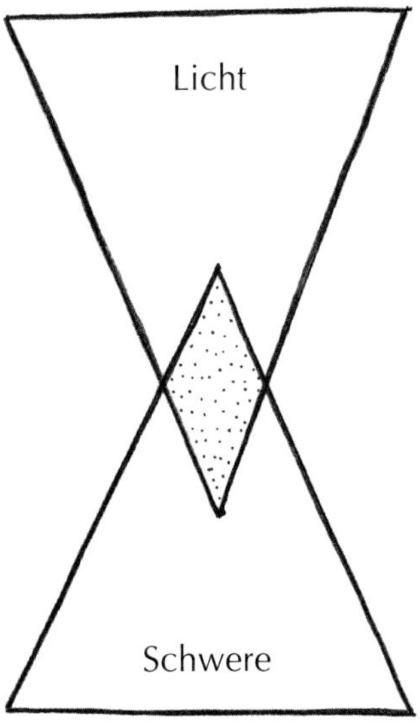

Abb. 1

„An diesem Spruch kann man für den Gesang ansetzen. Warum? In Licht und Schwere erfasst man den ganzen Ein- und Ausatmungsprozess. Es ist sozusagen die innere Polarität des Menschen. Die äußere Polarität zeigt sich, indem man den Menschen sieht in der aufgerichteten Haltung: ruhend abwärts mit seinen Füßen auf dem Erdboden, mit seinem Haupte aufwärts gerichtet, zum Kosmos."[16]

Die vom Schüler oder Patienten vielleicht noch dazu ausgeführten Bewegungen nach oben und nach unten können diesem das Darinnenstehen des Menschen in Licht- und Schwereprozessen, die Eingliederung in irdische und kosmische Zusammenhänge am eigenen Leib verdeutlichen und ihn sensibilisieren für das sängerische Tun: Die Arme strecken sich in einer sich öffnenden Gebärde vom Bereich des Zwerchfells aus dem Licht entgegen; die Beine öffnen sich mit einem Gefühl von sich im Erdreich verankerndern Wurzeln. Die beiden Dreiecke – das sich nach oben zum Licht öffnende und das sich nach unten zur Erde weitende – durchdringen sich im Bereich des Sonnengeflechts, einem für den Atem und damit auch für das Singen zentralen Organ.

Ist dieser oben genannte Ein- und Ausatmungsprozess gestört, so kommt es zu Störungen im Organismus, die sich bis in Krankheiten hinein manifestieren können (siehe dazu auch das Kapitel über therapeutische Gesichtspunkte zum Atmen).

1.5 Hören und Lauschen

Gibt es einen Unterschied zwischen Hören und Lauschen?

Über den Hörvorgang wurde ja schon im ersten Teil über Musiktherapie ausführlich geschrieben. Was beim Singen und in der Gesangstherapie eine entscheidende Rolle spielt, ist das „innere Hören", das Voraushören, das Nachlauschen. Gewiss ist es noch kein Lauschen, wenn der Fernseher oder das Radio läuft (oft auch beides gleichzeitig), während nebenher Hausarbeiten, Schularbeiten gemacht oder Gespräche geführt werden. Das Gehör funktioniert ja dabei, es nimmt die Töne auf. Aber es muss die seelische Qualität des Interesses dazukommen, das Gehörte zu verinnerlichen, damit das Hören ins Lauschen umschlägt. Dann kann ich plötzlich einer Stimme ablauschen, ob der andere Mensch betrübt oder fröhlich, interessiert oder gelangweilt, freundlich oder abweisend, humorvoll oder humorlos ist. Es sind feinste Nuancen im Stimmklang des anderen, die mich solches wahrnehmen lassen. Lauschen bedeutet also in erster Linie wahrnehmen lernen. Und diese Wahrnehmungsfähigkeit hängt direkt mit der Eigenart des Hörsinnes zusammen, der außer akustisch übermittelten Inhalten auch etwas über die innere Beschaffenheit des klingenden Gegenstandes oder Lebewesens erfahren lässt. Im inneren Nachlauschen eines Höreindruckes wirken besonders diese verborgenen Qualitäten des Gehörten, oft auch unbewusst, auf die Empfindungen und Gefühle des Hörenden.

Im Therapieprozess ist es häufig ein entscheidender Moment, wenn der Patient durch Übungen, die das Staunen anregen, durch Bilder, die ein seelisches Öffnen bewirken, und durch entsprechende Laute, die den Klangraum im Mundbereich erweitern – oft durch alles zusammen – in eine lauschende Haltung gebracht wird, die ihm ein neues Erlebnis bedeutet und wichtig für den weiteren Verlauf der Therapie sein kann (siehe dazu auch das Therapiebeispiel Nr. 2, S. 161).

Eine weitere Beobachtung beim Lauschen lässt sich an der Arbeit mit Menschen verdeutlichen, deren Gehör, rein organisch gesehen, in Ordnung ist und die trotzdem oftmals nicht in der Lage sind zu hören. Hier spricht man auch manchmal von einer so genannten seelischen Taubheit. So hat zum Beispiel die Erfahrung mit einem zwölfjährigen Kind gezeigt, dass es Töne richtig nachsingen konnte, sobald es mit dem Rücken zum erklingenden Instrument stand, während es ihm nicht möglich war, wenn es gleichzeitig darauf schaute. Hier war das harmonische Zusammenspiel von Hör- und Sehsinn gestört. Durch ein intensives Stärken des Hörbereiches, indem das Kind immer wieder die Töne über den Rücken wahrnehmend nachsang und dadurch in ein lauschendes Erleben kam, konnte eine Verbesserung erreicht werden.

1.6 Atmung und Zunge

Eine wichtige Grundlage für eine gesunde Atmung ist die Zunge. Frau Werbeck beschreibt, dass eine schlaffe, träge, nicht durchgebildete rückwärtige Zungenhälfte eine gehemmte Atmung nach sich zieht. Dasselbe gilt für die Neigung zu Verkrampfungen der Zungenmuskulatur, besonders im Bereich des Zungengrundes. Nicht verarbeitete traumatische seelische Erlebnisse können z.B. ein Grund für solche Verkrampfungen sein. In diesem Falle werden sie in die Muskeln von Zunge und Zwerchfell wie hineingedrängt, verdrängt.

Im Gegensatz zu der von Frau Werbeck für den Sänger geforderten energischen Durcharbeitung der Zunge muss in der Therapie der sanftere Weg gewählt werden. Die Lösung solcher Verkrampfungen erfordert im therapeutischen Prozess behutsames Vorgehen, da die verdrängten Probleme im Verlauf der Arbeit oft wieder auftauchen. Wenn sie zu gravierend sind, bedarf es zu ihrer Lösung eventuell der Hilfe einer begleitenden kompetenten Gesprächstherapie.

Auch ein rein mechanisches Muskeltraining verstärkt die vorhandenen Verkrampfungen eher. Erst mit Hilfe des gesungenen Tones gelingt eine Lösung der Verhärtungen:

„Es kann nicht oft genug ausgesprochen werden, dass man niemals an eine bewusst-systematische Bearbeitung des Organischen ungestraft herangehen kann, ohne einen gleichzeitig gesungenen Ton dabei zu haben. Auch der gesprochene Ton genügt nicht als Schutz für eine solche Arbeit. Nur singend, beim Gebrauch des für das Singen notwendigen Klanglichen, im Klangstrom selber liegt die Kraft verborgen, die sich ausgleichend und schützend vor die Folgen einer unmittelbaren Ergreifung des Organischen zu stellen vermag."[17]

1.7 Therapeutische Gesichtspunkte zum Atmen

Rudolf Steiner schildert in dem Vortragszyklus *Das Wesen des Musikalischen*, GA 283, in der Fragenbeantwortung vom 30. September 1920 verschiedene Atemtypen, die man bei gesunden Menschen vorfinden kann:

Der eine fühlt sich wohl, wenn er Sauerstoff in sich aufnehmen kann, d.h. er lebt stark in der Einatmung; der andere empfindet dieses Verlangen überhaupt nicht, sondern ist erleichtert, wenn er Kohlensäure ausatmen kann, lebt also stärker in der Ausatmung. Verstärken sich diese beiden Tendenzen, so kommt es zu einem gestörten Ein- und Ausatmungsprozess, der sich auf die Gesundheit des Menschen auswirkt.

So gibt es auch hier die beiden grundsätzlich verschiedenen Tendenzen, dass die Menschen entweder in der Einatmung verharren und nicht zum richtigen Zeitpunkt die Lösung in die Ausatmung finden oder aber, dass die Menschen kein Ende in der Ausatmung finden und deshalb nicht rechtzeitig zum Einatmen kommen. In beiden Fällen wirkt die Störung auf die Menschen beängstigend und beklemmend. Die Bauch- oder Flankenatmung wird nicht erreicht, d. h. der Atem durchströmt den Menschen nicht von Kopf bis Fuß. Übungen mit schwingenden Körperbewegungen können hier sehr hilfreich sein (siehe dazu auch das Kapitel „Therapeutische Übungen", S. 161).

Ein Krankheitsbild, bei welchem je nach Mensch beide Tendenzen auftreten können, ist das des Asthma.

Welche Übungen kann man finden, die nun stärker die Ein- oder die Ausatmung fördern?

Die Vorstellung liegt nahe, dass gerade die Laute, bei deren Bildung verstärkt Luft ausströmt, also in erster Linie die Blaselaute, ausatmungsfördernd wirken. In der Praxis zeigt sich aber, dass kaum ein Patient in der Lage ist, am Anfang bei der Bildung der Blaselaute so flexibel mit seinen Sprachwerkzeugen umzugehen, dass die Luft dabei wirklich frei ausströmen kann. Es kommt leicht zu einem Atemstau, der auch kein natürliches Einatmungsbedürfnis entstehen lässt. Werden hingegen die Konsonanten konturlos und ohne plastische Kraft gebildet, dann führen gerade die Blaselaute leicht zu einem Sich-Veratmen, das sich sehr negativ auswirken kann. Erst ein Gleichgewicht zwischen plastizierenden und strömenden Kräften wirkt positiv auf die Ausatmung, wobei der Klang die strömende Kraft sehr unterstützt.

Bei den Vokalen sind es, was die Ausatmung betrifft, eindeutig die Laute „O" und „U", die helfen, seelische Impulse nicht zurückzuhalten (was ebenfalls zu einem Atemstau führen würde), sondern sie zu äußern und einzubringen, was oft mit der Überwindung großer Ängste verbunden ist.

Der Vokal „A" kann als der Einatmungsvokal bezeichnet werden. Zu Beginn der Therapie muss man oft über einen längeren Zeitraum fast jede Übung auf „A" enden lassen, um zu verhindern, dass sich bei der folgenden Einatmung der ganze Kehlraum verengt und gegen diese Verengung mit Willenskraft Luft eingezogen wird. Wenn es gelingt, sowohl bei der Ton- und Lautbildung als auch bei der darauffolgenden Einatmung den Kehlbereich in einer seelisch erfüllten „A-Gebärde" zu öffnen, bedeutet dies, dass die Luft sowohl bei der Ausatmung als auch bei der Einatmung frei im Kehlkopfbereich strömen kann.

Generell kann man sagen, dass die Konsonanten – vorausgesetzt, sie werden so gebildet, dass die Luft frei ausströmen kann – einen verstärkten Einatmungsimpuls hervorrufen, während vokalische Klänge mehr der Ausatmung zuzuordnen sind. Sie verstärken den Impuls, aus sich herauszugehen und sich mit der Welt zu verbinden.

2. Musikalisch-sprachliche Mittel der Gesangstherapie

2.1 Die Elemente Ton, Klang und Laut

Im Singen werden Klang- und Lautwelt zu einer Einheit verbunden. Der Sänger bewegt und schult sich in zwei Künsten, im „Singen und Sagen" gleichermaßen. Erst aus dem intensiven Erüben und anschließenden Verbinden dieser beiden in vollkommen gegensätzliche Richtungen strebenden Künste ergibt sich das sängerische Ideal.

Von allen Elementen der Musik lebt der Sänger am stärksten im Melodiösen, Fließenden, Strömenden. In diesem Bereich ist er dem Klangelement am nächsten. Im Instrumentalbereich ist ein Unterschied von Klang- und Tonelement leicht beobachtbar: Es gibt beispielsweise reine Klanginstrumente, bei welchen es schwer ist, einen eindeutigen Ton herauszuhören, z.B. Becken, Triangeln etc. Dagegen gibt es wiederum Instrumente, die auf ganz bestimmte Töne gestimmt sind, wie z.B. Harfen, Leiern, Klavier, Akkordeon etc. Und doch hat das Tonliche unmittelbar etwas mit dem Klang zu tun. Es kann also Klang ohne eindeutige Tonhöhe geben, aber keinen natürlichen Ton ohne Klang.

Frau Werbeck beschreibt den Klang als einen wirkenden „Strom, der alle Töne trägt, sich mit allen Tönen berühren kann, der bestrebt ist, sich in allen Tonformen zu offenbaren". Und sie fährt fort: „Dieser ‚Strom' ... dieses in allen Tönen lebendige Essenzielle ist eben der vom Ton völlig zu unterscheidende Klang. Auf dem Flusse dieses Klanges können wir jeden einzelnen Ton erreichen, ihn festhalten, ihn umwandeln und ihn schließlich dazu bringen, sich in Reih' und Glied mit seinen Geschwistern einzufügen als eine tadellose Perle in der Kette."[18]

Weiterhin muss man auch Klang und Laut unterscheiden. Diesen Unterschied von einerseits durch die Artikulation plastizierend wirkenden und sprachlich formenden Elementen (Konsonanten und Vokalen) und andererseits melodiös strömendem Klangelement hat Frau Werbeck wiederum in ihrem Buch sehr anschaulich beschrieben:

„Vielen Menschen der Gegenwart sind Klang und Laut so verschwommen-undifferenziert gewordene Begriffe, dass man sie im allgemeinen Wortgebrauch ihrem Wesen nach kaum voneinander unterscheidet. So ist es weiter nicht verwunderlich, dass man erst recht über die so wichtige Tatsache nichts mehr weiß, dass Klang und Laut in Wirklichkeit Repräsentanten zweier verschiedener Welten sind ... Wenn wir singen, bewegen wir uns im Element des Klanges, in einer dem Laute gleichsam übergeordneten Region. In der Melodie offenbart sich uns die Welt des Musikalischen in einem auf das Gefühl hingeordneten Elemente. Im melodischen Klange müssen wir uns ausleben, wenn wir wirkliches Singen leisten sollen. Und wenn wir das Worthafte dem gesungenen Tone, dem Melos hinzufügen wollen, so fügen wir dem primären Element ein sekundäres hinzu."[19]

In der Gesangstherapie halten sich klang- und lautbetonte Übungen die Waage. Jede therapeutische Situation fragt nach einem neuen individuellen Weg, um disharmonisch auftretende leibliche und seelische Prozesse ins Gleichgewicht zu bringen.

2.2 Die Konsonanten

In diesem und dem folgenden Kapitel wollen wir uns eingehender mit dem Charakter der verschiedenen Laute beschäftigen, hier nun mit demjenigen der Konsonanten.

Bei der Bildung der Konsonanten sind immer die so genannten Sprachwerkzeuge, also Gaumen, Zähne, Zunge und Lippen mit innerer Beweglichkeit und Kraft tätig. Deshalb ist es eine Möglichkeit, eine Gliederung der Konsonanten nach dem Ort ihrer Bildung im Mundbereich vorzunehmen:

1. Lippenlaute: M, B, P
2. Lippen-Zahnlaute: F, V, W
3. Zahnlaute: S, C, Z
4. Zungen-Zahnlaute: L, N, D, T, S, R
5. Gaumenlaute: G, K, Q, R, J, CH, H

Für den gesangstherapeutischen Zusammenhang ist dabei die Beobachtung grundlegend, dass das Hervorbringen eines Konsonanten mit Hilfe der erwähnten Artikulationsorgane immer auf einer Wechselwirkung mit dem Gesamtorganismus beruht. So tritt z.B. eine sich nach außen wölbende, sozusagen aufplatzende Kraft auf, wenn sich die Lippen aus der vorbereiteten Spannung zur Gestaltung der Laute „B" und „P" lösen. Dies macht sich bei einem gut geformten „B" in einer Weitung der Bauchdecke und damit Belebung dieses Bereiches bemerkbar. – Interessant ist, dass eine der Lautbildung entsprechende Form in der Luft sichtbar gemacht werden kann. Johanna Zinke beschreibt ausführlich ihre Forschungen auf diesem Gebiet. So sagt sie z.B. zu „B" und „P":

„Beim ‚B' bildet sich etwas Umhüllendes ... (Das nächste) Bild zeigt den Stoßlaut ‚P'... Es wurde mit Rauch gesprochen in der Weise, wie bei der Schulung gehörloser Kinder gesprochen wird. Die Seele ist (beim ‚P') in verächtlicher Stimmung. Die Lippen sind abweisend geschlossen, die Luft im Inneren staut sich. Die plötzliche Verschlusslösung lässt sie blitzschnell herausströmen und ein ‚p' erklingen ... Die ganze Strömungsform wehrt ab. Die innere Abwehr ist außen zum Bild geworden, ja, nicht nur zum Bild, sondern zur Handlung: So, wie zur Abwehr der Arm vorgestreckt und die flache Hand aufgerichtet wird, so wird eine horizontale Strömung vorgeschickt und vorn eine nicht nur nach oben wie bei der Hand, sondern nach allen Richtungen sich ausdehnende Abwehrfront geschaffen."[20]

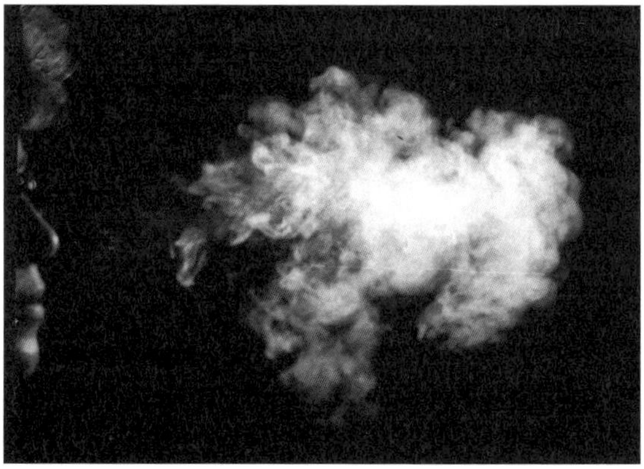

Abb. 2: *Luftlautform „B"*

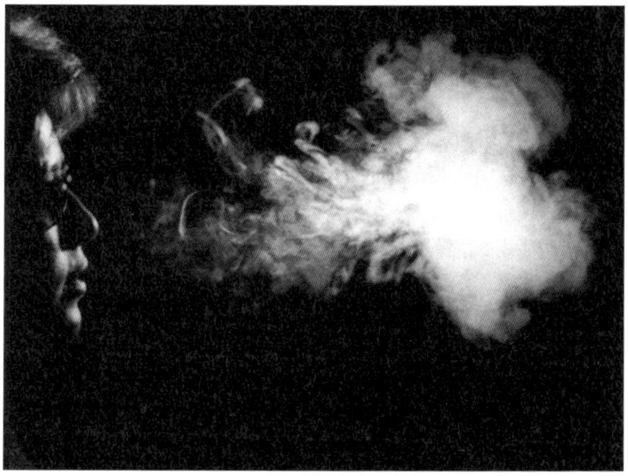

Abb 3: Luftlautform „P"

Eine weitere Möglichkeit einer Gliederung der Konsonanten ergibt sich aus deren Klangcharakter:

1. Stoßlaute: G, K, D, T, B, P, M, N
2. Gleitlaute: L
3. Zitterlaute: Rachen-, Zungen- und Lippen-R
4. Blaselaute: H, CH, S, Z, SCH, F, W

Dabei brachten Phänomenstudien durch Gesangstherapeuten die Erkenntnis, dass bei der Bildung eines jeden Lautes in spezifischer Art und Weise eine „plastizierende" Tätigkeit an der Luft vollzogen wird, durch die die Organe und Funktionen des gesamten Organismus beeinflusst werden.

An einem besonderen Laut, dem so genannten „Lippen-R", lässt sich dies besonders eindrücklich zeigen. (Man nennt es auch gerne „Kinder-R", da Kinder es meist mühelos hervorbringen.) Beim „Lippen-R" wird die vibrierende Bewegung, die beim „Zungen-R" gewöhnlich von der Zungenspitze ausgeführt wird, auf die Lippen übertragen. Diese werden nun bei kontinuierlich zitternder Bewegung in ständiger Balance zwischen Spannung und Entspannung gehalten. Diese Balance kann jedoch nur gehalten werden, wenn ein viel tiefer im Organismus – auf der Höhe des Zwerchfells und der angrenzenden Atmungsmuskulatur – gelegener, elastisch-beweglicher Muskeltonus dazu die Voraussetzung schafft. Umgekehrt wird ein kurz und rhythmisch wiederholt angestoßenes „Lippen-R" lösend auf diese Muskeln wirken, sodass diese immer besser und differenzierter in einen funktionalen Zusammenhang mit der Artikulationstätigkeit treten können.

2.3 Die Vokale

Wird im Umgang mit den Konsonanten die Funktion der Sprachorgane in ihrem Verhältnis zu den Atembewegungen und damit zur menschlichen Gestalt erarbeitet, so eröffnet sich durch die Vokale stärker ein Bereich differenzierter seelischer Wirkungen.

Aus eigenem Erleben wird diese vielfältige seelische Qualität der Vokale jeder nachvollziehen können. Wer hat z.B. nicht schon einmal die erwartungsvoll gespannte Stimmung beim Auspacken von Geschenken erlebt, die sich beim Anblick des Gegenstandes in einem freudigen „Ah!" oder „Oh!" entlud, oder den Ausruf eines „Ah!" beim Ankommen auf dem Gipfel eines Berges, wenn man endlich den Blick in die Weite schweifen lassen kann?

Demgegenüber äußert der Mensch Abwehr eher in einem „Ih!" oder „Eh!"; und spontan entfährt uns, wenn wir aus dem warmen Raum in die kalte Winterlandschaft hinaustreten ein „Huuh!"

Ein weiterer interessanter Bereich, der durch Phänomenstudien aufgeschlossen werden kann, ist einerseits der der Wechselbeziehungen zwischen ganz bestimmten Formgebärden von Lippen, Zunge, Gaumensegel und der mimischen Muskulatur, die im intensiven Hinhören auf den erzeugten Vokalklang geübt werden, und andererseits Empfindungen, die dadurch im Mundraum ausgelöst werden.

Wesentlich beim Herausarbeiten eines möglichst reinen Vokalklanges ist dabei aber nun nicht die Stellung der lautbildenden Organe an sich, sondern das, „was die Luft in und um uns in ihrer Bewegung tut".[21] So ergibt sich im Bilden des „U" eine sanfte und doch straffe Parallel-Spannung der Lippen und gleichzeitig ein weiches Absenken des hinteren Teils der Zunge, der Zungenwurzel. Und während im leisen Singen eines „U" der Luftstrom aus der schmalen Lippenöffnung gerade nach vorne entströmt und das „U" wie vor dem Mund erscheinen lässt, kann im Singenden eine Empfindung für einen dunklen, nach innen gerichteten, mehr gefühlsmäßig zu erfassenden Klangraum erwachen.

Beim Singen eines „O" wird die Luft durch die runde Mundform noch ruhiger nach vorne entlassen. Im Inneren des Mundes wird jedoch ein Klang erlebbar, den man als geradezu „saugend", den ganzen Mund zur rund gewölbten Höhle formend, bezeichnen kann. Intensives Gähnen kann oft die Folge eines solchen Übens sein.

Eine noch größere, weit bis in den Schlund greifende Öffnung wird durch das Formen und Singen des „A" erlebbar. Dabei können tief im Unbewussten liegende Ängste und Probleme berührt und aufgebrochen werden. Demgegenüber hilft dann ein kraftvoll gesungenes „I", ein gesundes Selbstwertgefühl und Freude aufleuchten zu lassen. Im „E", das ja in vielen Klangfarben von AE bis IE und OE bis UE gebildet werden kann, kann sich schließlich eine Art Mittelpunkt zeigen, in welchem sich der Mensch wie gehalten in sich selbst erlebt.

In diesem vielschichtigen Erleben der Vokale können ganz bestimmte, ursprüngliche Gefühle des Menschen neu entdeckt und erfahren werden. Etwa tiefer Ernst und Ruhe durch das „U", Verwunderung im „O", hingebungsvolles Staunen mit dem „A", Selbstbewusstsein im „I", Impulskraft im „E".

Im Umgang mit den Vokalen kann so eine die Seele stark bewegende und belebende, ja bis in die Welt der inneren Bilder und Träume wirkende Kraft erlebbar werden. Dabei werden zuweilen von den mit den Vokalen z.B. durch die Therapie in Berührung kommenden Menschen diese in einer ganzen Skala geradezu malerischer Farberlebnisse beschrieben: vom freudigen, hellsten Gelb im „I" bis zum tiefsten, Dunkelblau-Violett im „U".

Werden nun auf der einen Seite durch die Vokale solche Empfindungen wach, so können durch das vokalische Singen auch Wirkungen direkt im körperlichen Bereich auftreten. So wird z.B. durch das „U" oft die Parallelität der Rückenmuskeln und der Beine verstärkt erlebt; gewöhnlich wird das „U" noch begleitet von einem Gefühl strömender Wärme im unteren Bereich des menschlichen Organismus. In bestimmten „O"-Übungen dagegen wird – wie in einer Wiederholung der wölbenden Wirkung im Gaumen – der Brustkorb, insbesondere der Herzbereich, als sich lösend und weitend erlebbar.

In dieser Weise können für das Wirken der Vokale vielschichtige Zusammenhänge mit dem Menschen beschrieben werden, von der rein seelisch erfahrbaren „Farbigkeit" bis hin zu tiefen physiologisch-funktionalen Wirkungen.

2.4 Der Laut „NG"

Eine Sonderstellung unter den Lauten nimmt der Doppellaut „NG" ein. Valborg Werbeck-Svärdström bezeichnet ihn als einen „Überlaut", der alle anderen Laute mit Klangfülle zu beschenken vermag:

„Dieser NG-Laut steht gewissermaßen außerhalb des Normal-Lautlichen. Er ist weder Konsonant noch Vokal, sondern könnte als ein Übergang vom konsonantischen ins vokalische Element oder auch umgekehrt empfunden werden. Es durchdringt sich gleichsam überlautlich das Konsonantische und Vokalische bei einem richtig gesungenen NG-Laut." Dies kann erst nach längerer Zeit entsprechenden Übens und Beobachtens der Fall sein. „Kann man aber diesen Laut richtig bilden, so hat man in ihm ein Lautelement, welches allem übrigen Lautlichen gleichsam übergeordnet ist oder diesem gegenübersteht. Das Gesetzmäßige des lautlichen Formwillens zieht sich vom klanglichen Prinzip bei dieser Lautkombination bis auf ein Minimum zurück und gibt ihn gewissermaßen frei, sodass sich, wenn sich der Klangstrom nun mit diesem Zwischen- oder Überlaut verbindet, das Klangliche in seiner größtmöglichen Isoliertheit und Reinheit vom Lauthaften herstellen lässt."[22]

Das NG kann nach einiger Zeit der Übung helfen, alle Laute wie von innen heraus zu beleben, indem es ihnen helfend vorangestellt oder in Lautverbindungen wie „Singen", „Gong", „Klingen" bewusst gemacht wird. Es hilft der Stimme, den richtigen „Sitz" zu finden. Und es wirkt wie ein Tor, durch das der singende Mensch dem in jedem Ton, in jedem Intervall, in jeder Melodie musikalisch Lebenden schöpferisch begegnen kann. Die ganze Haltung des so Singenden ist dann mehr darauf gerichtet, den Ton zu empfangen, als ihn hervorzubringen. Im Üben wird dabei – im Gegensatz zu der plastisch artikulierend beschriebenen Tätigkeit beim Konsonantieren – so weit als möglich auf alle lautlich-formende Aktivität verzichtet.

Außer der Hilfestellung des NG für die anderen Laute ist es im therapeutischen Prozess ein wichtiger Laut, um das Lauschen zu fördern und eine Weitung des ganzen Mundraumes zu erreichen.

Frau Führmann schreibt darüber: „Zum Klingen wird ein Ton am besten gebracht durch einen Konsonanten, der an sich schon Klangsubstanz hat .... (Hier) eignet sich das ‚N' am besten, weil es den Weg zum Ansatzpunkt frei macht. Die Weitung erreicht man dann, indem zu dem ‚N' noch das ‚G' hinzugenommen wird als ‚NG'. An diesem zusammengesetzten ‚hng' erlebt man etwas wie ein weiches Gähngefühl, das einer Entspannung gleichkommt und die notwendige Elastizität des Unterkiefers herbeiführt ... Es entsteht ein Raumgefühl im singenden Menschen, durch das man sich mit innerem Hören ohne weiteres verbinden kann."[23]

Auf dem Gebiet von Ton, Klang und Laut eröffnet sich in der dargestellten Weise ein Arbeitsfeld, auf dem jede äußere Bewegung des Singenden (Körperhaltung, Bewegungsabläufe) und jedes stimmliche und musikalische Element (Konsonanten, Vokale, Klangcharakter, Melos, Harmonie, Rhythmus, Dynamik, Tempo etc.) in seiner therapeutischen sowie diagnostischen Wirkung erfahren werden kann. (Siehe dazu auch das Kapitel über „Diagnostik".)

3. Anthroposophisch-menschenkundliche Grundlage der Gesangstherapie

3.1 Die Laute in Verbindung mit Mensch und Kosmos

Immer wieder weist Rudolf Steiner in seinen Vorträgen auf den unmittelbaren Zusammenhang des menschlichen Organismus mit dem Kosmos hin und dabei im Besonderen auf die Verbindung des Menschen mit den Elementen von Musik und Sprache. Das folgende Zitat soll dies verdeutlichen:

„Wenn wir die menschliche Organisation, wie sie hier auf Erden vor uns steht, betrachten, so ist sie ja durch und durch ein Abbild des Geistigen. Alles ist hier – nicht nur was der Mensch an sich trägt, sondern auch was ihn in der äußeren Natur umgibt – ein Abbild des Geistigen. Indem der Mensch sich sprachlich äußert, indem der Mensch sich gesanglich äußert, drückt er ja als eine Offenbarung seinen ganzen Organismus nach Leib, Seele und Geist nach außen hin, und auch nach sich selbst zu, nach innen hin, aus ... Alle Konsonanten, die eine Sprache hat, sind ja eigentlich immer Varianten von zwölf Urkonsonanten .... Diese zwölf Urkonsonanten ... stellen ... eigentlich die ganze Plastik des menschlichen Organismus vor. Sodass man dann, ganz ohne dass man im Bilde spricht, sagen kann: Der menschliche Organismus ist plastisch ausgedrückt durch die zwölf Urkonsonanten.

Was ist denn dann eigentlich dieser menschliche Organismus? Dieser menschliche Organismus ist eigentlich ... vom Gesichtspunkt des Musischen aus, ein Musikinstrument ... Wenn man vom Konsonantischen spricht, hat man eigentlich im Gefühl immer etwas, was an Musikinstrumente erinnert. Und die Gesamtheit, die Harmonie alles Konsonantischen stellt eigentlich die Plastik des menschlichen Organismus dar.

Und das Vokalische – das ist die Seele, die auf diesem Musikinstrument spielt ... Sodass Sie eigentlich, wenn Sie in der Sprache das Konsonantische und Vokalische verfolgen, in jeder sprachlichen und tonlichen Äußerung eine Selbstäußerung des Menschen haben. Die Seele des Menschen spielt vokalisch auf dem Konsonantismus des menschlichen Körperinstrumentes."[24]

3.2 Die Konsonanten und der Tierkreis

Wurde im vorangegangenen Kapitel die Verwandtschaft der Laute zum Kosmos deutlich, so soll hier nun näher auf die Wechselbeziehung zwischen Konsonanten und Tierkreis eingegangen werden.

In alten künstlerischen Darstellungen findet man Zuordnungen der Tierkreiskräfte zu verschiedenen Bereichen der menschlichen Gestalt (siehe Zeichnung S. 154), die auch durch die Geisteswissenschaft Rudolf Steiners bestätigt wurden. Diese Tierkreiskräfte wurden von den Menschen in früheren Zeiten noch unmittelbar erlebt. Eine schöne Beschreibung dieses Tierkreiserlebens findet sich bei Werner Bohm:

„In ... der ägyptisch-chaldäischen (Kulturepoche) empfand sich ... der Mensch nicht im gleichen Sinne abgesondert von der Außenwelt wie heute. Was außen – war auch innen, was innen – war auch außen. Die Gestalt des Menschen von Kopf bis Fuß war aus dem Kosmos heraus gestaltet, aus den Kräften und Wesen des Tierkreises Widder bis zu den Fischen, seine Organe aus den Kräften und Wesen der Planeten ... Zu jener Zeit ... empfand (man) noch etwas von dem ‚und ein Gott war das Wort' ... Sah (der Mensch dieser Zeit) zu den Fixsternen des Tierkreises, so empfand er die festen Formen seiner Gestalt, deren Gerüst das Knochenskelett ist. Sah er auf zu den Wandelsternen, so empfand er seine Organe, deren Zahl übereinstimmte mit der Zahl der Planeten."[25]

Rudolf Steiner erläutert in dem Vortragszyklus *Eurythmie als sichtbare Sprache*[26] für die Eurythmisten den Zusammenhang von Konsonanten und Tierkreis und stellt folgendes Schema auf:

Widder:	W
Stier:	R
Zwillinge:	H
Krebs:	V / F
Löwe:	D / T
Jungfrau:	B / P
Waage:	C / CH
Skorpion:	S / Z / SCH
Schütze:	G / K
Steinbock:	L
Wassermann:	M
Fische:	N

Im 5. Vortrag des Vortragszyklus *Der Mensch im Lichte von Okkultismus, Theosophie und Philosophie*[27] entwickelt Rudolf Steiner außerdem aus dem äußeren und inneren Erscheinungsbild des Menschen folgende Zwölfgliedrigkeit, die er in Verbindung mit dem Tierkreis bringt :

1.	Aufrechtheit	Widder
2.	Hinordnung zur Tonbildung	Stier
3.	Symmetrie	Zwillinge
4.	Abgeschlossenheit	Krebs
5.	Inneres, sich Abschließendes	Löwe
6.	Inneres in leiblicher Beziehung ohne Beziehung zur Außenwelt	Jungfrau
7.	Gleichgewichtslage	Waage
8.	Reproduktionsorgane	Skorpion
9.	Oberschenkel	Schütze
10.	Knie	Steinbock
11.	Unterschenkel	Wassermann
12.	Füße	Fische

Valborg Werbeck-Svärdström, aber auch Maria Führmann arbeiteten gesangstherapeutisch mit den genannten Zuordnungen und hinterließen den heute damit arbeitenden Gesangstherapeuten ihre Erfahrungen, auf welchen diese aufbauen können. So entstand z.B. für die Durchwärmung der Beine die Übung:

„GLUM -MUM -MÜN"
(G = Oberschenkel
L = Knie
M = Waden
N = Füße)

Die meisten der heute auf der Grundlage der Anthroposophie tätigen Gesangstherapeuten bauen auf diesen Erfahrungen auf und beobachten die überzeugenden Wirkungen in der Arbeit. Folgende Beschreibungen sind deshalb als Wahrnehmungen verschiedener Therapeuten zu sehen, die alle in einem sich ständig fortentwickelnden Prozess stehen.

Verhärtungen und Versteifungen der Kniegelenke z.B. lassen sich durch keinen Laut so gut lösen wie durch das „L".

Ein richtig geübtes „N" vermag die Blutzirkulation bis zu den Füßen hin anzuregen. Auch wenn man bei einem Patienten erreichen will, dass er seine Füße besser spüren lernt, ist das „N" eine unverzichtbare Hilfe.

Und ein entsprechend geübtes „W" regt die Aufrichtekraft von innen heraus an, als ob der Rücken sich von selbst in die Vertikale eingliedern wollte.

Das „F" wird in vielen Atemtherapien als *der* Ausatmungslaut benutzt. Er hat wie kein anderer Laut die Kraft, die bei der Ausatmung den Brustkorb verengende Bewegung der inneren Zwischenrippenmuskulatur zu impulsieren.

„P" ist der Stoßlaut, der vor allem im Gegenstoß die größte elastische Kraft hat. Er vermag, wenn er richtig gebildet wird, den Muskelbewegungen verlorene Elastizität zurückzugeben. Dies ist besonders bei der Einatmung im Bereich der untersten Rippen zu fühlen. Hier greift er in die äußeren Zwischenrippenmuskeln ein und bringt sie zu federnder Bewegung.

Zusätzlich zu den schon im Kapitel über die Konsonanten geäußerten Beobachtungen zum „B" kann man dieses im Erüben als eine abgrenzende Kraft erleben, die den eigenen unteren Innenraum schützt und sowohl das Ausfließen als auch das krampfhafte Sich-Halten in diesem Bereich verhindert.

Das „SCH", als weicher Laut gebildet, kann als begleitender Laut zu einer sanften Anspannung des Beckenbodens eingesetzt werden, wobei die reaktive Lösung wichtiger ist als die Anspannung selbst.

Wenn es mehr um eine Stärkung der Beckenbodenmuskeln geht (z.B. bei Harninkontinenz oder nach Schwangerschaften) ist das „S" wirksamer und kann ruhig mit einer gewissen Kraft, aber nicht zu viel Schärfe gebildet werden.

So könnte die Aufzählung durch alle Konsonanten hindurch fortgeführt werden, was jedoch den Rahmen sprengen würde.

Zur Schulung des Therapeuten gehört es, sich das Erleben dieser Zusammenhänge zu erarbeiten, sodass er nicht eine Übung aus rein gedanklichen Erwägungen „zusammenstellt", sondern aus dem Hineinfühlen in pathologische Vorgänge Übungen sucht, die den Gesundungsprozess in Gang bringen können.

Abb. 4: *Bleistiftskizze nach: Tierkreismensch. Buchmalerei, Brüder von Limburg, aus: Très Riches Heures du Duc de Berry; frühes 15. Jh., Frankreich*

3.3 Vokale und Planeten

Während die einzelnen Konsonanten und Tierkreiskräfte in Verbindung mit den verschiedenen Körperregionen stehen, stehen die Vokale mit den Planeten in Verbindung und haben ihre Wirkungen auf die menschlichen Organe. Die Erfolge, die mit der Arbeit auf der Grundlage dieser Zusammenhänge bisher erzielt wurden, sind vielfältig und geben Anlass zu weiterer Forschung. Durch die geisteswissenschaftlichen Erkenntnisse Rudolf Steiners werden die deutlichen Wechselwirkungen zwischen Planeten und Vokalen einerseits und Planetenwirkungen auf den menschlichen Organismus andererseits deutlich. Dabei stellt Rudolf Steiner in seinen Vorträgen immer wieder neue Gesichtspunkte und Verbindungen dar, sodass sich aus den verschiedenen Blickwinkeln und weiterführenden Forschungen unterschiedliche Zuordnungen von Planeten, Organe, Tönen und Lauten ergeben.

Eine solche mögliche Zuordnung von Planeten, Vokalen und Organen findet sich z.B. im Werk Maria Führmanns.[28]

Planeten:	Mars	Merkur	Jupiter	Venus	Saturn	Sonne	Mond
Vokale:	E	I	O	A	U	AU	EI
Organe:	Galle	Lunge	Leber	Niere	Milz	Herz	Gehirn

Eine ausführliche Darstellung der Forschung auf diesen Gebieten gibt die Musikwissenschaftlerin Anny von Lange in ihrem zweibändigen Werk *Mensch, Musik und Kosmos*.[29] Hier legt sie auch ihre Beschäftigung mit den Qualitäten der Einzeltöne und deren individuelle Beziehungen zum Menschen dar. (Darauf näher einzugehen, würde den Rahmen dieser Arbeit sprengen.)

Zwar gibt es zu dieser und auch zu anderen Zuordnungen Erfahrungen aus der Therapie, doch sind diese so subtil und noch so wenig fundiert, dass sie noch keinen Anspruch auf Allgemeingültigkeit stellen können.

3.4 Die Dreigliederung des Kopfes in Beziehung zum ganzen Menschen

Eine Beobachtung, die sich aus der gesangstherapeutischen Praxis der letzten Jahre ergeben und erhärtet hat, ist die einer Dreigliederung des Kopfbereiches in Beziehung zu einer Dreigliederung des gesamten Menschen in Kopf (Nerven-Sinnes-System), Rumpf (rhythmisches System) und Stoffwechsel-Gliedmaßen-System (siehe dazu auch im Teil über Musiktherapie die Darstellung des dreigliedrigen Menschen, S. 31).

Es zeigt sich z.B. hier, dass das Arbeiten mit bestimmten Übungen im oberen Bereich des Kopfes bis hin zu den Knochen unterhalb der Augen seine Auswirkungen auf den gesamten Kopfbereich des Menschen hat.

Weiterhin wirken sich alle Übungen, die in den Bereich der Mimik, Wangenmuskulatur und den Oberkiefer hineinreichen, und alles, was mit dem Üben rund um die Nase zusammenhängt, auf die Atmung und den rhythmischen Bereich des Menschen aus.

Der Mund – Ober- und Unterlippe – bildet schließlich die Grenze hin zum unteren Bereich des Kopfes. Übungen zur Lockerung des Mundbodens und des Zungengrundes haben gezeigt, dass sie unmittelbare Wirkungen auf die Entspannung oder Kräftigung des Beckenbodenbereiches bzw. des gesamten Unterbauches zeigen (siehe dazu auch das Therapiebeispiel 4).

Dass auf diesem Gebiet auch geisteswissenschaftliche Forschungsergebnisse vorliegen, zeigt sich z.B. in der folgenden Bemerkung Rudolf Steiners:

„Wir unterscheiden deutlich alles dasjenige, was mit der... Kopfgestaltung des Menschen zusammenhängt, von dem, was mit der Brustbildung und Rumpfbildung überhaupt zusammenhängt, und wiederum von dem, was mit der Gliedmaßenbildung zusammenhängt ... Wenn wir diese Dreigliederung des menschlichen Leibes ins Auge fassen, dann wird es uns ganz besonders deutlich werden, wie das Haupt, der Kopf des Menschen ein ganzer Mensch schon ist ... Wir haben am Kopfe den eigentlichen Kopf. Wir haben am Kopf den Rumpf: das ist alles dasjenige, was zur Nase gehört. Und wir haben am Kopf den Gliedmaßenteil, der sich in die Leibeshöhle fortsetzt: das ist alles dasjenige, was den Mund umschließt. Sodass wir am menschlichen Haupte sehen können, wie da der ganze Mensch leiblich vorhanden ist."[30]

Ergebnisse der gesangstherapeutischen Forschungen auf diesem Gebiete werden in den Therapiebeispielen Nr. 1, 4 und 6 eingehender dargestellt. Zwar sind diese Forschungen erst am Anfang, doch ermutigen die bisherigen Erfolge dazu, sich weiterhin intensiv damit zu beschäftigen.

ZWEITER TEIL

THERAPEUTISCHE ANWENDUNGEN DES GESANGES

4. Zum Übungsweg des Gesangstherapeuten

Eine wesentliche Fragestellung für alle anthroposophisch arbeitenden Gesangstherapeuten ist: Wie wirkt der gesungene Laut in mir? Aus dieser Fragestellung ergeben sich weitere, differenziertere: Wo und in welcher Weise erlebe ich die verschiedenen Konsonanten und Vokale in meinem eigenen Organismus, wenn ich selbst singe?

Und so nimmt die phänomenologische Arbeit eine wichtige Stelle in der Selbstschulung des Gesangstherapeuten ein. Ich muss selbst erspürt haben, was die Töne und Laute in mir und mit mir tun, ich muss mich intensiv mit ihren Wirksamkeiten auseinandergesetzt haben, um ein lebendiges Verhältnis im heilenden Umgang mit ihnen zu finden und sie, individuell auf die jeweilige Situation des Patienten eingehend, einsetzen zu können.

Die eigene Arbeit an und mit der Stimme steht also immer vor der therapeutischen Arbeit bzw. begleitet diese ständig weiter.

Das Zweite ist eine Art Wahrnehmungsschulung des Therapeuten im Hinblick auf äußere und innere Bewegungsabläufe beim Patienten. Im Verlauf der gesangstherapeutischen Tätigkeit bildet sich beim Therapeuten allmählich ein Wahrnehmungsvermögen heran, das sowohl über das Sehen und Hören als auch über eine Art Abtasten und Nachvollziehen von Bewegungsvorgängen des Patienten durch den eigenen Bewegungssinn (z.B. auch mimische Bewegungen) Eindrücke vom Patienten vermitteln kann.

Schließlich läuft parallel zu den beiden genannten Punkten das Studium im Bereich der anthroposophischen Menschenkunde.

Erst wenn diese drei Dinge zusammenkommen – die Beschäftigung mit den von Rudolf Steiner durch die geisteswissenschaftliche Forschung gewonnenen Erkenntnissen über den Menschen, die Wahrnehmungsschulung und das eigene Erfühlen und Beschäftigen mit Stimme, Ton, Klang, Laut und den musikalischen Elementen –, vereint sich alles zu einer lebendigen Quelle, aus der die Ideen für den immer neu zu greifenden Therapieverlauf geschöpft werden können.

5. Diagnostik

Die kunsttherapeutische Diagnose entsteht aus einer Fülle von Wahrnehmungen. Was zunächst in der Gesangstherapie durch die Wahrnehmung des Therapeuten gesammelt wird, muss zusammengefügt werden mit der Schilderung des Patienten bezüglich seiner Beschwerden und muss gehärtet werden durch die ärztliche Diagnose bzw. das Krankheitsbild. Die gesangstherapeutische Diagnose ist außerdem ein immer in Bewegung bleibender Prozess, der durch jede Behandlung erweitert wird. Neue Wahrnehmungseindrücke ergänzen laufend das Bild.

In ihrem Vorgehen vereint also die Gesangstherapie die Diagnostik mit dem therapeutischen Prozess. Der Therapeut stellt sich während der Behandlung eine Fülle von Fragen, wie zum Beispiel: Wie durchströmt der gesungene Ton den Menschen? Drückt er auf die Stimme oder ist er fast unhörbar? Ist die Stimme beim Singen brüchig oder klar? Sind die gesungenen Laute deutlich oder verschwommen? Erfüllt der Klang den hinteren oder vorderen Mundraum? Schafft der Klang einen Umkreis oder bleibt er im Mund verschlossen und strömt nicht nach außen?

All diese Fragen zielen hin auf die eine entscheidende: Durchströmen die gesungenen Töne den Menschen bis in die Fußspitzen und erreichen gleichzeitig den Kopf und seinen Umkreis? Es ist das Bild des „Schwere lastet abwärts, Licht strömt aufwärts", welches schon im Kapitel über „Stimme und Atem" näher beschrieben wurde. Dazu kommen Wahrnehmungen im Bereich der musikalischen Elemente: Wie steht es mit dem Rhythmusgefühl des Patienten? Kann er Tonhöhen wahrnehmen? Ist er in der Lage, Töne allein zu halten, z.B. beim Kanonsingen? Wie ist es mit dem musikalischen Empfinden? Kann der Patient musikalische Phrasen empfinden? Weitere Beobachtungen und Fragen können sein: Wie ist die Haltung des Patienten beim Singen? Hält er den Kopf gesenkt oder sucht er den Augenkontakt mit dem Therapeuten? Wie wirken Sprechstimme und Blick? Klingt die Stimme hart und eng, vielleicht sogar hämmernd und drängend, wobei dann oft auch der Blick etwas unbeweglich Fixierendes hat? Spricht der Patient leise, wenig artikuliert, fast mehr zu sich selbst – der Augenausdruck kann dabei eine Neigung zum Wegträumen verraten – oder kann er sich durch Blick und Sprache freilassend dem Gegenüber zuwenden? Bestätigt die Körperhaltung den Eindruck, den Blick und Stimme vermitteln?

Wenn man solche Wahrnehmungen zunächst ganz unbefangen auf sich wirken lässt, kann ein lebendiges, für den therapeutischen Prozess fruchtbares Gesamtbild des Patienten entstehen. Dabei wächst die Diagnose erst langsam während des therapeutischen Prozesses mit. Es ist ein ständiges Ineinanderspiel von therapeutischer Wahrnehmung, den vom Patienten geäußerten Beschwerden und ärztlicher Diagnostik.

Außerdem muss man als Therapeut auch lernen, mit offenen Fragen zu leben. Wenn sich Wahrnehmungen zunächst nicht einordnen lassen, entstehen Fragen, die sich, wenn sie eine Zeit lang intensiv bewegt werden, als sehr produktiv im therapeutischen Prozess erweisen können. Manchmal kommt dann die Antwort zu einem nicht erwarteten Zeitpunkt vom Patienten selbst, durch den Inhalt eines Buches oder aber von einer ganz anderen Seite.

Einen Schritt weiter als die nicht beantwortbare Frage geht das Gefühl der Ohnmacht und Ratlosigkeit. Wenn es gelingt, sich diesem Gefühl zu stellen und es nicht zu verdrängen, dann kann es zur Quelle neuer Ideen werden.

6. Therapeutische Übungen

Der Arbeitsansatz der Gesangstherapeuten ist individuell sehr unterschiedlich, wie auch im Kapitel „Zur Geschichte der Gesangstherapie" schon versucht wurde darzustellen. Doch ein unverzichtbares Mittel, mit welchem alle arbeiten, ist das der Bildhaftigkeit. Da die Musik nicht – wie z.B. Malerei und Plastik – ihre Abbilder in der uns umgebenden Welt hat, ist es auch immer schwierig, sie mit Begriffen, die aus dieser Welt stammen, zu beschreiben. Daher greift man am liebsten auf Bilder aus dem Gebiet der uns umgebenden Welt, der Märchen, der Malerei zurück. Auch in der Gesangstherapie ist es außerordentlich hilfreich, mit Bildern zu arbeiten.

Zuerst einmal ist es wichtig, dass eine Atmosphäre geschaffen wird, in der sich der Patient angenommen und angekommen fühlen kann. Meist kommt er ja (bei der ambulanten Behandlung) aus dem Alltagsleben mit all seinen Sorgen und Nöten oder (bei stationärem Aufenthalt) aus dem Krankenzimmer unvermittelt in den Therapieraum. Und so ist das Hervorlocken eines Gefühls von Freude und Staunen entscheidend wichtig für eine Grunddisposition zum Singen (siehe auch das Kapitel über den Atem). Dazu helfen Bilder in Verbindung mit Bewegungen und Lauten, beispielsweise das Wegpusten einer Schneeflocke oder eines Löwenzahnsamens von der Handfläche mit „p p p" oder „f f f", das imaginäre Riechen eines besonders guten Duftes, das Ausdrücken von Wohlbehagen mit „hmmm" etc.

In jedem Falle ist es der Fantasie des Therapeuten überlassen, die richtigen Bilder für die jeweilige Situation des einzelnen Patienten zu finden und sie ihm so deutlich vor Augen zu führen , dass sie vor seinem inneren Auge Gestalt annehmen. Dann kann der Patient sie in seiner Seele aufnehmen und bewegen, und aus dieser Empfindung kann er sie im glücklichsten Falle in die richtige Mundstellung, in aufrechte Haltung, in Melodie, Laut und Ton umsetzen.

Gelingt es dem Patienten aus den unterschiedlichsten Gründen nicht, sich eine innere Vorstellung des Bildes zu machen, z.B. aus mangelnder Konzentrationsfähigkeit, so gibt es die Möglichkeit, das vorzustellende Bild durch ihn selbst darstellen zu lassen: In diesem Falle ist er dann z.B. selbst der Baum, der seine Zweige (Arme) zum Himmel streckt, und die Baumkrone (sein Kopf) ist vom Licht umglänzt, während er die Wurzeln (seine Füße) tief in der Erde verankert; oder das Kind ist selbst die Prinzessin oder der König, der oder dem die Krone nicht vom Kopf fallen darf.

Eine mögliche Gliederung von gezielten, therapeutischen Übungen in der Gesangstherapie könnte folgendermaßen aussehen:

1. *Übungen, durch welche mit Ton und Laut an einer Körperhaltung gearbeitet wird, die zum Erleben eines richtigen tonischen Gefühls führt:*

Dies kann nur entstehen, wenn sich der Singende in Bezug auf die Kräfte der drei Raumesrichtungen im Gleichgewicht befindet (eine der Voraussetzungen dafür, dass er zur „klingenden Säule" wird). – Diese Übungen geben Festigkeit, Bodenkontakt und Widerstandskraft.

2. *Übungen, die den Bewegungen der Atemmuskulatur rhythmische Qualität verleihen:*

Diese Übungen können unterstützt werden durch ein Auf- und Abbewegen im Beckenbereich: wie eine Wellenbewegung, die man selbst darstellt und in sich erleben kann, ein

Wechsel von sich steigernder und wieder verebbender Intensität. Zur Verdeutlichung soll hier eine Übung für viele stehen:

Notenbeispiel 1: uoa – i

Der Patient stellt sich dabei vor, dass er in einem kleinen Schiff sitzt: Bei „u" taucht der Bug des Schiffchens in die Wellen, bei „o" und „a" wird das Schiff durch die Welle emporgehoben und sinkt mit dem Heck ins Wasser, bei „i" schließlich kommt das Schiff in die Waagrechte zurück, und der Blick richtet sich auf den durch nichts zu erschütternden, ungebrochenen Mast. Die Übung endet mit dem Fallenlassen des Ankers.

Wichtig ist bei diesen Übungen, dass das Augenmerk auf das Bild, nicht auf den Atem gelenkt wird, da sonst die Gefahr des Mechanisch-Gleichförmigen beim Üben gegeben ist: Ist mit dem Ende der Übung die Ausatemluft verbraucht, so wird die Einatemluft wie aus dem Umkreis kommend aufgenommen, und die Übung beginnt von neuem (siehe auch die Kapitel über den Atem). – Das strömende Element dieser Übungen wirkt belebend und aufbauend.

3. Bei diesen Übungen geht es darum, durch den gesungenen Laut ein seelisches *Innenraumerlebnis* entstehen zu lassen. Durch bestimmte Lautverbindungen (z.B. m, w, g, l in Verbindung mit -ung, -ang, -ong, -äng) wird eine Weitung im Mundraum erfahren, die sich als Erleben im Brustbereich spiegelt und dort seelisch wie physisch als Befreiung spürbar werden kann. Verstärkt werden können diese Übungen durch einen abwärts führenden Melodieverlauf, z.B.:

Notenbeispiel 2: mü– ü – mong

4. Übungen, die zentrieren und konzentrieren:
Es sind Übungen, bei welchen der Ton nur kurz angetippt wird, dem Ausatmen also keine Zeit gelassen wird. Dadurch wird das Zwerchfell aktiviert und der Ton wird kernig, ohne Hauch auf der Stimme. Der Wechsel von Kürzen und Längen, wie er bei den griechischen Metren zu finden ist, unterstützt diesen Vorgang:

Notenbeispiel 3: sisisi dididi mimimi

Notenbeispiel 4: bu bu ku

Diese Übungen machen wach und geben das Gefühl, ganz anwesend zu sein. Weitere Beschreibungen einzelner Übungen finden sich in den Fallbeispielen.

7. Indikationen

Die Möglichkeiten der Gesangstherapie sind noch lange nicht ausgeschöpft. Während Frau Werbeck und Frau Führmann reiche Erfahrungen auf therapeutischem Gebiet sammelten und einige ihrer Schüler seit Jahrzehnten therapeutisch mit dem Singen arbeiten, hat ein Kreis jüngerer, auf der „Schule der Stimmenthüllung" basierender Therapeuten die Arbeit erst vor 10 bis 12 Jahren wieder aufgegriffen; daher befindet sich vieles noch in einer Art Pioniersituation. Dennoch haben einzelne, in Kliniken und Therapeutika arbeitende Gesangstherapeuten schon auf den verschiedenen medizinischen Gebieten Erfahrungen gesammelt.

Speziell kann man folgende Bereiche nennen, auf welchen positive Resultate erzielt werden:

In der Arbeit mit Kindern:
- Erkrankungen der Atemwege
- Schwerhörigkeit
- Kieferfehlbildungen (siehe Therapiebeispiel 1, S. 169)
- Verhaltens- und Entwicklungsstörungen
- Heilpädagogische Krankheitsbilder (siehe z.B. Therapiebeispiel 3, S. 186)
- Psychiatrische Krankheitsbilder

In der Arbeit mit Erwachsenen:
- Atemwegserkrankungen wie Asthma, Nebenhöhlenprobleme etc. (siehe z.B. Therapiebeispiel 6, S. 200)
- Stimmprobleme
- Schwerhörigkeit (siehe Therapiebeispiel 2, S. 172)
- Tinnitus
- Gynäkologische Krankheitsbilder (siehe z.B. Therapiebeispiel 4, S. 191)
- Psychosomatische Erkrankungen (z.B. Colitis; siehe dazu Therapiebeispiel 5, S. 196)
- Psychiatrische Erkrankungen
- Beschwerden im orthopädischen Bereich

Bei der Frage, ob daher eine Musiktherapie oder speziell eine Gesangstherapie indiziert ist, gibt es Fälle, bei welchen die Entscheidung für Gesangstherapie nahe liegt. Wenn z.B. Verkrampfungen sowohl physischer als auch seelischer Art so weit fortgeschritten sind, dass sie verhärtend bis ins Körperliche vorgedrungen sind, reichen oft die über das Seelische auf das Körperliche wirkenden Maßnahmen nicht mehr aus. Hier muss eine Therapieform gewählt werden, bei welcher der Körper selbst Instrument ist und unmittelbar angesprochen wird. Unter Umständen muss dann die stärker bis ins Physische dringende Hilfe der physikalischen Therapie mit einbezogen werden. Dazu gehören auch solche Krankheitsbilder, bei denen der Impuls des Patienten zu schwach ist, sich mit seinem Körper auseinanderzusetzen. Dies ist heute häufig bei jungen Menschen anzutreffen.

Ferner würde man bei ausgesprochenen Stimmstörungen und Problemen der oberen Atemwege eher die Arbeit mit dem selbst erzeugten Ton als mit dem Instrument wählen.

Ein weiterer Grund für eine gesangstherapeutische Indikation wäre eine vom Patienten selbst geäußerte Sehnsucht danach zu singen, um auf diesem Weg an der Bewältigung seiner Probleme zu arbeiten.

In vielen Fällen jedoch ist eine Verbindung von Musik- und Gesangstherapie die beste Lösung. So haben auch einige Gesangstherapeuten in ihrer Arbeit das Bestreben, stärker vom Klanglichen und von den musikalischen Elementen auszugehen und den tönenden Laut in seiner Wirksamkeit dabei etwas weniger zu berücksichtigen.

DRITTER TEIL

THERAPIEBEISPIELE

8. Fehlbildungen im Kiefer-Mundbereich

Die Zahl der Kinder mit Problemen bei der Kiefer- und Zahnbildung nimmt immer mehr zu. Auch die Mundform betreffend, zeigen sich immer häufiger Anomalien. Entwicklungsstörungen werden bis in die Skelettbildung hinein wirksam und sichtbar.

Da es sich um denselben Bereich handelt, in dem auch die Sprachwerkzeuge tätig sind, liegt der Gedanke nahe, über die vielfältigen Bewegungen bei der Bildung von Konsonanten und Vokalen die Entwicklung im Kiefer-Mundbereich zu beeinflussen. So kam es zu einer seit 10 Jahren bestehenden Zusammenarbeit von einer Kieferorthopädin mit einer Gesangstherapeutin. Es zeigte sich, dass bei Kindern, die zusätzlich zu der Behandlung mit Zahnklammern und Spangen Gesangstherapie bekamen, die korrigierende Wirkung schneller eintrat und dass sich gleichzeitig bemerkenswerte seelische Veränderungen vollzogen.

Ausgangssituation im Behandlungsverlauf:
Fabian war 12 Jahre alt (6. Klasse), als die Therapie begann. Die Eltern wünschten, dass er nur Gesangstherapie bekam – ohne Einsatz anderer Mittel. Fabian war bis zu seinem 12. Lebensjahr das einzige Kind recht strenger Eltern gewesen, dann wurde eine Schwester und ein Jahr später ein Bruder geboren. Das Auffallendste an seiner äußeren Erscheinung war der sehr kleine, spitze Mund und der stark vorstehende schmale Oberkiefer und die dadurch vorgeschobene Oberlippe. Außerdem konnte man eine seitliche Neigung des Kopfes nach rechts beobachten. Fabian war ein stilles, scheues, ganz in seiner Innenwelt lebendes Kind. Er hatte wenig Kontakt, weder zu den Erwachsenen seiner Umgebung noch zu seinen Schulkameraden. Die Therapeutin kannte er schon vor Beginn der Therapie, da sie mit seinen Eltern befreundet war und auch ein Kind in Fabians Klasse hatte. So war schon eine Beziehung vorhanden, die sicher dazu beitrug, dass Fabian sehr bereitwillig und fleißig übte.

Übende Tätigkeiten im Therapieverlauf:
Wir begannen die Therapiestunden immer mit Übungen im Stehen: Mit locker federnder Kniebeugung und leicht schwingenden Armbewegungen wurden die Silben „DU – KANG" oder „DU – GANG" gesungen.

Durch die erste Silbe „DU“ lernte Fabian kräftig auszuatmen und sich dabei stärker in seinen Füßen zu fühlen. Das „KANG“, begleitet von dem Bild eines Baumes, der seine Wurzeln ausbreitet, half ihm, sich seelisch mehr zu öffnen. Die Stoßlaute „D“, „K“ und „G“ machten ihn mutiger, mit den Tönen aus sich heraus zu gehen.

Die nächste Übung, ebenfalls im Stehen, bewirkte in Fabian ein noch intensiveres Gefühl für seine Füße: Mit den Lauten „TU - MU - TA“ oder „TA - MA - TA“, immer gesungen auf einem Ton, machten wir eine schwingende Bewegung von den Fersen zu den Fußspitzen und wieder zurück, als wollten wir den Boden ertasten. Damit wurde ein sekundäres Therapieziel erreicht. Das Erleben des Bodenkontaktes spiegelte sich in seinem Verhalten: Er wurde mutiger und gewann mehr Standkraft. Dadurch öffnete er sich der Außenwelt, und es wurde eine Grundlage für das Stehen im Leben geschaffen.

Die Geschmeidigkeit und Beweglichkeit der Sprachorgane wurde in erster Linie durch die Konsonanten „R“ und „L“ gestärkt. Wenn Fabian das „R“ mit Leichtigkeit und sichtbarer Freude rollen lassen konnte, war die auflockernde Wirkung dieses Lautes unmittelbar wahrzunehmen.

Der geschilderte enge, vorstehende Oberkiefer und die zusammengezogene Oberlippe legten die Suche nach Übungen nahe, durch welche eine Gegengeste gegen die Fehlbildungen geschaffen würde. Es mussten Laute gewählt werden, die eine breite Mundstellung erfordern und ausgleichend auf die die Stellung von Ober- und Unterkiefer wirken.

Wenn das „M“ mit einem leichten Lächeln gesungen wird, zieht der Lautbildungsvorgang die Oberlippe in die Breite, durch den Lippenschluss entsteht ein Gefühl für das Gleichgewicht zwischen oben und unten.

Wir fügten dann noch „I“ und „NG“ zu dem „M“, wodurch die in die Breite gehende Geste noch verstärkt wurde und der Klang Helligkeit und Leichte bekam, die sich auch in Fabians Gesichtsausdruck widerspiegelten.

Das „S“ in der Silbe „SING“ half, den Unterkiefer nach vorne zu bringen.

Diese Gruppe von Übungen wurde sitzend gemacht, weil die feinen Bewegungen der mimischen Muskulatur dann intensiver fühlbar sind.

Um der Neigung des Kopfes nach der rechten Seite entgegenzuwirken, brauchten wir wieder Übungen im Stehen, die, von den Füßen ausgehend, einen Aufrichteimpuls gaben, der bis in die Kopfhaltung ausstrahlte.

Aus einer gebeugten Ausgangshaltung erfolgt eine Streckbewegung, während der Laut „S“ in einer aufsteigenden Tonfolge gesungen wird:

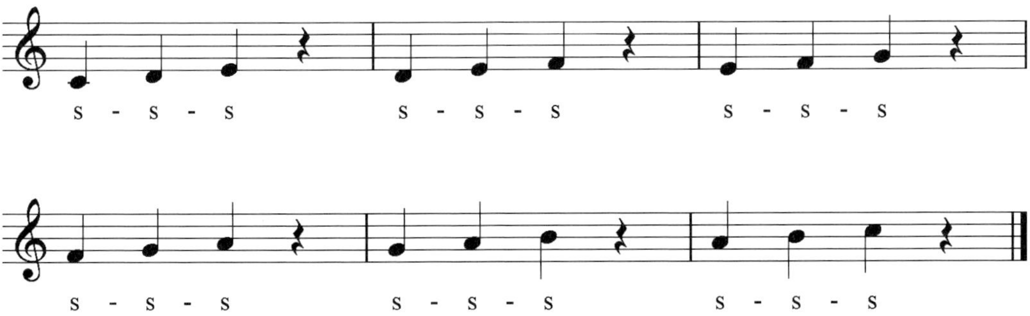

Notenbeispiel 5

Es entsteht das Gefühl, eine klingende Säule zu sein. – Diese Übung kann auch mit „L" gemacht werden.

Verbindet man die Laute „I" und „NG" noch mit dem „S" oder „L", so verstärkt sich der Aufrichteimpuls:

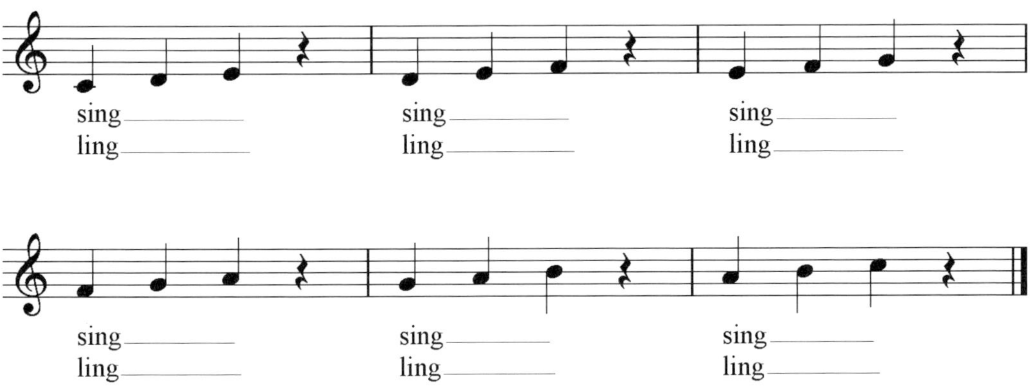

Notenbeispiel 6

Rückblick:
Mit diesen und noch einer Reihe anderer Übungen wurde die Therapie in einem Zeitraum von 2 Jahren durchgeführt (6. u. 7. Klasse). Fabians Mundform veränderte sich allmählich, die Kopfhaltung wurde fast gerade. Fabian hatte gelernt, beim Sprechen und Singen den Mund richtig zu öffnen, ohne dass sich dabei der Kiefer zur Seite hin verzog. In seinem seelischen Verhalten wurde er freier und mitteilsamer, erzählte gerne von allem, was ihn bewegte, und konnte beim Abschlussspiel der 8. Klasse seine Rolle mit kräftiger Stimme sehr gut spielen. Beim Abschiedsfest für den Klassenlehrer erzählte er sogar frei eine humoristische Geschichte.

9. Altersschwerhörigkeit

Erste Begegnung und Vorgeschichte

Ich erinnere mich an eine 78-jährige Frau mit gelockten, weißen Haaren und einem volleren, von Altersfalten gezeichneten, offenen und dem Gegenüber zugewandten Gesicht. Die Behandlungszeit erstreckte sich über zwei Monate.

In der Begegnung war Frau L. für einen Menschen dieses Alters in ihrem Verhalten ungewöhnlich vital und bewegungsdynamisch. Ihre Sprache war laut, vom Klang her etwas spröde und fest und eine Spur zu kindlich-hell; ihr Lachen aber war herzhaft und volltönend, die Atmung dagegen erschien tendenziell flach und ohne ruhevolle Gelassenheit und Tiefe; doch war einmal ein Seufzer zu vernehmen, so kam er tief und aus vollstem Herzen.

Frau L. gehörte zu der Generation, die zwei Weltkriege durchleiden musste, die Zeit des Nationalsozialismus als naiver Mitläufer mit all den unbewusst gebliebenen Prägungen erlebte, die Vertreibung aus der angestammten Heimat zu erleiden hatte und den Neuaufbau einer Existenz im Westen Deutschlands unter den schweren Nachkriegsbedingungen schaffen musste. Dabei hatte sie für drei noch schulpflichtige Kinder allein zu sorgen, da ihr Mann erst nach vielen Jahren, als das Gröbste schon geschafft war, aus der russischen Kriegsgefangenschaft zurückkehrte. Frau L. strahlte Schaffenskraft und Unbeugsamkeit unter Lasten aus.

Für eine feinere Wahrnehmung jedoch war zu bemerken, dass sie, leicht nach vorne geneigt, dem Sehbereich zu stark verhaftet war und ihr Rücken „mit seinen Antennen bzw. Ohren" wie verschlossen schien. Die Haltung und dieser kompakte Rücken gingen mit einer Bewegungsart einher, die wenig Umraumgefühl erkennen ließ. Weiterhin zeigte sich ein charakteristisches Verhalten, das durch ständige Unruhe in Form von Aktiv- und Initiativsein geprägt war (z.B. durch vieles und lautes Reden). All dies deutete hin auf ein Abgeschnittensein vom „hinteren Raum", an den wir uns im Hören wie anlehnen und der wesentlich mit dem Klang zu tun hat. Dieser Raum nimmt uns auch im Loslassen beim Einschlafen auf. Qualitativ gehören hinterer Raum, Hören und Einschlafen zusammen.

Frau L. war eine passionierte Klavierspielerin und trotz des hohen Alters sehr temperamentvoll in ihrem Spiel und entsprechend laut. Neben klassischer Literatur spielte sie besonders gern Volkstümliches, Unterhaltungsmusik, Salonmusik und am liebsten Märsche, vor allem bekannte Militärmärsche. Dieses zupackend laute Spiel gehörte nach ihren eigenen Aussagen schon immer zu ihr, reichte also weit vor die Diagnostizierung ihrer mittelgradigen Schwerhörigkeit im 69. Lebensjahr zurück.

Die Gesangstherapie betrachtete Frau L. als eine Art Versuch, doch noch am Kauf eines Hörgerätes vorbeikommen zu können, denn diese Hörhilfe erschien als das nun anstehende einzige Hilfsmittel, um im sozialen Verkehr kommunikativ zu bleiben. Frau L. hatte von meiner erfolgreichen Arbeit mit Schwerhörigen gehört und vor allem durch eine Bekannte aus ihrem Seniorenkreis erfahren, dass ich selber eine an der Taubheitsgrenze befindliche, hochgradig schwerhörige Tochter habe, die aber – ohne Hörgerät – in einer normalen Waldorfschulklasse mit 40 Kindern gut mitkommt.

Musik ist polar

Musik hat verschiedene Gesichter, eine immense Spannbreite zwischen „rot und blau", zwischen von innen Kommendem, das sich persönlich verdichtet und zur expressiven Bewegungsaktion auffordert, und von außen Kommendem, im Lauschen peripherer Töne und Klänge beginnend, bis hin zum Finden einer tiefen Stille. Bei dieser schwerhörigen Patientin war eine Musik und ein entsprechender Musizierstil gepflegt worden, der einseitig dem expressiven und selbstfühlenden Bedürfnis im Menschen diente. (Damit kein Missverständnis auftritt: Diese auffallende Einseitigkeit war zu kritisieren, nicht die Art der Musik.)

Was war hier zu tun?

Zusätzlich zu einer am Schluss beschriebenen, musikalischen „Rückenbehandlung" und zu dem im Folgenden charakterisierten lauschenden Erschließen des Klanges der menschlichen Stimme, woran wir einmal die Woche für 45 Minuten gemeinsam übten, gab ich Frau L. eine Sopranleier nach Hause mit (was ich nur in wenigen, bestimmten Fällen tue), auf der sie vor dem Klavierspiel drei Volkslieder aus dem Gedächtnis spielen sollte. Sie kannte außerordentlich viele davon. Die Leier war ihr unbekannt, und so musste sie sich die Töne im konzentrierten, erinnernden Hören zusammensuchen. Ich bat sie auch, beim Klavierspiel die gewohnte Lautstärke etwas zurückzunehmen.

Was war das Ergebnis dieser Hilfen?

Ich muss sagen, dass Frau L. tief engagiert meine Hinweise und Anleitungen aufnahm und auch tatsächlich treu und redlich jeden Tag übte. Nach acht Gesangstherapiesitzungen, also zwei Monate später, war eine erstaunliche Hörverbesserung feststellbar, die von ihrer gesamten Umwelt ebenfalls bestätigt wurde. Einem ihr bekannten Pastor sagte sie, dass sie jetzt erstmals seine Predigt ganz verstehen könne, was ihr früher nicht möglich war.

Man konnte darüber hinaus besonders am Klang ihrer Stimme hören, dass der Stimmsitz verbessert und der Klang selber voller und weicher geworden war. Ihr „direktes" Sprechen bekam etwas mehr Besonnenes, wurde langsamer und leiser. Außerdem war eine tiefere Verankerung des Atems wahrnehmbar, was sowohl in der Einatmung als eine Art „Einweitung" als auch vor allem in der Ausatmungsphase als ein verbessertes Loslassen des Atems zu bemerken war.

Freudestrahlend und dankbar konnte Frau L. nun vom Kauf eines Hörgerätes Abstand nehmen. Statt dessen kaufte sie sich eine kleine Sopranleier, ihren „Heim-Hörtrainer", wie sie sich scherzhaft ausdrückte.

Mittlerweile ist Frau L. verstorben. Doch bis zu ihrem Lebensende ist sie dem Impuls eines bewussten, intensiven Singens aus dem Hören heraus sowie auch ihrem „Hörtrainer", der Leier, treu geblieben. In ihrem Bekanntenkreis und vor allem auch in ihrem Seniorenkreis, in dem es wohl noch mehrere Altersschwerhörige gab, war sie eine überzeugte Vertreterin der Ansicht, dass ein im Alter schwerhörig gewordener Mensch wieder hören lernen kann, wenn er will.

Der erste Beginn im Singen

Von den beiden Grundelementen des heilenden Singens, Laut und Klang, standen nicht die aktiv zu greifenden, formschaffenden Laute im Mittelpunkt des Übens, sondern der Klang, die Hingabe an den musikalischen Klangstrom in einem intensivierten Hören. Der Klang ist für die Behandlung einer typischen Altersschwerhörigkeit das zentrale gesangstherapeutische Element, d.h., es konnte auf Grundübungen der „Schule der Stimmenthüllung", die von der schwedischen Sängerin und Gesangstherapeutin Valborg Werbeck-Svärdström inauguriert wurde, zurückgegriffen werden. Diese Übungen könnten bei einer solchen Indikation beispielsweise auch im Rahmen einer ambulanten gesangstherapeutischen Gruppentherapie (z.B. in Altersheimen) angewandt werden.

Frau L. bereitete sich nun unter der Anleitung des Gesangstherapeuten sozusagen selber ein Klangbad und stieg da hinein. Sie wurde aufgefordert, im Sitzen bewusst mit den Füßen den Boden zu berühren und von unten nach oben eine „königliche Haltung" aufzubauen, die Wirbelsäule bis in den Nacken hinein zu strecken und so bewusst den Rücken gerade aufzurichten: ein erstes *Instrument-Werden.*

Der „Beethovengriff", wie die Gesangstherapeuten das scherzhaft nennen (Beethoven soll in Wien oft in solch geraffter Haltung gesehen worden sein), kann dabei helfen: Man faltet die Hände hinter dem Rücken auf Kreuzbeinhöhe zusammen und zieht dann die Schultern über die Arme energisch nach unten. Dabei sollen die Schulterblätter möglichst nahe zusammengebracht werden, damit der Brustkorb gehoben und geweitet und die Schlüsselbeinregion frei wird. Beine und Füße suchen wie Wurzeln in den Boden hinein festen Kontakt.

Große Sänger stehen in der oft belächelten Sängerpose aufrecht da, mit etwas gespreizten Beinen fest auf dem Boden, die Wirbelsäule bis in den letzten Wirbel gestreckt. Diese aufrechte, königliche Haltung, die je nach Patient auch über andere Bilder-Hilfen in der Einzelsituation zu erstreben ist, kommt einer Verankerung gleich, die den Leib als wesentlich zum Instrument Singstimme gehörend bewusst ergreift.

Zum Hören

Gerade der Leib soll ja beim altersschwerhörigen Menschen wieder ins Mitschwingen gebracht werden im Sinne eines Hörens mit dem ganzen Menschen.

Es ist bekannt, dass der Mensch für das Hören nicht nur das Sinnesorgan „Ohr" benutzt. Darüber hinaus nimmt man den Schall auch taktil-kinästhetisch wahr. Dieses „Zwei-Wege-Hören" bringt Rudolf Steiner einerseits in Beziehung zum allseits bekannten Sinnes-Nerven-Weg über das Innenohr und den Hörnerv bis zum Hörzentrum im Gehirn und andererseits zu feinsten Bewegungen des Stoffwechsel-Gliedmaßen-Menschen.[31]

Aufrichte

Der Patient wird aufmerksam gemacht, dass er selber vor der Aufgabe steht, ein Instrument zu werden, auf dessen gespannten Saiten die Töne erlauscht werden wollen. Es geht um das große Geheimnis der Aufrichtekraft. Sie spiegelt sich in der Säule des Klangstromes wider: Die Klangsäule strömt gerade nach oben, und im bewussten Hinlauschen auf den Ton richtet sich der Mensch entsprechend dieser Säule auf. Will er in einen Ton „hineinkommen", so erlebt er sich in seiner Aufrichtekraft. Aufrichtekraft, Ton und Ich gehören somit zusammen.

(Das Ich ist im Sinne der Anthroposophie der Mittelpunkt der Seele, die wahre Wesenheit des Menschen.)

Wichtig ist es also, die Seele und das Ich des Menschen zu erreichen, d.h. dass der Patient diesen Aufrichtevorgang von innen heraus auch wollen muss. Diese wirklich echte Beteiligung des Patienten und die Bereitschaft des Therapeuten, Horchender zu sein, sind entscheidend dafür, dass der Therapeut die Bilder und Hilfen für den einzelnen Patienten findet.

„Hängende Schwere"

Der durch diese „königliche Aufrichte" erreichte Tonus muss nun aber ergänzt werden. Es scheint zwar nur eine Kleinigkeit zu sein, ist aber für den Erwachsenen im Gegensatz zum Kind schwierig und muss deshalb wirklich geübt werden: Der Unterkiefer soll im Eigengewicht fallen gelassen werden. Dabei genügt eine Fingerspitzenbreite. Durch diese Unterkieferlockerung entsteht ein neues Bewusstsein dieses Bereiches, ein Gefühl „hängender Schwere". Diese kleine Lockerung wirkt sich in den Räumen von Mund, Nase und Schlund bis hin zu den Ohren aus und ist entscheidend wichtig für die Wirkung dieser therapeutischen Singübungen.

Der Erwachsene, der dieses „Kieferfallenlassen" nicht nur äußerlich „gymnastisch" macht, sondern möglichst bei allem, was er sängerisch übt, innerlich beteiligt ist, wird ein mehr oder weniger starkes Widerstreben gegen dieses damit verbundene Gefühl von „Naivität" in sich spüren. Er wird den kindlichen Gesichtsausdruck nicht auf Anhieb schaffen. Aber er wird bemerken, wie das Lösen des Kiefers ihn im Ganzen – seelisch und körperlich – löst, und so wird er dieses Gefühl bald schätzen lernen, zumal, wenn der Gesangstherapeut ebenfalls mutig diese besondere Art „hängender Offenheit" auf sich nimmt und vormacht. Humor gehört zu diesen Übungen dazu.

„Lichte Weite"

Nach dem inneren und äußeren Haltungsaufbau in die Aufrichte und dem Fallenlassen des Unterkiefers in die Lockerung kommt als Weiteres ein bis in den Körper greifendes Gefühl, das Staunen hinzu: Der Seele müssen nun Bilder gegeben werden, durch welche sie sich so stark zu öffnen vermag, dass der Leib nicht anders kann, als in diese aus dem Wesenskern des Menschen kommende Weitung mitzugehen. Die zum wirklichen Staunen notwendige seelische und körperliche Bereitschaft zur Offenheit und Weite fällt dem Erwachsenen im Gegensatz zum Kind schwer.

Beispiele dafür sind: „Die einsame Bergwelt hoch oben am Gipfelkreuz ...", „die Weite des Meeres, aus dem sich morgens die Sonne rotgolden am Horizont zeigt ...", „ein weites gelbblühendes Rapsfeld oder der Tanz der Mücken in der Sonne ...", „das Wunder eines neugeborenen Kindes ..." – und was es noch alles dankbar zu bestaunen gibt in Natur, Kunst und Menschenleben. Der Gesangstherapeut muss die Vorstellungshilfen finden, damit der wahrhaftige Vorgang des Staunens, wie er zu einer gesunden Kindheit gehört, wiederentdeckt wird. Von der staunenden Seele wird dann das eigene Körperinstrument, der Leib, mitgenommen: Innere Räume öffnen sich.

Wenn in dieser seelischen Haltung eingeatmet wird, ist das Einatmen wie ein „Einweiten" und geschieht von selber. Es gehört zum Staunen dazu.

Ein wohlriechendes Aroma kann diesen Prozess fördern: Es bringt das Staunen in den Geruchssinn und hilft dabei, die Einatmung zu weiten. So habe ich in meinem Musiktherapieraum eine ganze Palette von Düften, ätherische Öle in kleinen Fläschchen, und lasse den Patienten auswählen. Die Vorstellungshilfe, den Duft einer Rose einzuatmen, kann ähnlich wirken.

Der Gesangstherapeut muss erfinderisch sein und darf nicht eher ruhen, bis er merkt, dass sich jetzt diese innere Stimmung lichter Weite zu zeigen beginnt.

Noch einmal das Hören

Der Dreiklang „Aufrichte – hängende Schwere – lichte Weite" hat das Instrument, den ganzen Menschen, so zubereitet, dass er von seinem Ich her wirklich zum Singen eingestimmt ist. Er ist bereit zum Hören, zum inneren Hören. Das innere Hören ist der eigentliche Ansatzpunkt im Singen.

Der Klang kommt aus dem „hinteren Raum", er wird herangelauscht, aufgefangen – ähnlich den Sterntalern in dem bekannten Grimmschen Märchen: „Und wie es so stand und gar nichts mehr hatte, fielen auf einmal Sterne von Himmel ..."[32] Das innere Ohr, das Seelische – „unser Herz" - lauscht, das äußere Ohr wirkt dabei wach korrigierend mit.

Diese Wachheit und Aufmerksamkeit dem Ton und Laut gegenüber, dieses „neue Hören", entstehen, sobald der Patient mit Altersschwerhörigkeit erst einmal seinen ersten Versuch hinter sich hat und immer mehr begreifen und erleben lernt, was er da tut.

Der erste Ton

Der Patient singt nun in dieser bewussten inneren und äußeren Haltung seinen ersten Laut, den Laut „M", auf einem Ton, der ihm angenehm ist. Dann lauscht er dem Ton nach. Pause. Die Lippen liegen dabei entspannt aufeinander. Ein Lächeln kann zur weiteren Entspannung der gesamten Gesichtsmuskulatur und zur Weitung von Mund-, Nasen-/Rachenraum und des gesamten Kopfbereiches helfen. Die Zunge liegt ruhig und entspannt mit der Spitze vorne an den unteren Schneidezähnen, „leicht wie ein Rosenblatt".

Dann singt der Patient einen zweiten Ton: Er hört ihn – wenn er kann – voraus und summt ihn dann; wieder folgen Pause und Nachlauschen und dann in entsprechender Weise ein nächster Ton.

Gelingt diese Übung, so ist ein heller, reiner, silbriger Klang wahrnehmbar, den der Patient in sich selbst erleben kann und der ihn gleichzeitig umhüllt. Aber dieser Klang – zart und doch tragend – ist zunächst nur im leisen Singen zu erreichen. Vom singenden Menschen wird so in konzentrierter körperlich-seelischer Arbeit ein Raum großer Ruhe, Gelassenheit und Weite gebildet.

Im Klang stehen wir vor einem tiefen Geheimnis. Auch der Klang hat – wie der Atem – eine heilende Wirkung für den Menschen. Frau Valborg Werbeck-Svärdström sagt dazu: „Nicht nur Künstler ist er (der Klang), sondern auch – Therapeut!"[33]

Zur Atmung

Oft ist es zur Verlebendigung der Atmung notwendig, die vorangehende Übung bewusst so zu gestalten, dass nach dem „M" auf einem kräftigen, stimmlosen „F" ausgeatmet wird, sodass also statt nur „M" jetzt „MF" gesungen wird. Dabei löst sich der Rücken von der Aufrichte aus und sinkt etwas in sich zusammen, ohne dass dabei der Kopf gesenkt wird. Dann kommt – tastend und staunend – der Impuls zum Wiederaufrichten aus dem Hüftbereich.

Der Unterkiefer ist bei diesem Vorgang gelöst, die Luft kann dann wie von selbst einströmen. Die Bauchdecke wölbt sich gleichzeitig beim Aufrichten wieder nach vorne, und die Zunge liegt entspannt vorne an den unteren Zähnen.

Es ist gut, diese „MF"-Übung mehrere Male hintereinander auf verschiedenen Tönen zu machen, z.B. von c beginnend bis zur Quinte und wieder zurück. Dabei ist die Leier als unterstützendes und führendes Instrument sehr hilfreich.

Die jeweilige Zeitdauer von „M" und „F" sollte in etwa gleich sein. Die Einatmung hat dann dasselbe Zeitmaß wie die mit dem Ton und Laut verbundene Ausatmung. Die Übung sollte jedoch nichts taktmäßig Mechanisches bekommen, da sonst das Charakteristische der zum Atem gehörenden rhythmischen Bewegung verloren geht. Die real vollzogene Übung sollte immer den individuellen Patienten und seinen Atemrhythmus berücksichtigen und davon ausgehen. Die Gewähr dafür, dass dieser Prozess stattfinden kann, liegt im Hören, besonders im Nachlauschen auf das, was die beiden Laute „M" und „F" mir sagen und mit mir tun. Valborg Werbeck-Svärdström spricht hier vom „Echo im Unhörbaren".

So ist die nachfolgende Notation dieser Atemübung nur im Sinne einer orientierenden Andeutung aufzufassen.

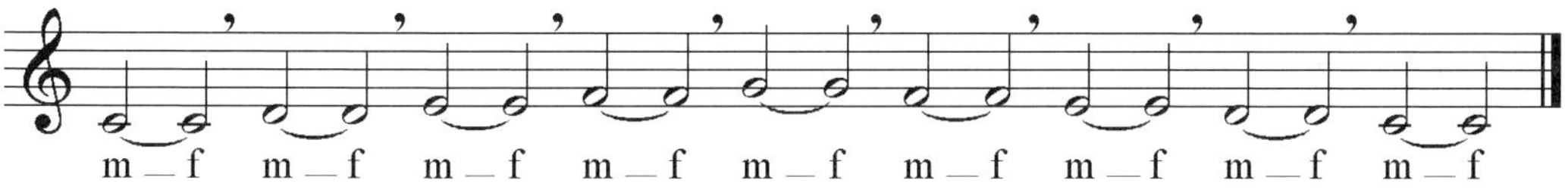

Notenbeispiel 7

Die Quinte ist in der gesangstherapeutischen (und auch musiktherapeutischen) Praxis erwiesenermaßen das Intervall, welches einem freien Atemgefühl den förderlichsten Raum gibt. Und auf eine freie, lebendige, harmonische Atmung muss im therapeutischen Bereich ein großes Augenmerk gelegt werden. Dem Patienten sollte im Verlauf der Therapie immer deutlicher bewusst werden, dass Atmen nicht nur bedeutet, die Luft hereinzuziehen und wieder abzugeben, sondern immer auch ein seelischer Vorgang ist: im Einatmen seelisches Öffnen, Fragen, Staunen, im Ausatmen ein Schließen, Antwort empfangen, zur Ruhe-Kommen – auch wenn die Atmung nur indirekt angesprochen wird, weil die Aufmerksamkeit dem Klang und den Lauten gilt und der Leib, das Instrument für die gesungenen Töne und Laute, *vom Ohr her* die entsprechenden vielschichtigen Bewegungs-, auch Atembewegungsimpulse, erhält.

Der Atem wird also nicht direkt manipuliert. Vom Atem lässt man sich beschenken und durchdringen, sodass man das Gefühl hat: Er macht mich so locker und weich, „dass der Bauch auf den Oberschenkeln schleift". Dies ist zwar eine eigenartige Vorstellungshilfe, die jedoch in ihrer Anwendung äußerst hilfreich sein kann.

Wichtig für alles Weiten ist: *Hören und Staunen!*

Das Kind in uns

Wenn sich der Mund eines Menschen im Staunen zum „Ah" formt, wenn man vor Freude und Staunen die Arme öffnet, so ist dies eine Urgebärde des Menschen, die im Singen immer als innere Haltung im Hintergrund stehen sollte. Dies ist „das Kind in uns": Kinder zeigen uns besonders bis zum dritten Lebensjahr diese Offenheit. Im Laufe des Lebens geht sie notwendigerweise verloren. Dieser Verlust kann bei manchen Erwachsenen sehr gravierend sein. In der Gesangstherapie, gerade bei Altersschwerhörigkeit, kommt es darauf an, den Rückgriff auf diese Kindheitskräfte zu finden, um gewissermaßen als alter Mensch wieder an die Kindheit anzuschließen.

Auf der Suche nach dem Klang

Ein aus dem Lauschen entstehender Klang kann von der Empfindung her wie ein geheimnisvolles Raunen sein. Frau Werbeck-Svärdström sagte darüber zu ihren Schülern: „Man muss den Ton mit Luft umhüllen, besonders viel unter den Ton, damit er weich ist." Oder: „Lauschen Sie unter den Ton, ob er einen Schuh aus Luft hat." – „Singen Sie so, dass Sie nicht den Schmelz um die Pflaume verletzen."

Will man so singen, so muss der Klang gegen die Nase und so hoch wie möglich gegen die Stirn gehoben werden.

Der Weg hin zu einer Anbindung an die Klangsphäre soll hier bewusst nur mit dem Blick auf die Voraussetzungen wie Haltung, Atmung, lauschendes inneres Hören charakterisiert werden. Die konkrete Praxis einer „Klangenthüllung" ist dann von Mensch zu Mensch individuell zu handhaben, so z.B. auch, ob man als instrumentale Unterstützung mehr das Klavier oder die Leier verwendet.

Die Klinger „L", „M", „N"

Bei Patienten mit Altersschwerhörigkeit kann vom Therapeuten eine Lautreihe wie diese hinzugefügt werden: „LMN". Sie sollte in der gleichen bewussten inneren und äußeren Haltung auf einem Ton gesungen werden, der dem Patienten angenehm ist. Dann folgt auf dem nächst höheren Ton dasselbe bis hin zur Quinte, falls die Stimme das mitmacht.

Aus meiner Erfahrung lasse ich diese Lautreihe auch gerne in einer „Lemniskatenform" singen. In der Regel gehe ich dabei vom Ton c aus: bei Frauen vom c', bei Männern vom kleinen c, also eine Oktave tiefer. Dann kommt einen halben Ton höher das des, danach wieder das c, darauf einen halben Ton tiefer das h und dann wieder der Ausgangston c. Auf jedem Ton wird die Lautreihe einmal wiederholt, also:

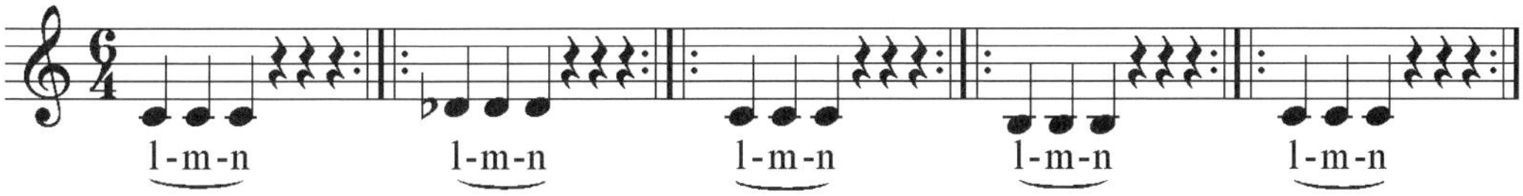

Notenbeispiel 8

Auch hier soll die Notation der Übung für den Leser nur eine Orientierungshilfe sein. Im konkreten Üben werden feine, nicht notierbare rhythmische Abweichungen auftreten.

Das „NG“

Hat der alte Mensch ein Gefühl für den Klang entwickelt, so kann der Laut geübt werden, der den Klang am reinsten repräsentiert und in der deutschen Schriftsprache mit „NG“ wiedergegeben wird. Hierin ist das eigentliche Tor zum Klang, die unmittelbarste Begegnung mit dem Ton zu erleben. Das Üben des „NG“ geschieht am besten in der Verbindung mit Konsonanten und Vokalen, z. B. über die Silbenreihe „ring-ning-sing“. Die innere Haltung dabei ist mehr ein Hereinlauschen und Empfangen des Tones als ein „Ich erzeuge den Ton“ (zum „NG“ siehe auch oben, S. 149).

Das „Lippen-R“

Diese vorsichtig tastenden Annäherungen an den Ton sollten immer wieder von einem für alte Menschen besonders wichtigen Laut, dem „Lippen“- oder „Kutscher-R“ unterbrochen werden. Die ganze Atmung wird regeneriert, ja, der ganze Muskelmensch wird – was bei alten Menschen besonders hilfreich ist – durch dieses „Lippen-R“ gelockert und damit wieder elastischer.

Den Willen umkehren

Das persönliche Machen des Tones, das emotional betonte übliche Singen, das mit „Druck“ einhergeht, musste bei Frau L. weichen und Raum dafür geben, dass der Vorgang sich umkehren konnte: vom zentrifugalen Ausdruck zum zentripetalen Empfangen.

Neben dem Was ist das Wie wichtig

Überhaupt sollte der Gesangstherapeut darauf achten, dass die therapeutische Übatmosphäre gelöst bleibt. Immer wieder sollten solche Lockerungen wie über das Lippen-R passieren – Kinder lachen oft spontan dabei –, es sollte geräkelt, geseufzt und gegähnt werden. Im Einzelfall kann es auch durchaus angebracht sein, einem alten Menschen ein ganzes Lied als Übung zu geben, wenn die intensivierte Hinwendung zu Einzelelementen und die dazu nötige Konzentration nur kurz gelingt: z.B. ein Lied wie „Hänschen klein“ statt auf Text mit „Lippen-R“ singen lassen oder „Weißt du wie viel Sternlein stehen“ auf „M“ summen lassen. Die Übungen sollen dem alten Menschen Freude machen. Freude beflügelt. Auch können durchaus seine Lieblingslieder ins Übungsprogramm hineingenommen werden. Anhand dieser Lieder – unterstützt von der Leier – kann der Gesangstherapeut versuchen, ein hörendes

Singen zu erreichen und so allmählich ein Klanggefühl bis in den ganzen Körper hinein entwickeln helfen.

Ergebnisse des intensivierten Singens

Im behutsamen und bewusst vollzogenen Singen erlebt der altersschwerhörige Mensch, was alles an Vorbereitung innerer und äußerer Art dazugehört, damit ein Ton schön klingen kann. In immer liebevollerer Art kann er sich so dem Klang zuwenden im Hören und im Sich-Erspüren; und er kann immer mehr selber hören und selber spüren lernen, wo überall das Instrument noch elastischer und gefügiger werden muss. Dann wird er bald in seiner „Klangarmut" den Klang sammeln und ihn aus dem Lasten auf der Kehle erlösen lernen. Mit diesem Befreien des Klanges kann er immer mehr sein Instrument, das er ja selber als ganzer Mensch ist, wieder schwingungsfähig und beweglich machen und ebenfalls aus zu starker Festigkeit, Härte und Kälte lösen.

Das Hören braucht solch eine leibliche Beweglichkeit, die zu einem intakten Innenohr dazukommen muss, wenn es wirklich gesund und kräftig sein soll. Und so kann der schwerhörige alte Mensch, der zu einer solch interessevollen Zuwendung zum Klang bereit ist, oft recht bald eine spürbare Hörverbesserung durch eine Gesangstherapie erfahren.

Rezeptive Musiktherapie als Ergänzung der aktiven Gesangstherapie

Die musikalische Rückenbehandlung, die bei Frau L. dazugenommen wurde, bestand in Folgendem: Abgesehen vom letzten, selbst zu findenden Eigenton der Patientin war es ein rezeptiver Musiktherapieteil von im Höchstfall 10 Minuten, der jedesmal zum Schluss der Gesangstherapiesitzung dazukam. Eine „Rückendusche" nannten wir es scherzhaft. Dabei saß Frau L. auf der Klavierbank, und ich spielte ihr auf einer gegen ihren Rücken gestellten Choroi-Altleier in einem ruhig-besinnlichen Tempo bei sanfter Tongebung – immer in engstem wahrnehmbaren Kontakt zu ihr – eine pentatonische Skala abwärts von e" bis zum d der großen Oktave in den Rücken. (Die Choroi-Altleier hat – was sehr praktisch ist – durch ihre äußere Formgebung eine gute, sichere Standfläche, sodass der Therapeut bei diesem Vorgang seine Hände frei für das Leierspiel zur Verfügung hat.)

Notenbeispiel 9

Pause – Nachlauschen.
Diesen Vorgang wiederholte ich noch einmal.

Anschließend kam in gebrochenen Akkorden die Kadenz in C-Dur mit den musikalischen Stufen I – IV – V – I kräftiger in der Dynamik und zügiger im Tempo, mit einem auf jeder Stufe – außer am Schluss – deutlich abgesetzten Echo:

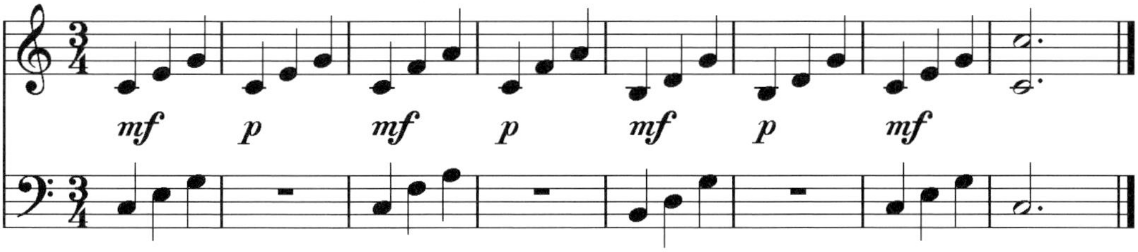

Notenbeispiel 10

Pause – Nachlauschen.

Darauf sang ich Frau L. in der kleinen Oktave die Konkordanzreihe[34] in einem ruhigen Tempo in den Rücken, begleitet von der – eine Oktave höher begleitenden – gegen den Rücken gehaltenen Leier.

Notenbeispiel 11

Aufwärts und abwärts entstehen so Oktavparallelen zwischen der Singstimme und der Leier. Auf diese Art wurde die Konkordanzreihe dreimal in den Rücken der Patientin gesungen und gespielt, immer mit einer Vorlausch- und Nachlauschpause dazwischen. Die Dynamik war dabei differenziert von mittlerer Lautstärke über leise, hin zu sehr leise beim dritten Mal.

Pause – Nachlauschen.

Dann noch einmal den Anfang der Rückendusche mit der pentatonischen Skala abwärts und diesmal aufwärts zurück zum e″ und von dort diatonisch hinunter bis zum c′ in ruhig geführten, klaren Tonschritten:

Notenbeispiel 12

So vorbereitet kam der Abschlussgesang, ohne Leierspiel. Ich sang der Patientin einen Hymnus in den Rücken, den Sankt-Johannes-Hymnus des Paulus Diaconus[35] aus dem 8. Jahrhundert:

Sankt - Johannes - Hymnus

(Paulus Diaconus, 8. Jhd.)

Notenbeispiel 13

Nachlauschen

Damit deine Diener mit leicht gewordenen Stimmbändern
die Wunder deiner Werke besingen mögen,
Sühne die Schuld der irdisch gewordenen Lippen –
für die Sprache fähig gewordenen Lippen –, heiliger Johannes.

Übersetzung von Rudolf Steiner

Der Eigenton

In diesem so vorbereiteten aktiven Lauschraum, der über die Öffnung des Rückens entstand und eine lebendige Verbindung zu den Kräften des hinteren Raumes schuf, welcher – wie gesagt – wesentlich mit dem Klang zu tun hat, sang die Patientin ihren Eigenton, der ihr aus dem vertieften Lauschen kam.

Die ersten Sitzungen waren wie ein Suchen und Ausprobieren. Einmal war der Ton ziemlich hoch (in der zweigestrichenen Oktave), dann wieder tief (in der kleinen Oktave). Ab der fünften Sitzung pendelte sich ihr eigener Ton in der eingestrichenen Oktave ein, und zwar in der unteren Hälfte. Ihr letzter Eigenton in der Therapie bei mir war ein e'. Vorsichtig, tastend, leise, dann aber mit einer spürbaren Überzeugung, die des Festen und Lauten nicht mehr bedurfte, bekannte sie sich zu diesem Ton. Offenkundig war es: Sie hatte Lauschen gelernt und konnte Raum geben und den Ton „empfangen". Stille war im Raum, erfüllte Stille.

Mit innerer, gesammelter Kraft, in der sie aus dem Lauschen nach innen zu dem Eigenton kam, saß sie da – gelöst, angekommen, in Frieden.

Der Patient entscheidet

Nach der achten Sitzung hatte Frau L. das Gefühl, „ihre Ohren bräuchten keine fremde Hilfe mehr". Sie wolle sich eine Leier anschaffen und weiterhin an das Klangbad denken. Das sei ihr fürderhin Hilfe genug. Dem Singen wolle sie treu bleiben. Ihr Ziel, ohne Hörgerät auszukommen, hatte sie erreicht.

Nachträgliche Betrachtung

Frau L. hat mir gezeigt, dass sich auch ein Mensch im hohen Alter noch ändern kann. Sie war bereit gewesen, ihr unbeschwertes Drauflos-Musizieren zu ergänzen durch ein Suchen und Erlauschen des Klanges. Mir schien es fast, als ob sie darauf gewartet hätte, einen Fingerzeig zu bekommen: Lerne dich mehr zurückzunehmen. Vom Alter her war diese Seelengebärde des Raum-Gebens längst überfällig. Die Erkrankung des Gehörs rief ebenfalls nach solcher Öffnung und nach einer vom Ich geführten Beruhigung alles einseitig Aktiv-Dynamischen.

Das Suchen des Klanges unter der Führung des Ohres und nicht das expressive Heraussetzen war für sie das Übungsfeld. Sie wurde dadurch vorsichtiger, tastender und ließ anfänglich etwas von dem zu, was blinde Menschen uns so beeindruckend zeigen, wenn sie gehen: dieses Sich-Zurücknehmen und ganz im Tasten und Hören sein. Das Lauschen in Verbindung mit dem Klang, der den ganzen Leib durchtönt, verhalf ihr zum Weichwerden, seelisch und leiblich.

So harmonisierte sich eine Einseitigkeit, die sich für ein feineres Beobachten im Seelischen und auf den Sinnesorganismus bezogen klar zeigte und über die Atmung hinaus bis in die äußere Körperhaltung und Bewegung zu verfolgen war.

Die Instanz, die zwischen Polaritäten vermittelt – bei dieser Patientin war es primär zwischen vorderem und hinterem Raum, zwischen Auge und Ohr, zwischen „rot" und „blau" und die jede Einseitigkeit ausgleichen und für eine Mitte und Harmonisierung sorgen kann, ist das Ich. Die Hörtherapie über die Gesangs- und Musiktherapie, die sich am Wiederfinden des Klangstromes ausrichtet und eine neue „Religio" sucht, nämlich den Wiederanschluss an den hinteren Raum, den Herkunftsraum von uns Menschen, den Raum von Kindheit und Vorgeburtlichem, erschien mir als ein Weg von der Seele zum Geist. Durch diese Art Hören auf den Klang als Führer[36] konnten Frau L. Erlebnisse vermittelt werden, die über das „Nur-Persönliche" hinausgingen und ihr einen vertieften Zugang zum ICH erschlossen:

In der Kunst erlöst der Mensch
Den in der Welt gebundnen Geist.
In der musikalischen Kunst
Den in ihm selbst gebundnen Geist.[37]

10. Spastische Lähmung

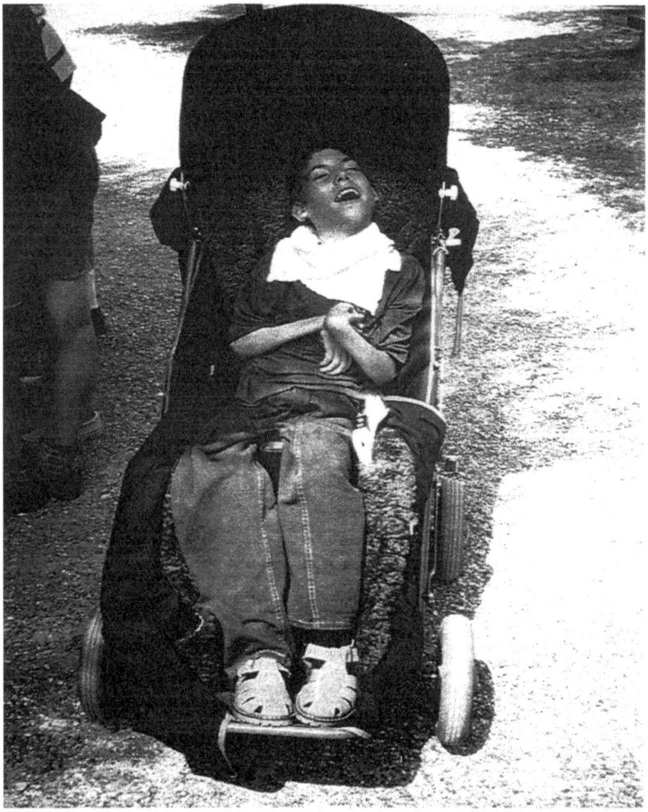

Abb. 5

Erscheinungsbild:
Der 12-jährige Michael hat ein schmales, ernstes Gesicht, das von blonden, feinen Haaren umrahmt wird. Die blauen Augen haben einen lauschenden, nach innen gerichteten Ausdruck. Die Gliedmaßen sind dünn und kühl und bestehen eigentlich nur aus Haut und Knochen. Die Arme sind an den Handgelenken nach innen abgewinkelt. Jede Art von Geräusch nimmt Michael aufmerksam auf. Sind es ungewohnte Laute oder Töne, so zuckt er zusammen, ein Zittern durchfährt ihn, manchmal kommt es dann auch zu einem Krampf und er beginnt zu weinen. Doch in gewohnter, vertrauter Umgebung macht ihm der Lärm der anderen Kinder nichts aus. Er hat ein feines Gespür für Stimmungen, strahlt über das ganze Gesicht, wenn er angesprochen wird und jauchzt, wenn ihn etwas freut. Da ist dann das ganze Kind wie von einem hellen Licht überstrahlt.

Ärztlicher Anamnesebericht:
Michael ist ein schwer behindertes Kind. Es besteht aufgrund eines perinatalen Hirnschadens mit Hydrocephalus internus

1. eine Tetraspastik (mit Geh-, Steh- und Greifunfähigkeit),
2. ein cerebrales Anfallsleiden,
3. eine motorische Aphasie bei relativ gutem Sprachverständnis,
4. weitgehende zentrale Erblindung,
5. geistige Retardierung.

Aufgrund seiner Liebe zur Musik und deren heilsamer lösender Wirkung bei spastischen Leiden wurde Michael einmal wöchentlich zur Musiktherapie gebracht.

Therapeutische Zielsetzung:
Mit Hilfe der Instrumente Gesang und Leier sollte eine kurzzeitige Lösung und Erwärmung der Gliedmaßen erreicht werden. Damit einher ging als weiteres Ziel eine Vertiefung des Atems, da durch das ständige Erleben der Spasmen der gesamte Körper des Kindes in Spannung und die Atmung zu flach und hoch war. Eine langfristige Heilung konnte nicht erwartet werden.

Therapeutischer Erstkontakt:
Bei der ersten Therapiestunde versuchte ich vor allem einen Kontakt zwischen dem Kind und mir herzustellen. Leise erzählte ich ihm, wer ich bin, was wir hier machen wollen, berührte beim Sprechen seine Hände und ließ diese die Leier berühren als erstes Instrument, das nun mit Gesang erklingen sollte. Ich wählte ein für ihn bekanntes Michaelslied – entsprechend der Jahreszeit – aus und begann. Schon nach den ersten Tönen begann das Gesicht aufzustrahlen, die Arme bewegten sich nach oben und in die Weite. Es war ein Glücksgefühl für ihn und mich, endlich seine Arme strecken zu können. Nach kurzer Zeit sank er dann in seinen Stuhl zurück.

Weiterer Verlauf der Therapie:
Den Anfang der Stunde bildete oftmals der helle Klang der Zimbeln. Dadurch sollte eine schützende, jedoch gleichzeitig durchlässige lichte Klang-Hülle um ihn herum aufgebaut werden. Um von diesem Lichtbereich, in welchem das Kind stark lebte, zu einem warmen Ton zu finden, kamen Leier und Gesang hinzu. Ich sang bekannte rhythmische, fröhliche Lieder, aber auch ruhige, sich in die Weite verströmende keltische oder masurische Melodien. Bei allem, was Michael wiedererkannte, strahlte er auf und versuchte lautierend auf den Vokal „a" leise mitzusingen. Aus der Überlegung heraus, dass die Tonleiter den ganzen Menschen umfasst und durchtönt – eine Erfahrung aus der Phänomenstudienarbeit –, wurde Michael dann im Anschluss daran die Tonleiter auf den entsprechenden Konkordanzvokalen[38] vorgesungen:

c	d	e	f	g	a	h
ru	zo	ta	gö	he	wü	ni

Die voranstehenden Konsonanten sind einer unveröffentlichten Angabe Frau Werbeck-Svärdströms an ihre Schüler entnommen.

Die Erfahrung zeigt, dass diese Übung eine Vertiefung des Atmungprozesses zur Folge haben kann. Offensichtlich fühlte sich das Kind wohl dabei und versuchte nach einigen Stunden auch hierbei wieder leise mitzulautieren.

Im Verlauf der Therapie kam dann eine Zeit, in der es Michael gesundheitlich schlechter ging. Aufgrund von medikamentöser Umstellung blieb er eine Zeit lang der Schule fern, was zu einem mehrwöchigen Aussetzen der Musiktherapie führte.

Schon kurze Zeit davor und auch nach Wiederaufnahme der Therapie war Michael seelisch so sensibilisiert, dass Freude und Schmerz für ihn noch näher beieinander lagen, als es vorher ersichtlich war. Die Freude an der Musik bewegte ihn dann oft in kürzester Zeit dermaßen stark, dass es zu spastischen Krämpfen kommen musste, die ihn wiederum zu starkem Schluchzen brachten.

In diesem Zusammenhang war erkennbar, dass ihn vor allem das Spiel auf der Leier erregte, sodass die Begleitung auf diesem Instrument immer mehr reduziert wurde.

Um Michael einen Halt für sein seelisches Gleichgewicht zu geben, suchte ich nach einem Instrument, welches einen objektiven Klang und dunkle Töne hervorbringen konnte. So spielte ich die Melodie eines Liedes in Oktavtönen auf dem Klavier mit. Hier konnte sich seine Seele entfalten, ohne „überschwemmt" zu werden. Doch es war keine befriedigende Lösung, da der Anschlag der Tasten Michael immer wieder zum Zusammenzucken brachte. Schließlich wurden alle Instrumente weggelassen, und ich arbeitete nur noch mit der Stimme. Hierbei versuchte ich auf der Grundlage der Schule der Stimmenthüllung von Frau Werbeck-Svärdström leise und peripher zu singen, möglichst jede Emotion aus der Stimme fernzuhalten, die Stimme ganz für den Umkreis zu öffnen und viel Licht in die Klangfarbe zu bringen.

Dies brachte zwei Ergebnisse:

1. Michael war nicht mehr so schnell aus dem Gleichgewicht zu bringen, seine Juchzer bei bekannten Liedern wurden nicht so überschäumend, dass sie Krämpfe auslösten.
2. Ich selbst war als Therapeut so direkt an der Führung des Klanges beteiligt, dass ich unmittelbar auf jede kleinste seelische Äußerung Michaels reagieren konnte.

Zwei Jahre später wurde dann bis zur Beendigung der Therapie wegen Aufgabe meiner Berufstätigkeit an dieser Schule mit einer eindeutig gesangstherapeutischen Übung auf der Basis der Schule der Stimmenthüllung von Frau Werbeck-Svärdström begonnen.

Auf dem Hintergrund der Übereinstimmung von Lauten, Tierkreiskräften und Körperregionen (siehe dazu auch das Kapitel über die Konsonanten und den Tierkreis, S. 151) mag folgende Therapieübung verstanden werden, die ich mit Michael zur Durchwärmung seiner meist kalten Gliedmaßen sang:

„GLUM - MUM - MÜN"
G= Schütze = Oberarme / Oberschenkel
L= Steinbock = Ellbogen / Knie
M= Wassermann = Unterarm / Unterschenkel
N= Fische = Hände / Füße
U= das Bild des Urgrundes, aus dem alles erschaffen wurde, das Bild des Saturn (siehe auch das Kapitel über Vokale und Planeten, S. 155) Aus eigener Erfahrung ist es ein Laut, der wärmefördernd wirken kann.

Der „Lautstrom" führt also von den Oberarmen über die Ellbogen bis zu den Unterarmen und Händen und weiter von den Oberschenkeln über die Knie und Unterschenkel zu den Füßen.

Man kann diese Übung noch verstärken, indem man mit den Händen diesen Strom von oben nach unten streichend mitvollzieht.

Diese Lautfolge wurde mit folgender Melodie gesungen:

Notenbeispiel 14: glum – mum – mün

Die einzelnen Takte zeigen auch in sich immer eine Abwärtsbewegung, die auf den Grundton c hinführt.

Durch die gesungene Lautfolge wird im Gegensatz zum Gesprochenen ein größerer Klangraum gebildet. Da die Musik unmittelbar auf das Seelische des Menschen wirkt, geht der Weg zum Lebensorganismus immer erst über das Seelische. Deshalb behielt ich es auch während dieser Übung bei, leise und behutsam zu singen bzw. den Klang mit möglichst viel Licht und wenig Überschwang (eigenes emotionales Beteiligtsein) aufzubauen und trotz allem einen großen Raum zu schaffen. Michael zeigte als Reaktion auf diese Übung eine sehr starke innere Beteiligung, bei der er jeden Schritt wachsam mitverfolgte. Es schien ihn nicht nur zu befreien, sondern es wurde gleichsam das Lösen seiner Spasmen sichtbar, welches oft weit über den Zeitraum der Therapiestunde anhielt. Verstärkt wurde die Wirkung noch dadurch, dass ich nach einiger Zeit die Gliedmaßen Michaels nicht mehr direkt berührte, sondern das Abwärtsstreichen in einem etwa 3 bis 5 cm großen Abstand über dem Körper des Kindes vollzog, in einem Bereich, der die Wärme zwischen meinen Handinnenflächen und Michaels physischem Leib umschloss.

Um in dieser Übung die Wirkung auf die Lebenskräfte des Kindes noch zu vertiefen, änderte ich die Richtung des Abwärtsstreichens in folgender Weise ab:

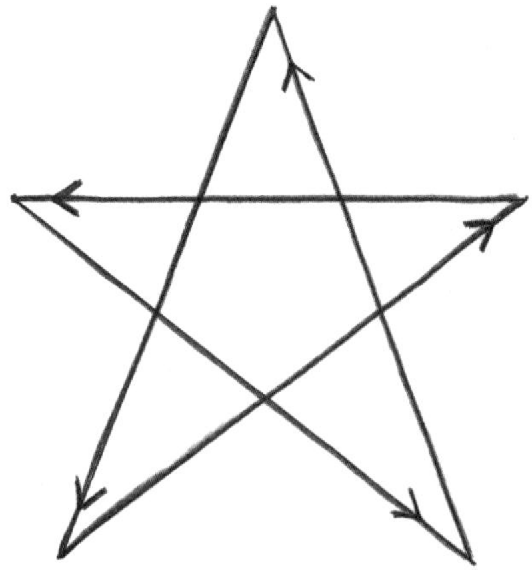

Dabei bezog ich mich auf die Aussage Rudolf Steiners, dass die ätherischen Strömungen im Körper den Richtungen entsprechen, die man im eurythmischen Fünfstern nachvollzieht:

Vom Kopf hinab zum rechten Fuß; von dort hinauf zum linken Arm, dann weiter zum rechten Arm; von dort hinab zum linken Fuß; und von hier wieder zurück zum Kopf.[39]

Mit dieser letzten Übung endete die Therapiezeit.

Abschließende Bemerkung:

Die Arbeit mit Michael hat gezeigt, dass gerade im Gesang eine lösende, entspannende Kraft liegen kann. An dem Punkt, wo alle äußeren Instrumente „versagten", wo sie ihn mit ihrem Klang wie überwältigten, da war die menschliche Stimme das Vertrauteste, das Beruhigendste. Und als Therapeut hatte ich so die schon genannte Möglichkeit, mit dem Klang zu modulieren und unmittelbar auf die Reaktionen des Kindes einzugehen. Auch wenn keine Gesundung im Sinne eines Behebens der Krankheit erreicht werden konnte, war doch die heilende Wirkung der Musik deutlich wahrzunehmen.

11. Ausbleiben der Menstruation

Wahrnehmungen zu Beginn der Therapie:
Die ambulante Therapie umfasste den Zeitraum von 7 Monaten (1 x wöchentlich 60 Minuten); es waren 23 Therapie-Einheiten.

Frau F. ist mittelgroß und sehr schlank. Sie hat eher ein knabenhaftes Aussehen. Ihr Gesicht ist sehr geformt und vermittelt den spontanen Eindruck einer Maske. Ihre hellblonden Haare sind lang und ganz glatt. Sie ist knapp 29 Jahre alt, wirkt aber jünger. Ihre Bewegungen sind langsam, wie abgemessen, und ihre Sprechweise ist sehr akzentuiert. Die seelischen Äußerungen sind zurückhaltend. Frau F. ist Finnin, lebt seit ihrem 9. Lebensjahr in Deutschland und spricht deutsch ohne Akzent.

Die Patientin hat seit ihrem 16. Lebensjahr die Pille genommen. Als sie diese vor drei Jahren, mit 25 Jahren, absetzte, blieb die Menstruation aus. Da sie Kinder haben möchte, aber keine Hormone nehmen will, ging sie zu einem anthroposophischen Gynäkologen. Die von ihm verordneten Medikamente zeigten keine Wirkung, so schickte er sie zur Gesangs-/Musiktherapie.

Diagnostische Betrachtung und Therapieziel:
Wie schon das äußere Erscheinungsbild andeutet, ist bei Frau F. eine Überbetonung des Formpols, des Nerven- und Sinnes-Bereichs, vorhanden. Diese Überformung, die die Neigung hat, seelisches und lebendig fließendes körperliches Leben zu verdrängen, zeigt sich oft in einer maskenhaften Erstarrtheit des Gesichtsausdrucks, greift beengend in die Mitte, den Atmungsmenschen, und zieht die Atmung zu sehr nach oben in den Kopf. Die überaus starke Formkraft zeigt sich besonders deutlich in ihrem knabenhaft gestalteten Becken, wo keine weich fließenden Vitalkräfte, die diesen Pol eigentlich prägen, wahrzunehmen sind. Der Kopfbereich stellt sich als so dominant dar, dass er die mehr quellenden Kräfte des Unterleibs mit formt und ihm so die Vitalkräfte abzieht. Bestätigt wird dieser Eindruck durch eine kindlich undurchdrungene Ausprägung ihres Mundes und Kinns, die als Repräsentanten des Stoffwechsel-Gliedmaßen-Systems in der Physiognomie die stockende Entwicklung im Unterleibsgebiet verdeutlichen.

Ziel der Therapie wird sein, die überstarken Nerven-Sinnes-Kräfte einmal im Kopf, dann im rhythmischen Bereich der Atmung zu lösen, besonders aber die Vitalkräfte im Unterleib zu ihrem Recht kommen zu lassen und damit zu verlebendigen und zu durchwärmen. Es kann allmählich dieser Bereich, der wie „herausgefallen" ist, erneut zu Eigen werden, und eine körperlich-seelische Empfindung, „dort zu Hause" zu sein, daraus folgen. Zu Letzterem gehört dann als Konsequenz eine regelmäßig verlaufende Menstruation.

Therapieverlauf:

a) Verdeutlichung der Mittel und Vorgehensweise
Jede Therapiestunde fängt mit einem instrumentalen Teil an, der hauptsächlich mit den Metallschlaginstrumenten aus der Schmiede von Manfred Bleffert (Heiligenberg/Bodensee) bestritten wird. Die Klänge dieser Instrumente fördern den Eintritt in einen Hörraum, wo gesam-

meltes Lauschen beginnen kann. Mehr und mehr breitet sich Entspanntheit und konzentriertes Einfühlen in die Arbeitsweise mit diesen Instrumenten aus.

Bei Frau F. hatten die Metallinstrumente eine noch weiterreichende therapeutische Wirkung. Der instrumentale Teil wird mit hell klingenden Metallen wie dem Glockenspiel begonnen, dann über wärmere Gongklänge weitergeführt, die mit gespreizten Beinen hin und herschwingend gespielt werden, und geht allmählich in dunklere Bronzeklänge wie Röhrenglocken, Becken und Tam-Tam über. Diese Letzteren werden im Wechsel aktiv und aus dem rückwärtigen Raum gespielt, um eine lauschende Qualität im Hören anzuregen.

Metallklänge in der überaus sorgfältig geschmiedeten Art von Manfred Bleffert bewirken ein Zweifaches. Während die hellen Töne, meist Eisenklänge, die Atmung nach unten führen, umhüllen die warmen Bronze- oder Kupferklänge den mittleren und unteren Menschen, lösen Spannungen im Kopf (dies führt oft zum Gähnen) und lassen außerdem das Seelische sich weiten, zum ruhevollen Schwingen kommen. Man könnte auch sagen, dass die Geformtheit des Einzeltones zunächst aufgegeben wird, um in das Meer des umhüllenden Klangs einzutauchen, aus dem dann der Einzelton wie ein Tropfen neu empfunden herausgelöst wird.

In der Situation von Frau F. beginnen die überstarken Formkräfte sich wie von innen durchwärmt zart zu lösen.

Der erste Gesangsteil, auf einer altitalienischen Gesangsschulung fußend, die von Fritz Jäger weiter bearbeitet wurde, betrifft die Zwerchfellatmung, die eine Durchwärmung des mittleren Atmungsgebietes bewirkt. Es ist ein kräftiges vokales Singen mit den Vokalen „A" – offenes „O" – geschlossenes „O" – „U". Dadurch wird die Zwerchfellspannung aktiviert und stark die Ausatmung gefördert. Außerdem wirken diese Vokalübungen stark in die Tiefe. Die starke Expressivität dieses Vokalsingens hilft, die emotionale Abgegrenztheit zu lösen und sich gefühlsmäßig zu öffnen.

Der sich daran anschließende Gesangsteil auf der Grundlage der „Schule der Stimmenthüllung" greift über ein eher zartes, vor allem konsonantisches Singen in die Durchgestaltung der Leiblichkeit ein. Konsonanten als Kräftewirkungen des Tierkreises im Menschen haben mit der plastischen Körperdurchdringung zu tun. Im Zusammenhang damit wird an der Vertiefung der Atmung geübt, damit sie über die Bauchatmung den Stoffwechsel-Gliedmaßen-Bereich durcharbeitet.

Bei der geschilderten Therapie war es außerdem nötig, den Klangstrom aus dem vorderen Bereich, dem Sehraum, in den hinteren Raum, den eigentlichen Hör- oder Klangraum zu führen. Der vordere Raum, als der der Umwelt zugewandte Handlungsbereich, hat plastische Artikulationskraft. Die geschilderte Überformung der Patientin hat mit einer zu starken Hinwendung zu diesem vorderen Raum und einem Mangel des Klangstromes aus dem rückwärtigen Bereich zu tun. Ist es jedoch möglich, in diesen Klangstrom einzutauchen, so öffnet sich die eigentliche Natur des Musikalischen, nämlich der ungehinderte Strom von Tönen. Dunkle Vokale wie „A", „O", „U", dazu „Ä" und „Ö" im Zusammenhang mit dem Klanglaut „NG" führen in diesen Hörraum, wenn sich beispielsweise der Kopf leicht und weich nach hinten neigt, die Augen sich schließen und der Mund sich wie von selbst öffnet. Ein träumendes Bewusstsein entsteht, das sich auch im Stimmklang bemerkbar macht. Der anfangs noch harte, scharfe Klang der Stimme wandelt sich nun um zu einer leisen, warm und dunkel fließende Klangqualität.

Ein weiterer für diesen Fall relevanter Bereich ist der Zusammenhang der Kehlkopfmuskulatur und ihrer Betätigung im Singen mit der Becken- und Unterbauchmuskulatur. Bekannt ist die Tatsache, dass sich mit der Reifung des Genitalbereiches in der Pubertät die Muskulatur des Kehlkopfs verändert: Die Stimme „bricht", d.h. sie wird tiefer, bei den Frauen unmerklich, bei den Männern sehr deutlich. Dieser feine Zusammenhang zwischen diesen beiden Systemen kann nun im umgekehrten Sinn therapeutisch aufgegriffen werden. Indem ein weiches Fließenlassen des Klangstromes im tiefen Rachenraum mit den Rachenlauten „G", „K", „Rachen-CH" und „-SCH" sowie dunklen Vokalen wie offenes „O", „U", „Ä", „Ö" und „NG" geübt wird, weitet sich der Klang in der Tiefe, er wird voll und dunkel. Durch die Weitung des Rachenraumes im Singen tritt sozusagen eine Öffnung im Unterleib auf, und ein Gefühl warmen Durchströmtwerdens wird dort erlebbar.

Dieser genannte Zusammenhang bestätigt sich auch insofern, als Patientinnen mit verschiedenen Schwierigkeiten im Unterleib fast immer Probleme haben, die Stimme für den Rachenklang zu öffnen.

Die beiden letztgenannten Teile waren die Hauptarbeitsbereiche für Frau F. Durch die Metallinstrumente und den ersten Gesangsteil nach Fritz Jaeger war eine gute Vorbereitung für dieses Üben geschaffen. Während die Metallinstrumente jede Stunde in wechselnder Folge einleiteten, lösten sich die Gesangsteile nach und nach ab.

b) Therapeutischer Prozess:
Da Frau F. eine ausgesprochene Liebe zur Musik hatte und auch musikalisch begabt war, konnte sie zu allen für sie neuen Instrumenten und den gesungenen Lauten und Tönen spontan Zugang finden. Nach wenigen Wochen begab sie sich in einen Chor.

In die fließenden Bewegungen an den Instrumenten fand sie sich gut hinein. Die gespreizte Beinhaltung beim Gongspielen und das dabei lockere Schwingen im Schulterbereich erforderten einige Übung, da dies für sie ein doppeltes Problem darstellte: Lösen im verkrampften Schulter-/Nackenbereich, Öffnen durch das rhythmische Schwingen im unteren Bereich des Menschen. Die dunklen und warmen Bronzeklänge liebte und genoss sie sehr.

In der Stimmtherapie mit den Übungen von Fritz Jaeger bewies Frau F. eine kräftige schöne Stimme. Die Halbtöne gerieten ihr zuerst zu weit, entsprechend ihrem „Hängenbleiben" im oberen Pol. Auch klangen die Kopftöne hart und scharf, sodass wir sehr daran übten, die dunklen Vokale in der oberen Lage zu singen. Doch der Ausgleich zwischen Hell und Dunkel (Vokalausgleich) gelang in dieser Phase noch nicht völlig. Die Zwerchfellatmung begann jedoch die zu hoch sitzende Atmung mehr und mehr abzulösen.

Nach der sechsten Stunde wurde deutlich, dass die gesungenen Konsonanten, die mehr die Körperlichkeit durchdringen, der richtige weiterführende Weg waren. Frau F. hatte bald ein Gespür für die Atmungsbewegungen im Beckenbereich: eine fließende Bewegung über die Sitzknochen hinweg nach hinten in der Ausatmung, dabei ein lösendes Sich-Ausbreiten in sitzender Haltung mit leicht geöffnetem Mund. Entspannung, Entkrampfung kennzeichnen diese Körperhaltung, aus der die neue, wie von selbst einströmende Einatmung ganz sanft das Aufrichten aus der etwas zusammengesunkenen Haltung – wie dem „Leben wiedergegeben" – bewirkt.

Eine Lautfolge, auf einem Ton innerhalb des Quartraumes gesungen, sei hier stellvertretend für viele weitere Übungen genannt:

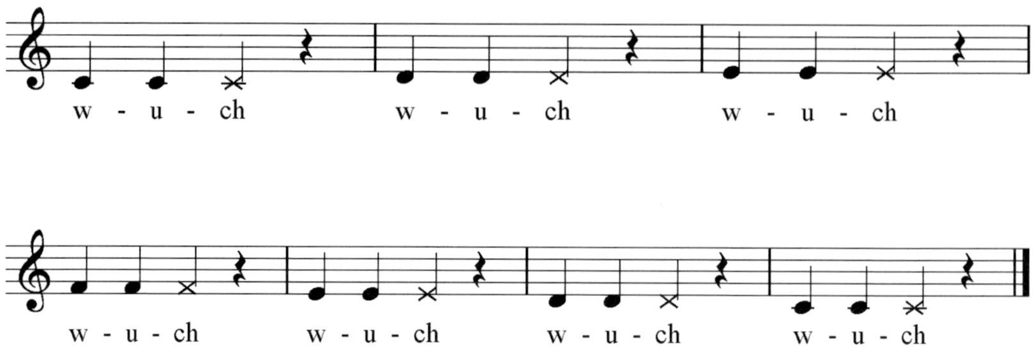

Notenbeispiel 15: w – u – ch

„W" durchwärmt dabei Kopf und Rücken und strömt mit dem dunkel gesungenen „U" nach unten, wobei das Kinn nach unten fallend gedehnt wird. Die Übung schließt mit einem zart fließenden Rachen-"CH" ab, das die Hüftregion weitet und durchatmet.

Frau F. genoss es, mit diesen Übungen, die in den rückwärtigen Hörraum führten, ein träumendes Bewusstsein zu erüben. Durch die dabei nachlassende Kopfspannung lernte sie gähnen. Es war ihr ungewohnt, und sie musste sich dazu überwinden, diesem Bedürfnis nachzugeben. Ihre Töne, die anfangs etwas gepresst und laut klangen, wurden leiser.

Nach der elften Stunde war ihre Periode eingetreten. So war es ihr einsichtig, das erreichte Strömen in den Unterleib weiter zu unterstützen und im Üben fortzufahren.

Als ein hartes Stück Arbeit erwies es sich, die tief im Rachen klingenden Laute zu singen, die in ihrer Wirkung unmittelbar eine Verbindung mit dem Genitalbereich darstellen. Dies sei an folgender Übung verdeutlicht:

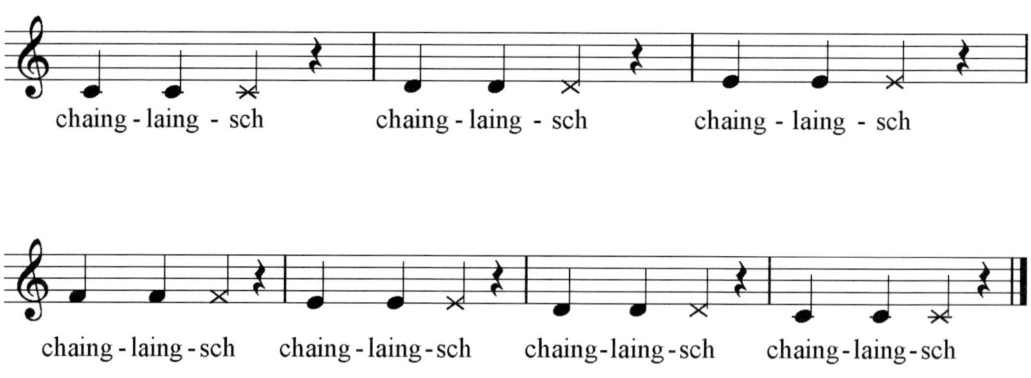

Notenbeispiel 16: chaing – laing – sch

Das tonlos strömende Rachen-"CH" schließt die Hüftregion wie auf, das „Ai" oder „Ei" hat mit der Mondenwirksamkeit im Menschen zu tun (siehe dazu das Kapitel über Vokale und Planeten, S. 155), die speziell in die Fortpflanzungskräfte seelisch-körperlich eingreift; das tief im Rachen klingende „NG“ durchströmt als Laut des Klangstromes ebenso wie das „L“ als Wasserlaut den ganzen unteren Menschen (siehe dazu das Kapitel über die Konsonanten, S. 146). Das Rachen-„SCH“ schließlich hat durch das „S“ des Skorpion (siehe das Kapitel über Konsonanten und Tierkreis, S. 151), aber in Verbindung mit dem strömenden „CH“ eine das Leben im Unterleib anregende Kraft. Diese und die anderen Rachenlaute weich tönend und tief den Rachenraum öffnend singen zu lernen, war ein bis zum Schluss andauernder Übprozess.

In der letzten Phase war deutlich eine physiognomische Veränderung zu bemerken: Frau F.'s Mund und Kinnpartie verloren die kindliche Prägung und wurden rund und weich. Die Vitalkräfte waren zu ihrem Recht gekommen und hatten den Unterleib belebend und wärmend wie aufgeschlossen. Auch die zweite Periode kam nach 30 Tagen. Dies war zwar noch etwas zu lang, aber dem normalen Rhythmus von 28 Tagen weitgehend angenähert.

Befund nach Abschluss der Therapie:
Aus Kostengründen musste die Therapie leider nach 23 Stunden beendet werden. So konnte die letzte Phase – aus dem lösenden Durchdringen des Stoffwechselpols und dem träumenden Bewusstsein in eine gesunde aufbauende Spannung zu kommen – nicht ganz abgeschlossen werden. Doch war das Therapieziel erreicht, die Menstruation nach dreijährigem Aussetzen wieder zu verankern und kontinuierlich weitergehen zu lassen.

12. Colitis ulcerosa

Schilderung der gesangstherapeutischen Behandlung einer Patientin mit Colitis ulcerosa, die über 5 1/2 Jahre durchgeführt wurde. Da der Erfolg der Therapie bei der Schwere der Krankheit ungewöhnlich und erwähnenswert ist, wird versucht, eine geraffte Form des Therapieverlaufes zu geben.

Anamnese:
Annie kam 35-jährig zu mir in die Gesangsstunde, anfangs nicht vom Arzt überwiesen, sondern wegen ihres Studiums an einer Lehrerausbildungsstätte. Beim Chorsingen und in den Musikstunden litt sie unter Ohnmachtsanfällen, zu kurzer, hastiger Atmung, Weinkrämpfen etc. Das war hinderlich, und sie konnte diese Probleme nicht unter Kontrolle bekommen. Unter diesen Umständen konnte sie den zum Lehrplan gehörenden Musikstunden an der Ausbildungsstätte nicht folgen.

Als ich sie nach ihrem Gesundheitszustand befragte, kam heraus, dass sie Colitis ulcerosa hatte, „Prednison"[40] in Tablettenform einnahm und ein- bis zweimal täglich einen Einlauf machte. Sie musste oft zur Toilette, hatte chronische Diarrhoe und Blut im Stuhl. Das Funktionieren des Darmes erforderte ständige Aufmerksamkeit und war dadurch ein sehr bestimmender Faktor in ihrem täglichen Leben.

Erster Eindruck:
Annie hat eine mittelgroße Gestalt, graues, lockiges, festes Haar, hellblaue Augen, ein herzförmiges Gesicht, schmale Hände. Hüfte und Beinregion wirken schwerer als der Oberleib. Die Haut ist gelblich blass, die Hände fühlen sich feucht an.

Die Stimme umfasste anfangs etwas mehr als eine Oktave. Sie klang verschleiert, schwach und farblos. Der Atem saß zu hoch. Das Gebiet unterhalb der Taille war nicht belebt, Annie hatte keine Wahrnehmung für ihre Füße.

Die Haltung war schlaff und eingesunken, der Gang zögernd, die Knie wurden wenig bewegt. Der Stoffwechselbereich war nicht durchatmet und durchwärmt und hatte eine ausfließende Tendenz. Diese fand sich auch im Reden und – wie sie es selbst erwähnte – in ihrer Art, die Aufgaben des täglichen Lebens zu bewältigen. Die Wahrnehmungen bezüglich dessen, was sich in ihr abspielt, waren differenziert und im Allgemeinen korrekt.

Sie fordert viel von sich und hat ein großes Durchhaltevermögen. Wenn sie sich etwas vorgenommen hat, will sie es um jeden Preis erreichen.

Therapieplan:
In erster Linie musste die Atmung so weit harmonisiert werden, dass sie zum Singen brauchbar wurde. Das bedeutete zugleich, die Verbindung mit dem unteren Pol anzuregen und den Formwillen zu wecken. Es war ganz klar, dass es ein langer Prozess sein würde.

Therapieverlauf:
Die Behandlung dauerte tatsächlich mehr als 5 1/2 Jahre mit wechselnden Erfolgen und Rückfällen.

Die ersten Übungen mit kurzen 2- bis 3-tönigen Melodien wurden mit Schritten verbunden (steigender Ton = Schritt nach vorn, fallender Ton = Schritt nach hinten). Es wurde das Durchstrecken der Knie und Verankern (die Verbindung mit dem Boden spüren), das Nachlauschen und Vorhören in den Pausen geübt. Dadurch wurden Aufrichtekräfte zur Stärkung des Ich aufgerufen sowie das Bewusstsein für längere, zusammenhängende Melodiebögen, die auf einen Atembogen zu singen waren.

Das erste Ziel war die Beherrschung des Atems für die Arbeit in der Schule. Durch Übungen zur Entspannung und zur Aktivierung des Zwerchfells wurde erreicht, dass die Atmung immer tiefer in der Bauchregion verankert werden konnte.

Schwindel, Hexenschuß, Schmerzen zwischen den Schulterblättern waren die „Nebenerscheinungen", die im Laufe der Therapie mehrfach durchlitten werden mussten, ebenso wie Kiefer- und Zahnschmerzen.

Weitere Übungen mit der so genannten „Gegenatmung" – die in der Einatmung aufgebaute Zwerchfellspannung wird bei der Tonbildung intensiviert – halfen, den Atemprozess noch weiter hinab in den Bauchbereich zu ziehen, sodass auch musikalisch immer tiefere Töne erobert werden konnten. Dabei wurde auch eine Durchwärmung des Bauchraumes angestrebt.

Folgende Therapieschritte konnten beobachtet werden:

- Nach 3 Monaten war der Atem für das Singen in der Schule beherrschbar.
- Nach 5-monatiger Arbeit geschah die Tiefenatmung von selbst.
- Nach 1 Jahr der Therapie konnte Annie zum ersten Mal nach 5 Jahren das „Prednison" weglassen.
- Nach 1 1/2 Jahren, Ende März, wurde die Stimme deutlich klarer, es war eine metallische Resonanz zu hören, Annie erreichte immer tiefere Töne.
- Im September des 2. Jahres wurde als neues musikalisches Element das Crescendo geübt, auch bei fallenden Melodien. Annie sollte mehr Formkraft erreichen, um das „Ausfließen" – wie sie es nannte – zu begrenzen, indem sie die letzten Töne exakt beendete, anstatt sie ausklingen zu lassen. Ihre Wahrnehmung dabei beschrieb sie folgendermaßen: „Ich komme auf die Erde mit dem „S." (Die Crescendo-Übungen endeten mit dem Laut „S".)
- Im Jahr darauf machte sie die Entdeckung beim Verklingen eines Schlusstones: „Am liebsten singe ich ganz aus. So stehe ich auch im Leben: Ich kann nicht aufhören und dann laufe ich ganz leer." Hier zeigt sich, wie lange dieser Formbildungsprozess dauerte. – Weitere Übungen folgten mit dem Ziel, den Unterbauchbereich von innen heraus zu erwärmen: Übungen mit mehr Dramatik und Dynamik. Geistesgegenwärtiges Ergreifen des Tones, Selbstvertrauen und Durchsetzungsvermögen entwickelten sich als Folge dieses Übens.
- Im 6. Jahr im Mai folgte dann der Durchbruch: Auf dem Ton a stand der Klang auf einmal wie unabhängig von ihr im Raum. Er hatte nichts mehr mit physischer Luftmenge zu tun. Es war ein schöner, klangvoller Ton, den man wie einen „eisernen" Stab erleben konnte.

Annie beschrieb das Ausloten der Tiefe bis hin zum kleinen d: „Ich habe meinen Innenraum erobert, ich habe (zwar) Colitis, aber ich bin kein Colitispatient mehr."

Annie hat Selbstvertrauen gewonnen, kann das Leben genießen und hat es mehr in der Hand. Dadurch ist die Krankheit beherrschbar geworden und beherrscht nicht mehr ihr Leben.

Zusammenfassung:
Der Krankheits- und Therapieverlauf von Annie zeigt eine deutlich spiralförmige Tendenz. Er ist durch Krisen gekennzeichnet, die aber überwunden werden, wobei Annie jedesmal stärker aus dem Kampf hervorgeht. Merkwürdigerweise geht jede Krise und Überwindung parallel mit entsprechenden Veränderungen ihrer Lebenssituation sowohl im Berufsleben als auch im Privatbereich. Die Kraft, die sie bei der Überwindung der Krankheit bekommt, kann sie auch anwenden, um Lebens- und Seelenprobleme zu überwinden. Ihr Durchsetzungsvermögen wird auch sichtbar im Kampf gegen die starken chemischen Mittel. Sie setzt sich selbst für ihre Gesundheit ein.

Was ist erreicht?

1. Auf dem Gebiet des Atems:
Annie hat es gelernt, die Kurzatmigkeit und Unbeherrschtheit ihres Atems in den Griff zu bekommen. Sie kann im Singen den Atem beliebig lang strömen lassen. Der untere Pol des Menschen ist dabei mit einbezogen, auch wenn sie darauf achten muss, dass sie – ohne Angst, zu wenig Luft zu haben – alle zur Verfügung stehende Luft verbraucht, bevor sie neu einatmet.

2. Auf dem Gebiet der Seele:
Allmählich gewinnt Annie mehr das Gefühl, bei sich selbst bleiben zu können, das eigene Zentrum, die eigenen Grenzen zu erfahren und zur Geltung bringen zu können. Sie steht selbstbewusster in sich selbst.

3. Im Leben:
Sie steht auch kraftvoller im Leben, in ihren Beziehungen. Sie kann ihre Grenzen besser einschätzen und ihre Neigung auszufließen beherrschen. Sie lebt bewusster und weniger ängstlich.

4. Auf dem Gebiet der Krankheit:
Der Darm funktioniert besser und verlangt nicht ständig Aufmerksamkeit. Der Gebrauch schwerer Medikamente ist reduziert. Ihr Seelisch-Geistiges gewinnt in deutlichem Maße mehr Bezug zum Stoffwechsel. Die ausfließende Tendenz ist viel geringer geworden.

5. In der Stimme:
Ihre Stimme umfasst nun beinahe drei Oktaven. Der Klang ist freier, größer als zu Beginn der Therapie. Sie hat eine schöne Singstimme entwickelt. Die Intonation, die erst unsicher war, ist nun selbstverständlich geworden, sie kann jetzt allein eine zweite Stimme halten. Ihre Stimme ist auch klangvoller und heller geworden, und sowohl in der Artikulation als auch in der damit einhergehenden Fähigkeit zu gestalten sind Fortschritte erreicht worden. Annie kann nun ohne Hilfe des Therapeuten weiterarbeiten.

Zur Biografie:
Annie war ein empfindliches, einfühlsames Kind, das im Elternhaus als eine von vier Schwestern immer zwischen den kämpfenden Parteien stand mit dem Gefühl, nichts ändern zu können. Durch die Alkoholabhängigkeit des Vaters und den unheilbaren Bandscheibenvorfall der Mutter entstanden viele Spannungen innerhalb der 6-köpfigen Familie.

Annie charakterisiert sich selbst als das scheue Mädchen, das sich so sehr Mühe gibt, etwas Positives zu bewirken.

9-jährig hat sie ein gerade noch gut ausgehendes Erlebnis mit einem Kinderfänger. Seither jedoch hat sie Angst im Dunkeln und Angst vor Männern. Sie durchlebt keine Pubertät im Sinne von Rebellion, vielmehr zieht sie sich immer mehr in sich selbst zurück und wird nach einigen weiteren bedrohlichen Erlebnissen unsicher im Umgang mit Männern.

Sechzehnjährig beendet sie die Schule. Sie kann sich noch nicht für einen Beruf entscheiden und landet als Verkäuferin in einem Buchladen. Dort fühlt sie sich jedoch nicht an ihrem Platz.

Mit 19 Jahren bricht die Colitis aus. Im Krankenhaus widmet man ihr die nötige Aufmerksamkeit, und sie kommt durch einen Test zur Berufswahl zu der Einsicht, dass ihr die Arbeit mit Menschen oder Tieren liegt. Durch eine Annonce findet sie den Weg in ein heilpädagogisches Institut, in welchem sie lange Zeit arbeitet und lernt. Sie schließt die Ausbildung ab und arbeitet als Gruppenleiterin. Mit 27 Jahren ist sie physisch und psychisch an einem Tiefpunkt angelangt, da sie sich zu viel abverlangt hat. Sie wird nun in einer anthroposophischen Klinik behandelt. Als sie in eine eigene Wohnung ziehen will, hat sie wieder einen Rückschlag und kann die Einsamkeit nicht ertragen. Sie erlebt Versuchungen, ihrem Leben eine Ende zu setzen. Mit Hilfe von Freunden und einem Geistheiler kommt sie darüber hinweg. Ab dieser Zeit geht es aufwärts. Sie hat noch manchmal einen Rückschlag, aber sie bekommt nun Psychotherapie. Mit 33 Jahren lernt sie ihren Mann kennen. In diesem Jahr geht sie ans Lehrerseminar, um die Lehrerlaubnis zu erhalten. Mit 35 Jahren beginnt sie mit Gesangstherapie.

Mit 37 Jahren bekommt sie ihr Lehrerdiplom, und als sie 38 Jahre alt ist, heiratet sie. Heute arbeitet sie in einem heilpädagogischen Heim erfolgreich als Lehrerin.

13. Allergie und Infektanfälligkeit

Ersteindruck:
Die Patientin Frau S. ist groß, sehr schlank, langgliedrig und blass. Sie hat auffallend bewusst geführte, harmonische Bewegungen. Bezüglich ihrer Biografie ist sie wenig mitteilsam. Sie ist 42 Jahre alt, Mutter von 2 Kindern. Nach dem Studium und einer Zeit der Berufsausübung als Lehrerin erfolgte die Familiengründung.

Medizinische Aspekte:
Jahrelange chronische Nebenhöhlenentzündungen, häufig durch Infekte akut werdend und dann auf die Bronchien übergreifend; allergische Schleimhautschwellungen, teils durch Außenreize (z.B. Pollenflug), teils durch Ernährungsfehler hervorgerufen. Durch die Schleimhautschwellungen waren jeweils tagelang die oberen Atemwege blockiert. Frau S. litt unter häufigen Rückenschmerzen und leichter Erschöpfbarkeit.

Die nachfolgenden Beobachtungen während des Therapieprozesses ergaben das Bild einer Konstitution, bei welcher die Neigung vorhanden war, vom Nerven-Sinnes-System ausgehende verfestigende, überformende Impulse auf das rhythmische System und das Stoffwechsel-Gliedmaßen-System zu übertragen.

Therapieziel:
Aus den im Folgenden dargestellten diagnostischen Übungen, den Schilderungen der Patientin und Beobachtungen im Laufe der Therapie ergab sich ein zweifaches Therapieziel: die Stärkung des rhythmischen Systems einerseits und eine Abdämpfung der Dominanz des Nerven-Sinnes-Systems andererseits.

Vorgehensweise:
Es entstand die Frage, wie sich die von Frau S. geschilderten Beschwerden mit den Wahrnehmungen des Therapeuten zusammenfügen lassen und wie sie aus menschenkundlicher Sicht einzuordnen sind.

In der künstlerischen Therapie entsteht ein Gesamtbild des Patienten erst durch den Arbeitsprozess. Durch die Art, wie ein Patient mit den Singübungen umgeht, zeigen sich Schwächen und Einseitigkeiten, aber auch Fähigkeiten, die vorher oft unbewusst oder unbeachtet waren. Diese zu entdecken und zu fördern, um dann mit ihrer Hilfe an die Bewältigung von Problemen heranzugehen, ist ein wesentliches Anliegen der künstlerischen Therapie, in diesem Falle der Gesangstherapie.

Therapieverlauf:
Zunächst begannen wir die Arbeit mit einfachen Grundübungen, bei welchen sich schon bestimmte Phänomene zeigten, die einen Hinweis auf einen ersten Schritt des einzuschlagenden therapeutischen Weges gaben. Hier ein Beispiel:

Die Übung wird sitzend gemacht. Das so genannte „Lippen-R" wird in einer absteigenden Tonfolge gesungen. Dabei versucht man, Becken- und Oberschenkelmuskulatur zu entspannen und sich einem Gefühl der Schwere zu überlassen. Gelingt dies, so erfolgt die anschließende Einatmung in entspannter Haltung und führt in eine aufrechte Bewegung.

An der Art des Sitzens konnte man sehen, dass Frau S. zu ihrem Körperschwerpunkt und zu ihrer Becken-, Bauch- und Oberschenkelmuskulatur keinen rechten Bezug hatte. Der hier fehlende Halt war nach oben in den Schulter-Nacken-Bereich verlagert worden. Dort führte er aber zu Verkrampfungen und Schmerzen, und der Atem wirkte wie festgehalten und zu flach.

Ein erstes therapeutisches Ziel bestand nun darin, den Schulter-Nacken-Bereich zu entlasten und die Halt gebende Kraft der Beckenregion zu stärken. Um die hierzu eingesetzten therapeutischen Kunstmittel zu verdeutlichen, sei noch einmal auf die weiter oben dargestellte Dreigliederung des ganzen Menschen und ihre Wiederholung in Teilbereichen hingewiesen.

Der erwähnte erste Therapieschritt – Entlastung der Schulter-Nacken-Region – bestand in der allmählichen Entwicklung eines funktionalen Zusammenspiels von Kiefergelenk und Hüftgelenk, Mundboden und Beckenboden, Zunge und Unterbauchmuskulatur mit Hilfe dunkler Vokalklänge in unterschiedlicher Verbindung mit Konsonanten. Die hier eingesetzten Konsonanten entsprachen der Zuordnung aus der anthroposophischen Menschenkunde von Tierkreiskräften und Konsonanten zu bestimmten Bereichen der menschlichen Gestalt (siehe S. 151).

Diese Arbeit bewirkte bei Frau S. die Entwicklung eines lebendigeren Körpergefühls im Beckenbereich und auch eines Gefühls für Gleichgewicht zwischen Schwere und Leichte. Die vorher völlig passive Bauchmuskulatur schaltete sich deutlich sichtbar bei der Atmung ein, ohne bewusst tätig zu werden.

Voraussetzung für das Gelingen dieser Übungen war immer eine Weitung des Klang-Vokalraumes des Mundes in seinen unteren Bereich hinein durch Lösung des Kiefers und Senken von Mundboden und Zunge. Hier waren große Widerstände zu überwinden.

So wie der Unterkiefer und die Sprachwerkzeuge als Repräsentanten des Stoffwechsel-Gliedmaßen-Systems im Kopf bezeichnet werden können, ist der mittlere Teil des Kopfes dem Rhythmischen System zuzuordnen (siehe das Kapitel über die Dreigliederung des Kopfes, S. 155). In diesem mittleren Bereich lösten bei Frau S. durch viele Jahre hindurch die Entzündungen einander ab. Bei Übungen, mit welchen wir versuchten, durch die Klangschwingungen mehr Lebendigkeit in dieser Region zu schaffen, zeigte sich, dass ein Laut- und Tonbildung begleitendes feines Muskelspiel von Nasenflügel- und Wangenmuskulatur zunächst überhaupt nicht möglich war. Die Empfindungsfähigkeit war hier stark herabgesetzt, auch beim Sprechen zeigte sich kaum mimische Bewegung.

Allmählich lernte Frau S. nachahmende Bewegungen zu machen, die sie jedoch nicht fühlen konnte. Erst im nächsten Schritt wurden sie langsam fühlbar. Die Übungen verursachten Schmerzen im Stirn- und Jochbein-Bereich, die von ihr begrüßt wurden mit der Begründung: „Ich fühle lieber Schmerzen als gar nichts." Es waren Übergangsschmerzen zu einem neuen Zustand, in dem sie die physiognomische Muskulatur wieder in ihr Körpergefühl einbeziehen konnte. Wie wichtig dies für ihr seelisches Befinden war, brachte sie immer wieder zum Ausdruck, und es war auch deutlich an einem beseelten Mienenspiel wahrnehmbar.

Eine der in diesem Sinn angewandten Übungen sei zur Verdeutlichung des therapeutischen Vorgehens näher geschildert:

Notenbeispiel 17: mingen – mongen – dang

Werden bei den ersten beiden Silben sowohl das „M" als auch das „I", „NG" und „N" (das „E" bleibt unbetont) mit einem leichten Blähen der Nasenflügel und Anheben der Wangenmuskulatur gebildet, so entsteht ein heller, leichter Klang, dessen Schwingung im Jochbeinbereich gefühlt werden kann. Das anschließende „mongen" (gemeint ist ein französisch klingendes „ong") macht die Klangschwingungen im Nasenrücken fühlbar. Die vier Silben werden in fließendem Wechsel mehrfach wiederholt, und die Übung endet mit der Silbe „dang", wobei das „A" die Kehle in eine entspannte Einatmungshaltung bringt.

Frau S. fiel es lange schwer, die Übung mit der für die Wirksamkeit entscheidenden Leichtigkeit zu machen.

Auch im Bereich der unteren Atemmuskulatur zeigte sich eine gewisse Unbeweglichkeit in Form von mangelnder Elastizität der Zwischenrippenmuskulatur und eingeschränkter Zwerchfelltätigkeit.

In seinem Rhythmischen System lebt der Mensch in einem mehr träumenden Bewusstsein, welches auch die Qualität der Muskelbewegungen prägt. Durch Weitung des Klang-Vokalraumes wird indirekt auf diesen Bereich eingewirkt, weitend und stärkend. Dies ist eine Wirkung von oben nach unten. Sie reicht aber oft, wie auch in diesem Fall, nicht aus, um Verfestigungen im Bereich der unteren Atemmuskulatur zu lösen. Hier hat sich eine von den Füßen aus über die Bein- und Beckenmuskulatur gehende Arbeit in ihrer Wirkung auf Zwischenrippenmuskulatur und Zwerchfell bewährt. Sie soll im Folgenden näher erläutert werden:

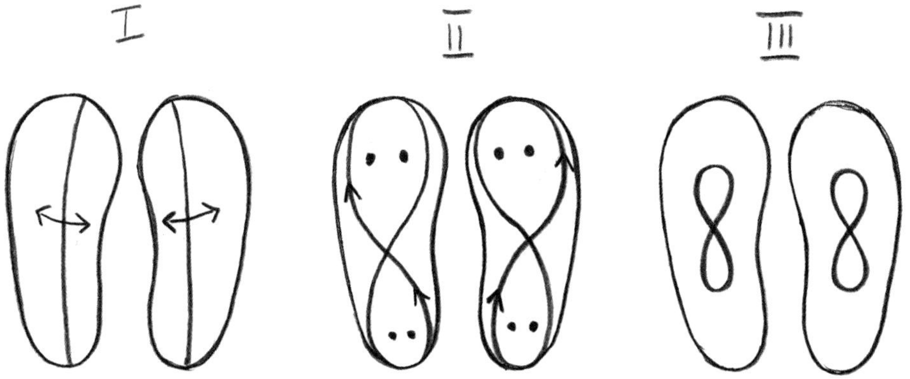

Abb. 7

I. Bei der Ton-Lautbildung wird der Schwerpunkt von außen nach innen verlagert, bei der anschließenden Einatmung erfolgt ein Zurückgleiten in die Ausgangsstellung.

II. Mit dem Ansatz zu Ton und Laut wird der Schwerpunkt vom hinteren Scheitelpunkt aus erst nach hinten innen, dann nach vorne außen verlagert, bis zum vorderen Scheitelpunkt. Die Einatmung wird von einem Schwerpunktwechsel über vorne innen, hinten außen bis zum hinteren Scheitelpunkt begleitet. Dabei entsteht eine lemniskatische Bewegung.

III. Hier wird die Lemniskate auf einen Bereich, der den Raum unter dem Fußgewölbe ausfüllt, zurückgezogen, sodass fast nur noch ein Anspannen des Fußgewölbes bei der Laut- und Tonbildung sowie ein nochmaliges Lösen bei der Einatmung bleibt. Je besser es gelingt, mit den verschiedenen Schwerpunktverlagerungen im Sinne eines freien Spieles umzugehen, umso stärker wird der elastisch und beweglich machende Einfluss dieser Fußarbeit auf die gesamte Bein- und Beckenmuskulatur. Von dort greift er auf Zwerchfell- und Zwischenrippenmuskeln über. Bei diesen Übungen wird vorwiegend mit Konsonanten gearbeitet. Von den musikalischen Elementen steht hier der Rhythmus im Vordergrund.

Die damit gewonnene verstärkte Empfindungsfähigkeit in den Füßen wirkt auch auf den Kopf zurück. So war für Frau S. mit diesen Übungen auch immer eine lösende, entspannende Wirkung auf den Kopf erlebbar. Man hatte den Eindruck, dass sich die ihrer Konstitution gemäße Neigung, vom Nerven-Sinnes-System aus verfestigende, überformende Impulse auf das Rhythmische und das Stoffwechsel-Gliedmaßen-System zu übertragen, abschwächte.

Befund nach Abschluss der Therapie:
Innerhalb eines Zeitraumes von fast 2 Jahren mit 48 Therapieeinheiten von 45 Minuten ist die Infektanfälligkeit deutlich zurückgegangen. Die zu Beginn der Arbeit jeweils mehrere Tage anhaltenden Schleimhautschwellungen klingen jetzt, wenn sie entstehen, schnell wieder ab. Das Körpergefühl ist intensiver und lebendiger geworden. Die Rückenschmerzen treten nur noch in besonderen Stress-Situationen auf. Die schnelle Erschöpfbarkeit ist immer noch vorhanden. Frau S. strahlt mehr seelische Wärme aus und wirkt fröhlicher.

Schlusswort

Diese Darstellung kann und will keinesfalls den Anspruch auf Vollständigkeit erheben. Dafür ist die Forschung auf diesem Gebiet noch zu sehr in der Pionierphase begriffen. Außerdem wird man im Umgang mit Patienten täglich zu neuen Erkenntnissen geführt, wodurch ein lebendiger künstlerischer und therapeutischer Prozess in Gang bleiben kann und muss.

Trotzdem hoffen wir, dass es uns hiermit gelungen ist, einen ersten Einblick in das Arbeitsfeld der Gesangstherapie zu geben.

Anhang

1. Anmerkungen

(Die Schriften und Vorträge Rudolf Steiners erscheinen innerhalb der Gesamtausgabe = GA im Rudolf Steiner Verlag, Dornach/Schweiz.)

Grundlagen der Gesangstherapie:

1 P. Brünger in *Musik und Bildung,* Schott Verlag, April 1996.
2 Siehe Anmerkung 1.
3 Wilfried Gruhn: *Geschichte der Musikerziehung,* Wolke Verlag, Hofheim 1993.
4 Olga Hensel: Die geistigen Grundlagen des Gesanges, Bärenreiter-Verlag, Kassel und Basel 1952, S. 7 f.
5 Hilda Deighton / Gina Palermo / Dina Winter*: Singing and the Etheric Tone.* Deutsche Übersetzung: *Gesang und der ätherische Ton,* Verlag am Goetheanum, Dornach 1997.
6 Maria Führmann: *Die Praxis des Gesangs,* Neuauflage 1997 bei der pädagogischen Forschungsstelle beim Bund der Freien Waldorfschulen, Stuttgart.
7 Ergebnisse und Forschungen dieses Weges sind im gleichnamigen Werk von Valborg Werbeck-Svärdström: *Die Schule der Stimmenthüllung* niedergelegt; Verlag am Goetheanum, Dornach 5. Aufl 1994.
8 Siehe Anm. 7: *Die Schule der Stimmenthüllung,* S. 24.
9 Siehe dazu auch die Ausführungen von Eugen Kolisko im Nachwort zu Frau Werbecks Buch *Die Schule der Stimmenthüllung* (siehe Anm. 7).
10 Rudolf Steiner: Vortrag am 9. Januar 1915, in *Wege der geistigen Erkenntnis und der Erneuerung künstlerischer Weltanschauung,* GA 161.
11 Siehe Anm. 7: *Die Schule der Stimmenthüllung,* 1. Kap., S. 32 f.
12 Volkmar Glaser: Eutonie – Das Verhaltensmuster des menschlichen Wohlbefindens, Karl F. Haug Verlag, Heidelberg 4. Aufl. 1993.
13 Siehe Anm. 7: *Die Schule der Stimmenthüllung,* S. 135/139.
14 Gisela Rohmert: *Der Sänger auf dem Weg zum Klang,* Verlag Dr. Otto Schmidt KG, 1994.
15 Rudolf Steiner: Vortrag am 12. Januar 1924, in *Mysterienstätten des Mittelalters,* GA 233a, Dornach 1980.
16 Siehe Anm. 6: *Die Praxis des Gesangs,* S. 3.
17 Siehe Anm. 7: *Die Schule der Stimmenthüllung,* 7. Kap., S. 131.

Musikalisch-Sprachliche Mittel der Gesangstherapie:

18 Siehe Anm. 7: *Die Schule der Stimmenthüllung,* 1. Kap., S. 42.
19 Siehe Anm. 7: *Die Schule der Stimmenthüllung,* 2. Kap., S. 48 ff.
20 Johanna Zinke: *Lautformen sichtbar gemacht.* Sprache als plastische Gestaltung der Luft. Hrsg. von Rainer Patzlaff. Verlag Freies Geistesleben, Stuttgart 2000.
21 Siehe Anm 10.

22 Siehe Anm. 7: *Die Schule der Stimmenthüllung,* 3. Kap., S. 63.
23 Siehe Anm. 6: *Die Praxis des Gesangs,* 3. Kapitel, S. 14.

Anthroposophisch-menschenkundliche Grundlagen der Gesangstherapie:

24 Rudolf Steiner, Vortrag am 2. Dezember 1922, in *Das Wesen des Musikalischen und das Tonerlebnis im Menschen,* GA 283.
25 Werner Bohm: *Von den Wesenheiten der Laute und dem Sinn der Alphabete,* Verlag Die Kommenden, Freiburg (vergriffen).
26 Rudolf Steiner: Vortrag am 4. Juli 1924; in *Eurythmie als sichtbare Sprache,* GA 279.
27 Rudolf Steiner: Vortrag am 7. Juni 1912; in *Der Mensch im Lichte von Okkultismus, Theosophie und Philosophie,* GA 137.
28 Siehe Anm. 6: *Die Praxis des Gesangs,* im Anhang S. 13.
29 Anny von Lange: *Mensch, Musik und Kosmos,* 2 Bände, Novalis-Verlag, Freiburg 1956.
30 Rudolf Steiner: Vortrag am 5. September 1919; in *Allgemeine Menschenkunde,* GA 293.

Therapiebeispiel Altersschwerhörigkeit:

31 Rudolf Steiner: Dritter Vortrag (am 21. September 1920) der „Meditativ erarbeiteten Menschenkunde"; in *Erziehung und Unterricht aus Menschenerkenntnis,* GA 302a, S. 45.
32 „Die Sterntaler"; in Brüder Grimm: *Kinder- und Hausmärchen,* Bd. 2, Reclam 1982, S. 269.
33 Siehe Anm. 7: *Die Schule der Stimmenthüllung,* S. 43.
34 Rudolf Steiner: *Eurythmie als sichtbarer Gesang,* GA 278. – Im dritten Vortrag (am 21. Februar 1924) wird eine Verwandtschaft des Musikalischen mit der Sprache folgendermaßen dargestellt: „Wenn man sich nun bemüht, aus den Hauptvokalen herauszuhören die Skala, dann kommt als Interessantes heraus:
c etwa dem u entsprechend
d etwa dem o entsprechend
e etwa dem a entsprechend
f etwa dem ö entsprechend
g etwa dem e entsprechend
a etwa dem ü entsprechend
h etwa dem i entsprechend
Das ist ungefähr die Konkordanz der Skala mit den Hauptvokalen, rein nach dem Gehöre."
35 Vgl. auch Joseph Smits van Waesberghe, Artikel „Guido von Arezzo", in *Musik in Geschichte und Gegenwart,* Bd. 5, Sp. 1075, Kassel und Basel 1956. – Die Übersetzung des Spruches durch Rudolf Steiner findet sich im Vortrag am 29. Dezember 1914; in *Kunst im Lichte der Mysterienweisheit,* GA 275.
36 Siehe Anm. 7: *Die Schule der Stimmenthüllung,* S. 43.
37 Rudolf Steiner: *Wahrspruchworte,* GA 40. Dieser Spruch wurde von Rudolf Steiner am 30. August 1921 für Herrn Langer vom Thomastik-Quartett gegeben.

Therapiebeispiel Spastische Lähmung:

38 Zur Konkordanzreihe siehe Anm. 34.
39 Rudolf Steiner: Vortrag am 13. September 1907, in *Mythen und Sagen, Okkulte Zeichen und Symbole,* GA 101.

Therapiebeispiel Colitis Ulcerosa:

40 „Prednison" ist ein Cortison-Präparat, das unter diesem Namen in der „Roten Liste" steht.

2. Autorennotizen

Thomas Adam, Jahrgang 1952; Pädagogikstudium in Solothurn/Schweiz; Gesangsstudium: Schule der Stimmenthüllung bei J. Schriefer, M. Prato und N. van d. Speck; seit 1989 als Gesangstherapeut an der Rudolf-Steiner-Schule Bochum tätig.

Edith le Braz, Jahrgang 1944; Ausbildung zur Eurythmistin in Berlin, danach 7 Jahre als Eurythmielehrerin an verschiedenen französischen Schulen tätig; in dieser Zeit Ausbildung in der Schule der Stimmenthüllung von Frau Werbeck-Svärdström; seit 1989 Gesangstherapeutin in freier Praxis in Colmar und Zusammenarbeit mit einer Kieferorthopädin.

Helga Lausmann, Jahrgang 1932; Sprachstudium an der Sorbonne und den Universitäten Heidelberg und Saarbrücken mit Abschluss als Übersetzerin, 4 Jahre Privatunterricht in Gesangstherapie bei Frau Werbeck-Svärdström; staatliche Massageausbildung und 10-jährige Tätigkeit als Masseuse; seit 1978 freiberuflich als Gesangstherapeutin im Pädagogischen Sozialen Zentrum Dortmund tätig.

Dr. Gisela Rösch, Jahrgang 1920; Oberstudienrätin für Musik und Deutsch; seit 1974 Gesangsschulung nach M. Führmann und Kurse in der Schule der Stimmenthüllung von Frau Werbeck-Svärdström; seit 1982 Dozentin an der Freien Hochschule Stuttgart / Seminar für Waldorfpädagogik mit Schwerpunkt gesanglicher Stimmbildung und Gesangstherapie.

Margit Schermann van Woerkom, seit 1973 Studium in der Schule der Stimmenthüllung von Frau Werbeck-Svärdström; seit 1980 in freier Praxis tätig als Gesangspädagogin und -therapeutin, seit 1988 Lehrerin in Gesangspädagogik an der Akademie de Wervel in Zeist / Holland.

Isolde Schöner, Jahrgang 1943; Studium für Grund- und Hauptschule, danach Tätigkeit in der Heilpädagogik und als Waldorflehrerin; Fortbildung an der Freien Musikschule (so genanntes Wanderstudium); 13 Jahre freie Praxis für Musiktherapie im Ruhrgebiet mit Schwerpunkt Gesangstherapie und therapeutische Arbeit mit Klanginstrumenten aus der Werkstatt von Manfred Bleffert; seit 1997 in Berlin in freier Praxis tätig.

Andrea Stückert, Jahrgang 1964; Studium der Musiktherapie an der Musiktherapeutischen Arbeitsstätte e.V. Berlin und Studium der Schulmusik an der Hochschule für Musik München mit 1. Staatsexamen; seit 1991 mit Unterbrechungen als Musiktherapeutin in der Heilpädagogik tätig.

Gerd Zander, Jahrgang 1943; Studien an der Pädagogischen Hochschule Dortmund und an der Staatlichen Hochschule für Musik Köln mit Abschluss 1. Staatsexamen; 10 Jahre Lehrer an der Musikschule Bochum, berufsbegleitende 3-jährige Waldorflehrerausbildung; 1978 Beteiligung am Modellversuch (Prof. Dr. Werner Probst, Universität Dortmund) für die Musikschulen der Bundesrepublik „Instrumentalspiel mit Behinderten und von Behinderung Bedrohten"; 1978 bis 1983 berufsbegleitendes Studium der Schule der Stimmenthüllung von Frau Werbeck-Svärdström; seit 1983 tätig als Gesangs- und Musiktherapeut BVAKT und Mentor / Lehrtherapeut BVAKT am Gemeinschaftskrankenhaus Herdecke, vorwiegend in der Kinder- und Jugendpsychiatrie, Pädiatrie und Kinderambulanz.

Hinweis auf die drei anderen Bände der Kunsttherapie-Reihe

Band 1
Plastisch-Therapeutisches Gestalten
Evelyne Golombek
128 Seiten, 60 sw Abb., gebunden

Band 2
Therapeutisches Zeichnen und Malen
Eva Mees-Christeller, Therapeutisches Zeichnen
Inge Denzinger, Maltherapie auf der Grundlage der Kräfte von Licht, Finsternis und Farbe
Marianne Altmaier, Farbe – Seele der Natur und des Menschen
Heidi Künstner, Heilgart Umfrid, Von der Individualität der Farbe und des Menschen
Elke Frieling, Sylvia Auer, Künstlerisch-Malerische Elemente in ihrer Beziehung zur Menschenkunde
460 Seiten, 60 sw und 190 farbige Abb., gebunden

Band 4
Therapeutische Sprachgestaltung
Barbara Denjean-van Stryk, Dietrich von Bonin
160 Seiten, 13 sw Abb., gebunden